这里曾经是汉朝

月望东山 / 著

〔吕后乱政〕

长江出版传媒 湖北教育出版社

（鄂）新登字02号

图书在版编目（CIP）数据

这里曾经是汉朝. 2，吕后乱政 / 月望东山著. — 武汉：湖北教育出版社，2014.6

ISBN 978-7-5351-9801-3

Ⅰ. ①这… Ⅱ. ①月… Ⅲ. ①中国历史－汉代－通俗读物 Ⅳ. ①K234.09

中国版本图书馆CIP数据核字（2014）第063044号

出版发行　湖北教育出版社

邮政编码　430015　电　话 027-83619605

地　　址　武汉市青年路277号

网　　址　http://www.hbedup.com

经　　销　新华书店

印　　刷　北京慧美印刷有限公司

开　　本　710mm×1000mm　1/16

印　　张　20.5

字　　数　366千字

版　　次　2014年5月第1版

印　　次　2014年5月第1次印刷

书　　号　ISBN 978-7-5351-9801-3

定　　价　29.80元

刘邦驾崩后，吕雉趁势而起，扶持吕氏外戚，危及刘氏天下。在此关键时刻，谋士陆贾向权臣陈平献计，联合武将周勃，准备伺机而动。果然，吕雉一死，汉朝群臣及刘氏诸侯，合力诛吕。在这场纷乱的权争之中，守柔的代王刘恒成了最大赢家。一个旧时代结束了，一个所谓的盛世“文景之治”，在流血的战斗中冉冉升起。

目录

Contents

这里曾经是汉朝

吕后乱政

第三章／大清洗

第四章／风云骤变

第五章／天子之道

第六章／匈奴恶

第七章／不安的年代

第八章／宫斗

第九章／较量

第十章／皇帝难做

第十一章／权杖

第一章

生前死后事

一、兔死狐悲

高祖十一年（公元前196年），正月。

彭越被拿下后，贬往蜀地。他刚离开洛阳，走到郑县（陕西省华县），就碰到一个相识多年的熟人，两眼当即如见宝石，大放异彩，犹如溺水之徒抓到了一根救命稻草。

可事实证明，这哪是什么救命稻草，简直就是杀人的板砖。

当时，吕雉正从长安前往洛阳，于半道上与被关押出城的彭越相遇。这都不算什么，让人搞不懂的是，彭越见到吕雉，如情人分离，痛哭流涕，说自己太冤了，没有半点造反之心，竟然被皇上搞到今天这个下场。

最毒天下妇人心，这名号贴到吕雉身上，那是一点儿也不过分的。彭越向她哭诉冤屈的时候，可能已经忘记了当初韩信是怎么死的。向她喊冤，不亚于将一颗柔软的头颅，伸到毒蛇嘴里任其撕咬。

彭越是这样对吕雉说的："我对陛下的忠诚之心，天地可鉴，不敢有半点叛逆之心。现在被贬抑蜀地，实在委屈。愿吕后到皇上那里美言几句，将我发回老家昌邑。"

发回昌邑？当初，韩信被削为淮阴侯时，仍然贼心不死，企图造反。如果将你发回老家昌邑，那不等于放虎归山，搬起石头砸自己的脚吗？

吕雉心里想着，脸上却装出一副同情的表情，对彭越说道："你现在跟我一起回洛阳，我可以替你到皇上那里求情。"

就这样，彭越就跟吕雉回京了。然而，吕雉见到刘邦，说的却是另外一番话。

吕雉这样告诉刘邦："彭越壮士也，你将他流放蜀地，简直就是作茧自缚，自留遗患。我已经将他骗回来了，不如做人就做绝，就此将他诛杀了吧！”

吕雉一席话惊醒梦中人，让刘邦猛然醒悟。

曾经，项羽没有听信老人精范增之言，在鸿门宴上将他干掉，由此失去了天下。如果他再有项羽之仁，放彭越入蜀，谁敢保证项羽的悲剧，在他身上不再重演呢？

看来彭越不除，他是无法安卧酣睡的。那么现在该以什么借口，公开诛杀彭越呢？

这时，吕雉仿佛看出了刘邦内心的纠结，对他说道：“陛下请放心，臣妾已为你想到了一个妙计！”

一个成功的男人背后，常隐藏着一个立场鲜明、果断坚决的女人。在刘邦的发迹史上，多少女人都浮风掠影，唯有这个女人身体、谋士脑袋的吕雉，总是在他最困难的时候，如天降甘霖，润饥解渴。

接着，吕雉马上帮刘邦制订铲掉彭越的计划，其流程如下：

首先，派人诬告彭越企图再次谋反；其次，由廷尉上奏，请求开斩。

三月，寒气未尽，洛阳城的春天，被一层阴冷的杀气笼罩。刘邦下诏诛杀彭越，并将他的尸体剁成肉酱，每个诸侯王送一份。

当彭越被诛时，英布还在野外打猎。这时，刘邦的使者就来了，给他送来了一碗彭越肉煮的人肉粥。

刘邦此举，无非就是要告诉这个刺面先生：不要乱动，否则，彭越的下场就是你将来的下场！

当然，英布也不是被吓大的。见此情景，他当即秘密调兵部署，以防不测。可人算不如天算，他企图造反的消息，还是不幸地走漏了风声。

将他出卖的人，是他身边的中大夫贲赫。

起初是，英布宠妾得病，到医生那里诊治。当是时，中大夫贲赫就住医生对门，他听说英布宠妾前来看病，就提了一份厚礼，看望那女人去了。就在看望过程中，贲赫不知动了什么歪脑筋，竟然在医生家里摆起了宴席，陪着英布宠妾喝起了酒，作起了乐。

在外人看来，贲赫此举，有拍马屁嫌疑。然而消息传到英布那里时，他却认为自己的宠妾肯定是假借看病之名，跟贲赫幽会偷欢去了。

很简单的一顿酒，怎么就被说成了有奸情内幕？这个说法似乎有些无厘头。然而，英布还是头脑冲动地马上派人逮捕贲赫。

拍马屁拍到马脚上去了。

贲赫得知消息，暗叫不妙，撒腿便跑，逃入长安。一到长安，他就向朝廷上了一道举报书，说英布反形已现，请求中央赶紧下手，在他还没来得及起兵之前，将他干掉。

举报书很快就传到了刘邦这里。刘邦当即把丞相萧何叫来，把这个事情告诉了他。

只见萧何听后，摇着头说："要说英布造反，谅他还没有这个胆。他估计是被仇家陷害，还是先把贲赫关起来，派人前往淮南国探个究竟，再做打算。"

刘邦深以为然，立即将贲赫关了起来，派人去调查淮南王英布。

不做亏心事，不怕鬼敲门。此时要让英布说这话，他太没有底气了。在这样一个风吹草动、杯弓蛇影的年代，想不做点亏心事，那是不正常的。当他听说贲赫逃往长安躲藏了，心里就极度怀疑他的造反计划已经被抖得一干二净，而中央使者要来调查，更加深他的疑虑。

事实上，站在刘邦的角度，贲赫告密正好给他一个铲除英布的借口。所以中央使者一到淮南国，就一味搜集不利于英布的材料，准备将他往死里整。

当中央使者的调查结果出来时，英布一看，发现所有材料都奔着不利于他的那一面去了。

与其等着别人下手，不如自己先下手为强，反他娘的。英布干脆一不做，二不休，砍掉贲赫全家，举兵叛变。

好啊，终于还是反了！

消息传入长安时，刘邦派人释放贲赫，封其为将军，召集诸将开会，商议对策。

这种事根本就用不着讨论，诸将的意见空前一致：既然他敢反，就打到淮南国去，坑杀这个竖子。

刘邦听之，心里一阵苦笑。他这些将领啊，就知道打打杀杀，就不知道为他这个皇帝想一下处境：

第一，自从他讨伐陈豨归来，大病一直未愈，只差没断气了。他今天能坐在这里开会，都是因为樊哙把他从后宫里硬拉出来的。

第二，英布不是一个好欺负的家伙。只要回顾一下楚汉战争都知道，天下除了项羽、韩信，接着就是英布善战无敌了。试问汉朝上下，除了我刘邦外，谁还能搞得定英布？

然而，就在刘邦为此发愁之时，有人给他献上了一招妙计，认为英布可伐，一伐必下。

当时，诸将开完会后，老好人夏侯婴召见故楚国令尹薛先生，请教他："英布都被封王了，为什么还造反？"

薛先生回答道："英布造反，看似突然，实则理所当然。"

夏侯婴不明所以。

薛先生又道："英布和韩信及彭越的功劳是一样的，现他们相继被诛，英布肯定想到下一个要杀的是他，所以非反不可。"

高啊，一语道破天机。

夏侯婴立即将薛先生向刘邦引荐。刘邦听说有如此高人，立即召见，向他请教。

薛先生也不扭捏，对刘邦说道："英布造反一点也不奇怪。窃以为，他有三计可行，用上计，汉朝将失去崤山以东；用中计，胜败之数，不可预料；用下计，陛下可以高枕无忧。"

刘邦闻之，脸色大变，急问道："何为上计？"

薛先生说："向东夺取吴郡，向西夺取故楚国土地，向南夺取故齐国跟故鲁国土地。然后号召燕国、赵国，前后固守，不再进攻，山东之地便会丧失。"

刘邦心里一阵沉郁，再问："何为中计？"

薛先生说："向东夺取吴郡，向西夺故楚国土地，吞并故韩国跟故魏国。占领重要粮仓之地敖仓，封锁成皋，双方僵持对峙，谁成谁败，结果如何，谁也无法知道。"

刘邦又问："那何为下计？"

薛先生说道："向东夺取吴郡，向西夺取下蔡，然后把重要物资，转移到大后方故越国土地，向南跟长沙王吴芮结盟。这时候，陛下即可安卧酣睡，平安无事啰。"

刘邦不由急问："按您的判断，英布会使用何计？"

只见薛先生微微一笑，说道："肯定是下计！"

刘邦惊讶地问道："你怎么肯定他会走下计？"

只见这世外高人又微微一笑，这样说道："英布不过是骊山脚下一个囚徒，能够爬到今天淮南王的位上，纯属运气。其实他是一个目光短浅，只顾身前，不顾身后，看不到光明前景的人。况且他现下只求自保，所以必然会采取下计而行！"

自古以来，所谓梦想或者野心的实现，跟能量大小有关。而一个人的内在能量，往往又是由梦想和野心诱发的。燕雀的眼光，不过几粒稻谷，所以只能在蓬蒿之间跳跃；鲲鹏的眼光在九天之间，志在四海，所以它能飞洋过海，扶摇直上。

回顾英布这一生，如果刘邦不铲除异姓王，他这辈子会老老实实，安安稳稳地做他的淮南王，混到自然死亡，所谓做皇帝、王天下，那种梦是想都不敢想的。可如今，眼看着自己碗里的肉要被人一锅端了去，能不为求自保，跟刘邦抗到底吗？

薛先生一席话，让刘邦茅塞顿开，喜笑颜开。

他已经老了，且带病在身，既然英布会依下计而行，那他就可以不必亲征了。那么，派谁出征比较合适呢？

这时，刘邦脑中不由闪现出一个人的名字。

二、亲征

刘邦想到能够替他征伐英布的人，是太子刘盈。

这年，刘盈已经十六岁了，让他上前线去见识见识，历练历练，似乎是应该的。但是刘盈的个性，刘邦也是知道的。这家伙仁慈，怯懦，缺乏英雄气势。

让这么一个整天被老母鸡一般的吕雉护着的孩子上战场去，靠谱吗？

肯定是不靠谱的。

但是，刘邦还是准备派他去。至于为什么，天知地知他知，但是他什么都不想说。

可就在这时，还没等刘邦正式下诏，吕雉听说刘邦要派刘盈亲征英布，跌跌撞撞地冲到刘邦面前，流着眼泪呜呜地哭个不停。

其实，吕雉这眼泪是带着真情来演戏的。而给她导这场眼泪戏的人，正是太子背后那四个活神仙——商山四皓。

商山四皓风闻刘邦要派太子亲征英布，马上紧急开会，最后得出一个共同的结论：太子绝不能离开长安。

他们的理由是：

第一，太子出征，无非是为了立功。然而立功归来，除了皇帝之外，再也没有比太子更高的职位，所以立功无用。

第二，如果战败归来，必受刘邦非议，借无能之名废掉太子之位，更立刘如意。从现实的情况考虑，战败的可能性极大，因为刘盈年幼孱弱，驭诸将就如羊将狼，岂有不败之理？

于是，商山四皓当即想出一个计策，叫吕雉赶紧到刘邦那里哭闹求情。不然，诏书一下，那就什么都完了。

怎么个整法，这个演讲词商山四皓都替她想好了，内容如下："英布是天下猛将，擅长用兵，而各位将领，跟你都是平辈，叫太子统御他们，跟教绵羊驱使狼群有什么区别？他们可能不接受命令，而且一旦英布得知消息，肯定喜出望外，发兵西行，到时谁能抵挡得住？皇上您尽管有病，可您就算躺在战车上，将领们也不敢不听话，只会努力杀敌。您虽辛苦，但为了大汉天下，为了妻子儿女，只好委屈您亲自再走一趟战场了！"

果然妙计。于是，吕雉一跑去哭诉，刘邦听得两眼当即发直。

尽管说，吕雉有袒护太子之意，可说的都是实在话啊！他手下那帮将领，都是有脾气有性格且个个功劳在身的，举目天下，除了他，根本找不出一个可以拿捏他们的人。而太子挂帅出征，他们极有可能懈怠消极，这样的话，英布就会举兵向西，直插洛阳而来。到那时，大事可就真的不妙了。

想至此，刘邦又气又怒，大声骂道："我就知道那小子根本就成不了器，老子只好委屈一下，亲自上马了。"

刘邦想不骂都不行。战争形势总是变幻莫测，征伐英布这场恶战，一旦陷入僵局，不知要磨到猴年马月。如果老天托福，还可以回到长安，再见见这美丽雄伟的宫殿；如果流年不顺，或许就像当初嬴政一样，半路被病魔拦腰斩命，伸伸腿就飞上天去了。

他不得不决定，在离开长安之前，做好回不了长安的准备。

首先，他依张良之计，给太子刘盈加将军头衔，统御关中；同时，命令叔孙通做太子少傅，张良亦兼太子少傅，辅佐太子。接着，又征调三万精锐，充当太子禁卫军，驻屯霸上。

一个英布就弄得关中风声鹤唳、草木皆兵、全民紧张，这祸惹得真不是一般的大啊！

出征这天，满朝百官，全部为刘邦送行，一直送到霸上。

此时，张良也在送行队伍当中。一直到曲邮（陕西省临潼县北），他才止步不前。跟从前一样，临别时总要说几句心里话。

这次，这个帝王之师特别叮嘱刘邦："我身体真的不行了，不然我也随你出征。楚人剽悍，希望你多多照顾身体，不要随意与他们争锋斗气！"

一番话让刘邦听来感动万分，又万千感慨。

十年前，张良回韩国之前，亦曾叮嘱刘邦烧绝栈道，对项羽示无东出之意。那时，他们谁都相信，留得青山在，不怕没柴烧。但是，现在不一样了，大汉青山依旧在，可这生命的火柴却烧得差不多了，讨伐英布，唯有速战速决才是上上之策。

刘邦告别张良，挥挥衣袖，向东挺进。等他到了前线后，发现英布已势如破竹地向荆王刘贾发起了进攻。刘贾挡不住英布的凌厉攻势，落荒而逃，死于富陵（江苏省洪泽县西北）。

紧接着，英布合并荆国部队，北渡淮河，攻击楚国。楚王刘交发兵与之对抗，然而没几个回合，楚军就全部崩溃，让英布如入无人之境，大举向西。

形势不妙，让刘邦看得心里十分焦灼。

转眼冬天来了。

高祖十一年（公元前196年），十月，刘邦和英布在蕲县（安徽省宿州市南蕲县集）遭遇了。这时刘邦发现，英布竟然以项羽兵法排兵布阵，跟他对抗。

众所周知，项羽是杰出的军事天才，而英布又曾是项羽麾下超一流的军事将领。如今，刘邦看见英布，犹如看见项羽鬼魂再现，心里不免一阵的恶心，一阵的愤怒。

恶心的是，墙头草英布叛变了项羽，如今又依项羽兵法与之对抗；愤怒的是，以为摆出项羽阵法，拿来吓唬他就可以了吗？当年真项羽都不怕，还怕你这个假项羽吗？

刘邦心里窝着火，走到阵前，与英布相望喊话："你好好的淮南王不当，何苦谋反？"

英布一听，心里一阵冷笑。你以为我不想当淮南王吗？你以为我不想混到自然死吗？可是韩信先贬后杀，彭越未反亦杀，而且死得一个不如一个，我他娘的再不造反的话，谁能保证我还能活到明天？

旧恨新仇一齐涌上心头。英布心里沉了一下，好像想到了什么，只见他故意抬高嗓门，对刘邦喊道："淮南王我都当腻了，现在造反就是想尝试一下当皇帝的滋味！"

什么玩意儿，一个被扔到骊山脚下劳改，脸上刻字，连自己的女人都招呼不好的人，还想抢我饭碗当皇帝？老子不打你，你还真把自己当项羽了。

实在受不了啦！

刘邦立即下达命令：所有将士听好了，给我狠狠地打，务必将英布军全部歼灭！

造反之前，英布曾这样煽动属将："刘邦那厮年老多病，肯定不愿率兵出征，只会派将领前来交战。而在刘邦的诸将中，只有韩信和彭越可怕，如今俩人都被杀了，没什么可畏惧的。"

如今，刘邦不辞年迈辛苦，率兵前来讨伐他，的确出乎意料。可这仍然不妨碍他萌发称帝的冲动和欲望。因为此时跟随刘邦出征的将领有郦食其的弟弟郦商，还有老好人夏侯婴、骑兵将领灌婴等人。除此之外，齐王刘肥及国相曹参，正发兵南下，率领十二万车骑部队前来会战。在他看来，这些人根本就不是他的对手。

可事实证明，英布是个吹牛皮不上税的大王。

愤怒的汉军首先对英布发起了猛烈攻击，英布不能支持，只得撤退到淮水对岸，再次布阵，准备反扑。这时，汉军乘胜突进，势不可当，他不得不再次撤退。就这样，汉军犹如猛虎驱狼，将英布逼入绝境，最后被打得只剩下一百余人，他只得灰溜溜地逃奔到内弟长沙王那里去了。

吹牛皮的时候，牛气烘烘，逃命的时候，无影无踪。看着英布落荒逃去的背影，刘邦心里不禁一阵长笑，长长地吁了一口气。

这下子，你终于明白皇帝是不容易当上的吧。老子为了这一天，不知道蹚过多少条河，翻过多少座山，死过多少将士，拉拢讨好过多少诸侯。你一个囚徒出身的劳改犯，无德无能，目光短浅，师出无名，孤军奋战，还想与我试比高？还是滚你的蛋吧！

刘邦胸中恶气是出了，却为亲征付出了惨痛代价——被流箭射中，伤情极为严重。

刘邦不得不命令属将继续追杀英布，自己先走一步，班师还朝。

我们知道，英布早年参加抗秦起义时，第一个投奔的人就是吴芮，并做了吴芮的女婿。吴芮早在公元前202年和张耳结伴登天而去，现在的长沙王接班人是吴芮的儿子吴臣。

英布怎么也没想到，他投奔吴臣后，马上就被算计了。

英布狼狈地前来投奔时，长沙王吴臣是这样想的：姐夫淮南王大势已去，现在是孤家寡人一个，无地容身，救他等于害自己，被一个无耻之徒活活拉下水，值得吗？如果将他除掉，刘邦欢乐，他也安心，保王加爵两不误，一举两得。这，不是挺好的买卖吗？

想至此，他杀意顿起，马上制订暗杀计划。

接着，只见吴臣派人向英布传话，说愿意背叛汉朝，一起逃亡南越，共谋大计。英布果然上当，跟随而去。事实上，吴臣早于半道埋伏杀手。一天夜里，英布借宿于某处农家时，就被尾随而来的杀手袭杀身亡。

英布此种宿命，正应了电影《无间道》里的一句话：出来混，迟早是要还的！

三、未尽的游戏

刘邦撤军回京，恰好途经沛县。这时他又听说英布已被长沙王吴臣暗杀，心情不禁大爽，干脆在沛宫大摆宴席，喝酒庆功。

自古以来，富贵还乡是每个中国人最基本的情怀。项羽说，富贵不还乡，如衣锦夜行。项羽如此，刘邦又何尝不是如此。称帝以来，刘邦都没有回乡显摆，主要还是因为工作忙，真的忙。近乡情更怯，此时故乡也没有人知道，他是拖着一个怎样的心情回到故乡的。

沛县，是他曾经混了四十多年的地盘。四十年的光阴岁月，实在让人追忆不及。要知道，他曾经是这里的时尚超男，整天戴着一顶时尚竹笠招摇过街；又曾经是闻名乡里的光棍、流氓加无赖。如果秦始皇不嗑药患疾而死，如果没有陈胜吴广揭竿而起，他还将继续在这块沼泽之地晃过无聊的余生。

但是一切都被上天打破了。仅用十几年，他就取得了天下最辉煌的成就。可这时，他已鬓发斑白，迟暮年华。

几乎每个西方人都有一个共同的梦想，年轻的时候多努力奋斗，渴望年老之时可以坐在某个海边静静地看斜阳落去。纵观刘邦的一生，他似乎全倒着走了。前大半生无所事事，后半生奔波不止。

这不是命运的要弄，这是上天以人书写传奇历史的必然。哎，岁月易老，只有花照红。举起杯来吧，让我们饮了这杯酒，尽了这份谊。

刘邦喝得高兴起劲儿时，不由击筑而歌。

筑，是今已失传的一种古代弹奏乐器。艺术演绎的最高境界，不是你去支配艺术情感，而是像神鬼上身一样，你完全被情感艺术控制。这种艺术境况，尼采称之为酒神精神。此时，已经陷入酒神状态的刘邦领唱道：

大风起兮云飞扬，

威加海内兮归故乡，

安得猛士兮守四方！

刘邦忘情歌唱时，一支由一百二十个儿童组成，并且由他亲自训练过的乐队齐声与之相和。歌声慷慨激昂，犹如草原上牧民高亢的歌声，穿越苍茫大地，直撞宇宙刚强如铁的胸膛。

酒精和音乐真是个好东西啊，它不但能发泄积郁，还能喷薄情志。刘邦醉意蒙胧，不由翩然起舞，一股从未有过的感伤之情油然而生，眼泪缓缓地溢出眼眶，淌在了脸上。

这泪水，是游子辛酸尝尽的悲乡之泪水。

孔子曰：父母在，不远游，游必有方。凡是背井离乡之人，他要么是受到本乡水土困扰被逼远离，要么就是受到远方理想的召唤和诱惑。在这一刻，荣华富贵皆是身外之物。当黄袍脱下，当本真被还原，当衣裳被掀开，原来你背上深深地烙上了故乡之印，你的内心深深地被故乡的情丝纠缠着。

哦，故乡。最初，你不过是一个地理学意义上的鸟巢。然而，当我走得越来越远，当我漂得越来越久，这鸟巢就不知不觉地成为精神的栖息地。最终，无论我做成多大的产业，无论变成一个多么伟岸的男人，我，仍然是这个鸟巢里飞出的一只小鸟。

鸟儿恋旧巢，胡马朝北望。这是动物界一种本能的冲动。在那一刻，刘邦却淋漓尽致地把它演绎成人类文化本能的冲动。

临别之际，刘邦感慨万千地对沛县的父老乡亲们说道："远游的人总是思念着故乡，我虽然建都关中，但是将来我死后，我的魂魄还会喜欢和留恋故乡。为表达我对沛县的一份思情，我决定把沛县作为我的汤沐邑，免除沛县百姓的赋税徭役，世世代代不必纳税服役。"

沛县百姓听得无不欢喜雀跃，再烹羊宰牛，挽留刘邦喝酒。

刘邦于沛县逗留十多天后，终于启程回京。

其实没人知道，他此时都没什么心情喝酒了。因为他心里一直莫名地担忧着这样一件事：他百年之后，戚姬和儿子刘如意，将何去何从？

此中忧虑，不无道理。从来以色艺事君者，士大夫所不屑也。刘邦就像一棵大树，戚姬犹如攀附树上的常春藤，别人仰望的不是你常春藤，而是那棵参天大树。一旦枝枯树倒，常春藤也将失去天空。

这还不是问题的关键。最让刘邦恐惧的是，他一旦死去，吕雉极有可能反扑，残害戚姬母子。他和吕雉做了将近二十年的夫妻，彼此都是知根知底的。吕雉这个人，躺在怀里是一条温顺之蛇，惹毛了她就像一头血口怒张的母老虎，歇斯底里地杀人不留痕迹。韩信和彭越这两个军事大佬，纵横战场，屡建奇功，她一样下手凌厉，眼睛都不眨一下。

所以说，现在想要保住戚氏母子俩，就必须力排众议，废掉刘盈，立刘如意为太子，确保母子俩安全度过余生。

可是，诸将阻拦，太子刘盈背后又有商山四皓保驾护航，这事能成吗？

真的悬啊！

还有一点要说明的是，刘邦在征伐英布的战场上挨了一箭，病情危急，他没有多少时间犹豫了，必须尽快更换太子。

可就在这时，他多年的战友兼导师张良，竟然不辞辛苦前来劝谏了。

张良身为太子少傅，为太子说情，理所当然。然而刘邦此次是铁了心，谁说也没用。

张良跟他说了半天，他只回一个字：不。

张良吃了闭门羹，悻悻回去，从此闭门不出，宣称有病，不再问政事。对吕雉来说，此深度打击叫人心碎。可这只是一个回合，不到最后，坚决不能认输。

这时，又有人无所畏惧地跃身上阵，冲着刘邦而来。

叔孙通，薛县（今山东枣庄薛城北）人。

薛县隶属旧鲁国，而全中国人都知道，鲁国向来盛产儒者。所谓儒者，不过是一帮熟悉中国古代烦琐礼仪并以此为生的读书人。在孔子之前，儒者都是卑贱的谋生者，而孔子执礼后，向天下诸侯推销礼乐兴邦的治国理念，儒者从此才垄断了知识界和思想界。自此，儒者成了一帮有信仰有追求的知识分子。

叔孙通生于薛地，亦不免俗，以学儒闻名于世，并于秦时被征入朝，成为待诏博士。

众所周知，刘邦极为讨厌儒者，原因之一就是儒者食古不化，迂腐顽固。如果这样定义儒者，那么叔孙通绝对是个异类。因为这家伙为人处世，总是见风使舵，滑如泥鳅，老人精一个。

其江湖处世风格，还得从头说起。

陈胜吴广造反时，秦二世曾经召集博士儒生问话，问他们对陈胜吴广闹事的情况怎么看，诸多儒生将之定义为造反。秦二世最讨厌造反二字，闻之不悦，叔孙通见状，等到问他话时，他灵机一动，说陈胜吴广等人不过是鼠窃狗盗之徒，不足挂齿。秦二世听之，心情极为爽悦，马上赐他帛衣，拜为博士，以示赏识。

叔孙通拿着奖品回到住处后，儒生们纷纷责骂他，说他没有廉耻之心，为了一个博士之位，竟然当众拍皇帝马屁。

你知道叔孙通怎么反驳的？他竟然说道：“你们知道个啥呢，我差点逃不出虎口了。”

他扔下这话，转身就逃跑了。一路下来，他像丧家之犬到处投奔。先是投奔了项梁，后来是楚怀王，再后是项羽，最最后又跟随时为汉王的刘邦。

叔孙通知道刘邦厌恶腐儒，一改儒者穿着打扮形象，改穿楚国衣服，投其所好。当时，叔孙通属下有弟子百余人，没一个被推荐出去做官。于是弟子们十分怨恨，骂他这个师傅，说他天天在汉王面前拍马逢迎，推荐了不少武将，都不懂把他们推荐出去，混个一官半职。

你知道叔孙通又是怎么反驳弟子的？

他这样对弟子说道："汉王现在正以武力跟项王争夺天下，你们能有武艺跟人搏斗吗？都不要猴急，等汉王平定天下，需要儒生时，我一定不会忘了你们的。"

刘邦得天下后，叔孙通趁机上书，请求以礼治天下，以明君臣之义。

那时，刘邦和大臣们在朝上聚会时，跟随他打拼天下的兄弟，自以为劳苦功高，喝醉了酒就在朝上撒泼，甚至有人拔剑而上胡砍乱吼，为此刘邦伤透了心。所以，刘邦听叔孙通这么一说，立即让他去教大臣们习礼。

叔孙通果然践行当初诺言，率领弟子们出山教诸侯大臣等人习礼，并且个个都升了官，有了稳定工作和收入。而刘邦属下那些土包子出身的大臣，因为学会了礼，从此上朝都不敢撒野发疯，叔孙通因为执教社稷礼仪有功，被刘邦封为太子少傅。

熟悉后宫游戏规则的人都知道，太子老师的人生命运跟太子的政治命运是捆绑在一起的。一荣俱荣，一损俱损，没有半点商量余地。所以，当张良劝谏刘邦无功而返后，叔孙通二话不说，主动跳将出来，来找刘邦论理了。

叔孙通先是给刘邦上一节历史课，这样说道："以前，晋献公因为宠幸骊姬的缘故，废太子，立幼子奚齐，使晋国大乱数十年，成为天下笑柄；之前，秦始皇因为不早立太子扶苏，而让幼子胡亥有机可乘，以欺诈手段骗得天下，结果秦朝一夜崩溃，这也是陛下亲眼所见的。如今，太子刘盈仁爱厚道，又十分孝顺，天下无人不知。何况皇后跟陛下您出生入死，同甘共苦，您怎么可以背弃呢？"

很明显，叔孙通是有备而来的。然而让人出乎意料的是，这家伙还做好了拼命的准备。

接着，他又给刘邦来了一句狠话："陛下如果一定要废嫡立幼，我愿接受斩刑，用鲜血染红这高大的金殿！"

谁说儒者是软体动物，寄人篱下没有骨气？眼前这叔孙通就让人长了见识。刘邦望着眼前的叔孙通，不由被他的无畏气势震慑了。

刘邦说道："少傅多心了，我不过是说了句玩笑话，你怎么能当真呢？"

刘邦话语刚落，叔孙通乘胜追击，得理不饶人地问道：“太子为天下之本，本一摇天下即可震动，不明白陛下为何出此戏言？”

刘邦被顶得半天说不出话来。

良久，只见刘邦叹息一声，说道：“你的话我已经听到心里去了，你就放心地回去吧。”

事实上，刘邦不过是来个缓兵之计，打发叔孙通走人罢了。他表面答应不废太子，其实心里还在酝酿着动手的机会。然而不久之后，一场宴席让他的废嫡之心，顿然灰飞烟灭了。

这天，刘邦置酒设宴，召唤太子前来陪坐。

皇帝召见太子喝酒，本来是件平常的事。商山四皓闻讯，秘密聚首讨论研究，他们最后得出来的结果是，此次刘邦置宴用意不善，有可能要公开废嫡立庶的计划。这样的话，太子一人赴会，必死无疑。

该出手时就出手，现在该是亮相给刘邦下马威的时候了。四个活神仙决定陪伴太子前去赴宴，替他助威打气。

赴宴这天，四个活神仙精心装扮，而又无比谦卑地跟在太子刘盈身后入场。刘邦望着他们四个活神仙似的老者个个鹤发童颜、衣冠雄伟、神采奕奕，不由惊奇地问道：“他们几个是谁？”

商山四皓分别上前应话，报上自家姓名。

刘邦一听，顿然大惊，不由惊呼道：“原来是商山四皓，我寻求你们多年，可你们都躲避我不肯出山，今天怎么愿意跟随我儿子了呢？”

等的就是这句话。

商山四皓朗声说道：“陛下向来喜欢轻蔑士族，辱骂不止，臣等义不受辱，所以隐匿了起来。如今，我听说太子仁孝厚道，恭敬爱士，天下士族莫不引颈愿为太子而死，所以我们就出山投奔太子来了。”

原来我心中的偶像商山四皓也追星啊。

刘邦听得心里既失落，又悲哀。他不得不强颜欢笑道：“既然如此，烦请各位用心辅佐太子！”

表面的恭维，遮盖不住彼此的角力和交锋。老子说，执古之道，以御今之有。这个道，就是人心。看来，刘盈木已成舟，玉已成器。如果穷争力夺，事情只会越来越糟。既然如此，又何必引火自焚？

四位老人祝酒礼毕，刘邦目送他们悠然离去，怅然若失地对戚姬说道："我今天请太子来喝酒，本来是想宣布废他的。可四位活神仙用心辅佐，他羽翼已丰，动不了他了！"

戚姬一听，绝望的眼泪当即就奔涌而出。她仿佛看见，死神已经死死地扼住了她的咽喉。

这时，刘邦不胜伤悲地对戚姬说道："不要哭了，请你为我跳一支楚舞，我为你唱一曲楚歌！"

戚姬只好强压悲痛，甩起长袖，为刘邦起舞。接着，只听刘邦也唱起楚歌，歌曰：

鸿鹄高飞，一举千里；
羽翮已就，横绝四海。
横绝四海，当可奈何！
虽有缯缴，尚安所施！

这歌词意思是说，我儿刘盈已成高飞之鸟，我纵有利箭在手，也不能射之下地。歌声哀伤绝望，犹如利箭穿破了胸膛。刘邦连唱几遍，戚姬已不能起舞，唯有伏地哭泣。

一切，即将拉下帷幕！

四、生存是第一需要

高祖十二年（公元前195年），四月二十五日，刘邦崩于长乐宫，享年六十二岁。

此时此刻，如果英布于地下有知，他应该很得意。正是他在战场上送给刘邦的那支流箭，才让他这个死对手经受不住折磨，伸腿走人。

其实回头看看刘邦，他之所以伸腿登天那么快，跟他装酷有关。

他班师回长安途中，吕雉听说他创口恶化，选派良医前往救治。良医入见刘邦，一番检查后，刘邦问他，这病能治吗？良医说，完全可以。

刘邦听完，竟然拍腿就骂道："我布衣出身，提三尺剑取天下，这难道不是天命吗？我命在天，就算扁鹊再世，又有什么用？"

刘邦骂完，赐良医黄金五十两，就打发走人了。然后他回到长安，还是抗不过这催命流箭，没过半年就驾崩了。

当然，刘邦驾崩，吕后应该暗自庆幸。这样，她的儿子刘盈就可以顺理成章接班做皇帝，再也不用像以前那样担心太子被废，整天过着提心吊胆的日子。

事实上，吕后还是无法兴奋。她脑部此时因为想着一个问题而严重缺氧：刘邦驾崩后，软弱无能且年纪尚幼的刘盈，怎么样才能让刘邦那帮兄弟听话，不被挟持，不让那些人横的竖的都冲着他来？

她想了许久，还是想不出一个好的办法，只见她恼羞成怒，亮出了母狼的獠牙，干脆一不做二不休将她的一个心腹叫过来商议此事，准备暴力清洗天下，为刘盈君临天下的统治，扫除一切障碍。

这个能够影响到吕后决策的人，叫审食其。

审食其，沛县人，舍人出身。当年，刘邦忙着和项羽争霸天下时，没有时间照顾家里，就委托审食其帮忙照顾。刘邦当时在外面女人无数，无暇顾及吕雉的情感需要，吕雉也觉自己委屈了，干脆把审食其从舍人培养成了情人兼智囊。

那么多年过去了，审食其在刘邦和吕后之间踩钢丝，安然无恙，实在叫人惊奇，而吕雉跟这种情商及智商超发达的人共事，应该是极为靠谱的。

吕雉将审食其召来后，和盘托出自己的心里话，这样说道："诸将以前跟先帝都是布衣出身，先帝称帝时，他们北面为臣，很多人心里都很不爽快。现在轮到侍奉少主，如果不把他们杀光，天下根本就没有什么安宁日子可过。"

审食其同意吕雉的做法。俩人决定先封锁刘邦逝世的消息，秘不发丧，等解决了诸将，再回头操办丧礼。

第四天，吕雉还没有向外发布刘邦驾崩的消息。

该来的不来，那肯定是出问题了。这时，有人听说吕雉秘不发丧，是准备发动巨大阴谋，立即去找审食其，对他失声大叫：不好了，大事不妙了。

对审食其怪声吼叫的人，叫郦商。

在刘邦和项羽争霸的那段峥嵘岁月里，郦商于汉朝大舞台上出镜率极低。但是，千万别以为少出镜的人，就是平庸无能之徒。事实上，在刘邦的属将当中，他绝对是排得上座号的，可是因为他的哥哥郦食其光芒万丈，风头太劲，将他的名声无情地覆盖了，以至于江湖诸多人只听说郦食其之名，不闻郦商之号。

让我们先来了解一下郦商的工作履历，就可知道他的杀伤力有多可怕：曾以将军和右丞相的身份征伐英布等造反诸侯，护卫过太上皇刘太公，食邑五千一百户，被封曲周侯。一生战绩辉煌，共击垮过三支敌军，平定六个郡和七十三个县。

这么一个举足轻重的将军，去找审食其说话，对方是不敢不洗耳恭听的。

郦商见到审食其，直奔主题，大声说道："我听说陛下已崩，都已经四天了，还秘不发丧，吕后是不是想诛杀群臣。如果真是这样的话，那天下就危险了。"

审食其一动不动，等着郦商把话说完。

郦商接着说道："吕后想过没有，陈平和灌婴将兵十万守荥阳，樊哙和周勃将二十万刚平定燕代。他们听说陛下驾崩，诸将被诛，肯定会连兵造反，攻打关中。到那时，大臣内叛，诸将外反，汉朝灭亡之日，指日可待也！"

审食其听后只觉一阵寒气自脚底生起，贯遍全身，让他情不自禁地打了一个寒战。

郦商说得对啊，刘邦属下那些文官武将，个个都是提着脑袋闯荡江湖的九段高手，仅凭他和吕后的功夫，主动挑衅，根本就不是他们的对手。审食其再也坐不住了，马上动身入宫，将郦商这个可怕的分析告诉了吕雉。

当天，吕雉顿然醒悟，马上发丧，大赦天下。

当刘邦逝世的消息传遍天下时，陈平率着一支部队正在回长安的路上。他闻讯大骇，胆肝俱裂，等他回过神的时候，即刻以风一样的速度，朝着长安的方向冲去。

陈平之所以如此惊魂，是因为他怕死。他不得不怕死，因为刘邦生前曾经叫他做了一件不讨吕后喜欢的事，如果现在不迅速入京请罪，将无法于江湖中生存。

事情还得从头说起。

刘邦征伐英布回京，一直就卧病在床，而太子之争也明里暗里地较量着。那时，有人向刘邦告密，诬陷樊哙，说樊哙已经放风声出来了，只等陛下一死，就发兵诛杀戚姬和赵王刘如意母子俩。

如果说樊哙真有此想法，那是耍流氓。可是我还没死，你能耍得过我吗？刘邦闻之大怒若狂，马上派人前往军中诛杀樊哙。

替刘邦包揽这杀人活儿的，是陈平。

樊哙拥兵数十万，又是吕后的妹夫，里外耳目甚多，如果把他逼急了，有可能闹得天下不宁。为此，陈平给刘邦出了一计，向外宣称召樊哙进京，以周勃取代樊哙一职。

刘邦对陈平之计深以为然，于是派陈平当皇帝使者，陪同周勃前往樊哙军中。并且交代陈平，周勃一旦接手军权，即刻驰入军中斩杀樊哙。

刘邦这招狠毒到家，真是翻脸比翻书还快。想当年，鸿门宴上，如果不是樊哙冲到项羽的宴席上保驾护航，刘邦今天的坟上都已经荒草连片了吧。如此情义，恩重如山，他没有半点感恩之心，竟然因为一句来路不明的谗言，就要大杀出手，令人心寒啊。

事实上，樊哙心寒，此时陈平也心寒。他和周勃走到半道，突然想起了什么，不禁一阵毛骨悚然。他不由拉住周勃，商量不要斩杀樊哙。

他是这样给周勃分析的："樊哙是陛下的老朋友，劳苦功高，且又是吕后的妹夫，既亲且贵，陛下一时暴怒想斩杀樊哙，有可能以后会后悔，我们不如把樊哙抓起，囚禁起来送往长安，让陛下亲自下手。"

如此行事，刘邦和吕后两头他们谁都不得罪，且又光荣地完成任务，此举可谓一举两得，完美至极。周勃无话，当即表示愿意配合陈平抓捕樊哙。

陈平于是决定不冒险进入樊哙军中，而是于大军之外设坛，以皇帝诏令召见樊哙。

诏令发出后，樊哙来到陈平面前，看到诏书，没有反抗，立即把手伸到背后，任由其捆绑，装进囚车。而周勃也很顺利地进入樊哙军中，接手军权。

那时，陈平带着恐惧心情和樊哙一心赶路时，突然半道横出一人，将他拦住，并且告诉他，你可以暂时不用回长安了，请现在改道，前往荥阳。

陈平一听，顿然傻掉。

将他拦住的人，是长安派出的使者。让他前往荥阳，是要他和灌婴一起打理那里的军中事务。

陈平领过诏书，心潮翻滚，极为难受。他是汉朝江湖谋略高手，凡事都逃不出他的手掌心。如果此时前往荥阳，必然是凶多吉少。

答案是显而易见的。

曾经，周勃、灌婴、樊哙等人都是刘邦的左臂右膀，他们之间兄弟情重。当年楚汉相争时，刘邦封他高官，他们还一起上书告密想整死他。现在刘邦死了，没人罩他了，而他又被困在长安外面，吕后妹妹吕须听说抓捕樊哙之计是他出的，不找借口整死他，怎能罢休？

陈平越想越觉得可怕。如果不回长安把抓捕樊哙的事，向吕后及吕须解释清楚，只要长安给他送来一张诏书，那就等着挨刀了。

可诏书都叫他改道走荥阳了，现在怎么办？

他想了想，做了一个铤而走险的决定：不去荥阳，继续赶路回长安。

于是，陈平一路马不停蹄地冲向长安。一进城后，直奔皇宫，跑到吕后面前哭了起来。他一边哭一边向吕后请求，说让他留守宫中，为刘邦守护棺柩。

吕后半天不说话。

陈平见状，哭得就更惨了。不知道哭了多久，突然，只听吕后叹息一声，幽幽地说道："既然你这么有心，那就留下来吧。"

说完，吕后下诏，封陈平为郎中令，行走宫中，并担任少主刘盈师傅。

阿弥陀佛，终于躲过一劫了。

五、疯狂的报复

事实已经说明，在一个崇尚丛林法则的生死相争、高手辈出的时代里，要想生存下来，凭的不是运气，而是智慧。智慧改变命运，陈平以超人的智慧，终脱绝境，谱写了奇迹人生，着实不易。

传奇和奇迹是两码事。有人一生很传奇，但一点也不奇迹。下面出场的这个人，就是一个很好的例子。

这个人，就是戚姬。

吕雉跟随刘邦奋斗一生，已经养成了刚毅沉着、冷酷无情的政治性格。多年以来，她经历无数坎坷曲折，但都无怨无悔。然而让她最为可恨的是，她奋斗一生的胜利果实，差点落到了戚姬手里。

于是刘邦丧礼一结束，她就急不可待地派人将戚姬逮捕，扔进了永巷。

永巷，最初不过是宫里的一条小巷，供底层宫女居住。然而，随着后宫政治斗争越趋激烈，吕雉就将这里变成了中国早期的女子监狱。

众所周知，凡事做绝，那是吕雉向来的处事风格。戚姬被关进永巷后，吕雉派人给她剃了个阴阳头，穿着囚服进行劳改。

戚姬劳改的工作，就是舂米。此时，如果她长点脑袋，就规规矩矩地劳动，装可怜博取别人同情，说不定还能逃过死劫。

可惜的是，她没有。

她在舂米时竟然借歌声发泄牢骚，原版歌词如下：子为王，母为虏，终日舂薄暮，常与死为伍！相离三千里，当谁使告汝！

这一年，刘如意才十四岁，刘邦生前刻意打击女婿赵王张敖，并将其拿下，改封刘如意为赵王。

而戚姬通过这歌声，想告诉世人，我儿子身为赵王，可我这个当母亲的却做了俘虏，每天舂米到天黑，与死神为伍。可我离儿子距离又太遥远，谁能够把我的遭遇告诉他呢？

都什么时候了，还巴望儿子来拯救，这不是害人又害己嘛。

正所谓旧仇未报，又添新怨。这歌传到吕雉耳里时，只见她暴跳如雷，怒声骂道："你还想依靠你儿子来拯救你，做梦去吧！"

吕雉杀机顿起，当即下诏，派人到赵国去，召刘如意回长安。

然而，使者很快就返回长安，并灰溜溜地报告说，有人活拦死挡地不让赵王回来，我们一点办法都没有。

当使者报上那拦路人的名字时，吕雉不禁一愣，糟糕，怎么这家伙越来越难缠了呢？

敢于不奉诏令的人，正是周昌。

周昌的脾气，江湖皆知。就是萧何和曹参这样的大佬，对他都要敬而远之，刘邦生前，如果不是他以死相抗，太子刘盈说不定早被拿下，不知贬到哪里喝西北风了。

刘盈之所以能够坐稳太子位，全赖吕雉。而刘邦认为，要想刘如意能够顺利成长，熬出头，也必须有个强悍相国来辅助他，替他遮风挡雨，排除万难，于是就派强人周昌去保护刘如意了。

事实也证明，普天之下，也只有周昌能够胜任赵王相国这个职务。

吕雉的使者抵达赵国后，不管他们说了多少话，周昌只有一句话：赵王有疾，不便回京。

消息传回长安后，吕雉很是无奈，只好跟他死磨到底了，继续派使者传诏。

双方较量多回，当周昌看见长安使者又来赵国时，再也不跟他们玩太极了，干脆打开天窗说亮话："老实告诉你们，高祖生前就叮嘱我，要保护好赵王刘如意。私下里我还听说吕太后十分怨恨戚姬夫人，想召赵王回京斩杀泄气，我怎么能让他回去？再说了，赵王的确身体不好，恕我不能奉诏！"

周昌这番话，无疑是将宫廷内部矛盾公开化了，这对吕雉太后的光辉形象，可是一个极大的损害和破坏。

吕雉怒了。

她终于明白了，按现在的情况看，要搞定赵王，必须先摆平赵相周昌。于是，她马上传召周昌回京训话。

赵王有人挡着，可以不回京，但周昌是不能不回的。按汉初制度，诸侯王只有封二千石高官以下的权力，相国等二千石的高官，都是由中央指派去的，何去何从，全都由中央说了算。

吕雉这招，犹如捣到了周昌软肋，他只有乖乖地回京复命。周昌回到长安后，吕雉见到他，劈头就骂道："你难道不知道我怨恨戚氏吗？为什么我召赵王多次，你都不派人把他送回来？"

周昌生来口吃，况且此事理亏，他干脆闭嘴不说，任吕雉开骂。最后，吕雉骂完，叫他先在长安好好待着，哪里都不许去。

吕雉现在当然还不能放周昌回去。因为使者已经出发，前往赵国征召赵王刘如意回京。果然，周昌不在赵国，赵王也顶不住了，只好跟随使者上路，回到长安。

等的就是这一天。

吕雉磨刀霍霍，就等着赵王来挨刀了。

可是这时，却传来了一个让人吃惊的消息：赵王已经回京了，但是才到长安城外时，就被人接走了。

当使者说出接走刘如意的人的名字时，吕雉顿然惊愕：这小子吃错药了吗，怎么干出这种事来？

半路截道将赵王接走的人，是太子刘盈。

世间之事，真的是不可思议。软弱无脑的戚姬造出了类似刘邦般聪明的刘如意，剽悍的吕雉却造就了一个仁慈善良的刘盈。如果刘邦再多活几年，等到刘如意成年，或许其个人命运及王朝命运即可改写。

可偏偏是，人生没有如果，历史也不会重来。

那时，刘盈早已获知，吕太后屡次征召赵王入京，就是要把他诛杀泄恨。他干脆亲自出马，率团到霸上等候，刘如意一到，就把他接回自己的寝宫了。

为了防止万一，刘盈把刘如意变为自己的影子，他去哪儿都让刘如意跟其左右，吃同席，睡同室。

即便如此，要阻挡吕雉杀掉刘如意，那也是不可能的。

但是，吕雉还是忍住了。

不为别的，如果派人毒死刘如意，有可能会连刘盈也毒死了，所以为安全起见，她只好派人时刻盯梢，等待绝佳的施毒机会。

不幸的是，这个杀人灭口的机会，还是被她等来了。

惠帝元年（公元前194年），十二月。此时，距离刘如意进京，不过一月有余。

这天早上，年轻的皇帝刘盈，凌晨就要动身到郊外打猎。当他去唤刘如意时，可年少的赵王却贪睡恋床，不愿出门，刘盈只好把他丢在宫里，出城打猎去了。

天才蒙蒙亮，刘盈即刻回城。当他进宫时，眼前发生的一切，让他如五雷轰顶，顿然傻掉了——

赵王刘如意已经死在床上了。

原来是刘盈前脚刚出城打猎，吕雉就收到密报，立即派人持酒将刘如意毒死了。

吕雉搞定刘如意后，下一步就是折磨戚姬了。

在中国历史上，毒死对手，吕雉不是第一个。然而，她下面干出的这件事，却是史无仅有，闻所未闻的。

曾经，戚姬美腰如蛇，环绕刘邦左右；曾经，她歌声犹如天籁，迷得刘邦如痴如醉；曾经，她肌白如玉，搞得刘邦五魂出窍。今天，吕雉却以残忍的手段告诉戚姬，你曾用之苦苦折磨我的东西，今天将一切不复存在了。

首先，吕雉命人砍断戚姬手脚，让她不能手舞足蹈了；接着，去眼，挖掉她两只明媚如水的大眼睛，让她不能暗送秋波，柔情似水了；再接着，凿聋双耳，听不见这世界的声音了；最后，灌哑药，戚姬想唱，不能唱；喊冤，喊不出音。

禽兽做不出来的事，吕雉却完美无瑕地做到了。

几天后，吕雉叫人带着刘盈来到永巷参观她的伟大杰作。刘盈看见厕所里有一团血肉模糊的还在蠕动着的东西，问左右："那是什么东西？"

左右据实回答："那是人彘戚姬！"

刘盈不敢相信自己的眼睛，当即惊吓得失声大哭，一路呕吐回宫。

回到宫里，他马上派人这样告诉吕雉："你做的事，简直就不是人做的，我对你也无可奈何了。我连父亲的宠姬和心爱的儿子都保护不起，还谈什么治理天下。"

刘盈这话意思很明白：我玩不起，总可以躲得起，皇帝的活儿您还是找别人来做吧。

从此，刘盈称病不朝，关闭自我，整天沉溺于酒色之中，堕落混世。

我仿佛看见，在无数个夜里，刘盈总是仰望星空，如诗人般放声呐喊：汉朝，我的钥匙丢了；天，又开始下雨了，我的钥匙啊，你到底躺在哪里？

对他来说，他的灵魂钥匙就是仁慈。可吕雉已经活生生地夺走了这把人性钥匙，关闭了光明大门，让他像一只可怜的小鸟，失去自我，又无力还原自我，永世不得解脱！

悲哉，刘盈！悲哉，吕雉！

第二章

铁幕

一、萧何这一生

在吕雉看来，无论刘盈怎么消极怠工，故意跟她使性子不上朝，她好像都无所谓。皇帝不想干的活，她来干；她干不了或者吩咐下去的活儿，自然有人会做得很好。

而专门替皇帝管理天下的人，就是丞相萧何。

回首往事，自刘邦进入汉中以来，萧何就一直待在丞相之位上，到如今将近十四年了。十多年来，他做事如做人，做人如做事，向来都是战战兢兢，如履薄冰。他不结党，不营私，更不结怨，只管行善积德。

可结果，他还是蹲了一回监狱。

曾让萧何蹲牢狱的人，竟然是他的老搭档和老当家刘邦。这事，得从高祖十二年（公元前195年）说起。

我们知道，那一年是多事之秋。当时，英布造反，刘邦不得不带病亲征。刘邦可是人在战场，心忧庙堂啊！他忧的可不是刘盈，亦不是吕后，而是萧何。

为何而忧，这恐怕是刘邦的难言之隐。萧何恪尽职守，活生生一个劳动模范，更是办事让人放得下心的大管家，他还忧个屁啊。

如果这样想的话，那就错了。

老子曰：无私，以成其私。这也就是说，萧何表面上看大公无私，正是如此，可能从另外一个方面成全了其私，那就是其个人的威望和德行。

从领导学的角度来说，奴才，最好是不好不坏、不上不下。如果很烂，会影响做事效率；如果很好，又害怕光芒四射，喧宾夺主。所以，只有不好不坏、不上不下的人用起来顺手，更是放心。

但恰恰，萧何是一个让刘邦怕其影响力上升的家伙。

相处了这么多年，从来没见过他出错。在漫长的人生长河中，一个从来不出错的人，他要么是神，要么是完人，要么就是有意为之的野心家。无论是哪种，都是让刘邦忌惮的。

事实上，心惧萧何是刘邦多年的老毛病了。

想当年，楚汉相争时，刘邦和项羽在前线拼得要死要活，仍然不忘派人过问萧何的工作。结果，萧何为了消除刘邦的顾虑，不得不把全族人送上战场效力。

时隔多年，刘邦老毛病再次复发。当他在外和英布打得天昏地暗时，亦屡屡派人问萧何最近在干吗。

一个人，你心里装着魔鬼，看到外面的人会觉得他们通通是魔鬼。偏偏萧何做事总是问心无愧，根本就没觉察到刘邦频频派人过问他的意图。

所以在那时，不管刘邦派多少人来问，他总是那句话：皇上请放心，我还是像从前那样勤勤勉勉地工作，把全家的私财都拿出来赞助军队。

殊不知，萧何这话传到刘邦耳里，刘邦就更担忧不已。

萧相国啊萧相国，谁叫你这么认真干活儿？你一认真，我就心慌。保不准你这个所谓完人、人间贤相，正是夺我刘氏江山的主啊。

当局者迷，旁观者清。这时，萧何的一个门客发现了刘邦异常的举动，他连忙对萧何说道：你离灭族的日子不远了！

门客这话像旱地惊雷一般，炸得萧何魂都出窍了。灭族？我克勤克俭，埋头苦干，一心一意管朝事，凭什么要灭我的族？

门客笑了。

他这样告诉萧何：“陛下灭的正是你这等埋头苦干的人。只要想想就可知道，你已位居相国，一人之下，万人之上，不可复加。更可怕的还有，你自入关以来，得百姓心，十年有矣。陛下屡屡派人向您请安，实则是畏惧你民心所附，摇动关中啊！”

啊？萧何的嘴巴惊得像缺氧的鲤鱼一般张得老大。

我欲将心向明月，谁知明月照沟渠。陛下啊陛下，多年以来，咱们君臣相伴，犹如情人相随。你是我的太阳，我是你的月亮；你是我的玫瑰，我是你的心上人。没想到的是，混到最后，竟然是同床异梦，一场空！

那时，没有任何词语能形容萧何强烈的失落感。他渴望门客是出自嫉妒而搬弄出的谎言，可是再认真想想，使者屡屡从前方回来探望他，的确很不正常。十多年的老战友了，大家都是知根知底的，刘邦这等伎俩还不是充分体现出内心焦虑不安吗？

于是乎，刘邦心慌，萧何心里更堵得慌。

萧何又紧急向门客求助道：怎么办？难道又非得落得个狡兔死，走狗烹的下场不可？

事情当然还没有那么糟，门客给萧何支了一招。

这一招正是针对萧何向来毫不利己、专门利人的精神提出来的，招数的名字就叫：损公肥私，损人利己！

具体做法有两项可以参考：一是强买民地；二是大放高利贷！

这就是赫赫有名的自诬法。

此招的妙处在于两点：首先，当事者大失民心，降低威望。威望一降，皇帝的威胁就少得多，这当然是刘邦希望看到的结果。其次，一个有政治理想和志在天下的人，是不屑于干这种贪赃枉法的事情的。

反过来，如果他贪赃枉法，就只说明他是个物质之人，而非理想之人。

世界上最可怕的，不是物质，而是理想。一个只贪图人生享乐，而没有高远理想的人，是不足为惧的。这正像当初刘邦进入咸阳城时，一反常态，不贪不抢，不嫖不霸。结果这招还不是让关中百姓感动得一塌糊涂，还铁下心来要跟随他。

实在太妙了！

那时，萧何听门客一提醒，脑袋开窍，恍然大悟。他迅速行动，赶在刘邦班师回朝之前，制造了一个恶名远扬的坏名声。

好事难做，坏事可是容易多了。果不其然，当刘邦从前线归来，还没进入长安城，就有上千个百姓拦道告萧何的状！

刘邦一听说萧何贪污，一下子就乐坏了。

他一边装出主持公道的样子收下了告状书，一边心里乐滋滋地哼起了小调。萧丞相啊，都说你是个好贤相，原来你也不过如此嘛。于是，刘邦便拿着一大堆告状书回城，等待萧何来拜。

萧何也在等待刘邦。

当刘邦回到未央宫后，他马上进谒。这时只见刘邦抖着大堆的告状书，笑着对萧何说道："相国，你口口声声说勤勉工作，以私财资军，难道就是这样子的吗？"

萧何听得只能装作慌乱的样子谢罪。

刘邦又笑着说道："算了。这事是你自己惹起来的，你得自己去摆平。所以，你还得亲自走一趟，向百姓谢罪。"

刘邦这招就叫给台阶下。

刘邦是这么一种人，只要不抢他的皇权，其他一切都好商量。况且萧何是个老好人，不能因为他犯了一次错就一棍子打死。所以说，这台阶不能不给啊！

于是，此事就不了了之。一场政治危机，就此化解。

好戏，还在后头呢。那时，刘邦口口声声要萧何对百姓请罪，萧何还真当回事来了。不久，他瞄上了一块地，那就是赫赫有名的上林苑。

自秦以来，上林苑一直都是皇家的后花园和游猎之地。但是，上林苑因为年久失修，再加上国家初建，经费不足，所以这块好地方就日渐荒芜，成了一片杂草乱木纵横之地。

于是，萧何就打着退林还耕给百姓的旗号给刘邦上书，陈述如下："长安人多地窄，上林苑剩余诸多空地，实在可惜。陛下可以把它分给小民种田，这样，百姓不但收了庄稼，您还可以得到稻草当兽食。"

萧何实在太可爱了。

门客说损人利已，并没有说损皇帝利小民。从古至今，几乎每个中国人都在做着一个共同的梦，那就是当大地主。当然，刘邦是天下最大的地主，他也不在乎上林苑那百里土地。问题是，让地事小，倒贴事大。萧何割皇家土地补贴百姓，百姓得利，萧何得民心，刘邦除了得到萧何所言的那堆兽食外，几乎全赔了个精光。

你赚了，我赔了。天下岂有这等好事？

果然，刘邦一收到奏书，勃然大怒，叫嚣要收拾萧何。他马上把司法部长（廷尉）召来，说道："萧相国肯定和奸商勾搭在一起，竟然打我上林苑的坏主意，你去把他关起来。"

就这样，萧何做了一辈子的官吏，还是头一回落水了。

其实，要说萧何不懂官场游戏规则，那是胡扯。他之所以敢冒生命危险出此下策，理由只有一个：他太善良。

首先，为了自诬保命，他已经狠狠地做了一回把个人安危建立在百姓失地的痛苦之上的事情。此次向刘邦提出让地一事，绝不是自诬的杰作，而是出自良心，为百姓谋取利益，以换心安。

其次，萧何以为叫刘邦让出上林苑的空地，是一举两得之事。如果不行，顶多也是搁置不理。没想到，此一时彼一时，年老多疑的刘邦还是无法忍受，痛捉其入狱。

好马也有失蹄的时候，萧何，您就先在牢里蹲着吧！

就在萧何坐牢的日子里，有人跳出来主动替他说话了。这人姓王，官职为卫尉，我们可以叫他王卫尉。

刘邦关起萧何，表面是受上林苑一事刺激，实则是担心其心不祥，造势谋反。但是，谋反与否，作为保卫皇宫的司令是最有发言权的。

首先，王卫尉问刘邦："萧相国有什么罪过，陛下怎么突然把他抓起来了？"

刘邦答道："我听说李斯当丞相侍奉秦皇的时候，有好处就归皇帝，有坏处就自己顶着。哪像萧何这般当相国的，有好处自己捞，有坏处就让我来顶，竟然要分我的上林苑取悦百姓？请问我不捉他，那还了得吗？"

王卫尉反驳道："陛下您这样说就错了。第一，忠于职守，为民请利，这才是真宰相要做的事。第二，陛下没理由怀疑相国与奸商勾结。想当初，陛下与项王相拒多年，后来陈豨和英布接连造反，您都是出征在外。当是时，相国守关中，只要他一动摇，关中就非陛下所属。如果相国真的想谋利的话，不在那时做，现在才想去贪图那几两银子？第三，秦皇就是不闻其过，国家才灭亡的。这是李斯的过错，所以他没什么值得我们学习的。陛下千万不要把萧相国想得太肤浅了啊！"

王卫尉一席话，驳得刘邦当场无话。

然而，刘邦嘴上服了，可心里还是不服。就算萧何真为国家为百姓，可是我的面子呢，萧何不给我面子，这叫我怎么高兴得起来？

然而，当天就有使者持节来到监狱，要求释放萧何。

原来，刘邦究竟还是想通了。

对于萧何来说，在牢里蹲监的这些日子，让他深刻地懂得了什么叫政治。所谓政治，先过君政之关，其次才是民治。不赢得皇帝的欢心和支持，所谓民治理想及美梦，皆是浮云。

那怎么才能赢得领导赏识呢?

那就是谦虚，谦虚，再谦虚。正如刘邦前头所说的，有好处，归领导；有坏处，自捂盖。

于是，本来做事谦虚谨慎的萧何，出狱之后变得更像一只胆小的老鼠。他连刘邦曾经赐予他的入朝不趋、剑履上殿的待遇都放下不管了，直接光脚跑进皇宫向刘邦请罪。

刘邦看到萧何，心里一阵唏嘘，又要起了流氓脾性，说道："你起来吧，我抓你就是要让天下人明白，你是贤相，而我是暴君。"

无论刘邦怎么自嘲，永远不能改变政治的本质。经过这次致命的打击后，萧何再也不敢向上面提任何意见。

他已经老了，不愿再折腾了。他终于明白，在他这一生当中，所有豪情壮志、建功立业的理想和黄金时代已经过去了。现在，他唯一的愿望就是像一盏油灯一般，静静地等待着油尽灯熄，而不是任由狂风泯灭。

以静养心，天之道也。萧何这一等待，刘邦最终还是熬不过他，先行一步到天堂报到了。

其实，像萧何活到这份儿上，多活一年，或少活一年，都是无关紧要之事。人生的帷幕，正像早春的雾气一样，弥漫在长安的上空。

孝惠二年（公元前193年），春，正月。

这个春天来得有些蹊跷。首先，东方的兰陵（山东省苍山县西南兰陵镇）一个平民家的水井中，竟然出现了两条龙。紧跟着，陇西（甘肃省临洮县）发生地震。再接着，夏天一场大干旱像阴霾一般笼罩在汉朝大地。

在古人看来，大自然一切不祥的征兆，与人或多或少存在着一股内在的联系。果然，这年夏天，以落跑闻名天下的刘仲先薨。紧跟着，萧何大病在床，奄奄一息，只剩下了一口气。

这时，刘盈闻知萧何病重，前来探望。

刘盈当然不仅是为黑发人送白发人来的，更重要的是，他来看看萧何要留什么遗嘱。

刘盈问萧何："君即百年后，谁可代君者？"

刘盈问这话似乎更多的成分是客套。关于汉朝接班人问题，刘邦在死前已向吕雉交代得很清楚。萧何之后，必曹参接之。

这个道理，从开国论功时，就看得明明白白、清清楚楚。第一名死了，不是第二名接班，难道留给后面的吗？

所以曹参当接班人，是板上钉钉的事，不容置疑。然而，萧何没有直接回答刘盈，他反而像踢皮球一样，把球踢回刘盈那，说道："知臣者莫如主。"

萧何当然是说，您刘盈是最了解我的人，答案就不用我多说了。

是啊，不要说刘盈，答案恐怕在满朝大臣心里都是认可的。于是，刘盈也不客套了，直接问道："您觉得曹参怎么样？"

刘盈话音刚落，只见萧何像只老鸡似的，在枕头上不停地叩头道："皇上你可找对人了，我死而无憾啊！"

刘盈默立无声，一室无语。

二、奇怪的接班人

初秋，七月五日。萧何薨。

此时，曹参正在齐国当丞相。当他闻听萧何薨，第一个反应就是对其舍人说道：赶快收拾行李，我要调回中央接班当相国了。果然不久之后，中央就派使者召回曹参，提他为汉朝新相国。

对于这一天，曹参等得太久了。

一直以来，曹参和萧何做的都是一样的工作，那就是当管家。级别相同，都是相国；待遇相同，都是二千石。略为不同的是，一个在中央，当的是刘邦的管家；一个在地方，当的是齐国刘肥的管家。当然了，中央听起来比地方两个字还是有些重量的。

这就是曹参一直对萧何耿耿于怀的地方。初，两人相继叛秦起义；再，两人各任其职，一个当文官，一个当武将；后，天下平定，刘邦却将萧何定义为功人，曹参为功狗。于是两人高低各异，泾渭分明。

殊不知，刘邦这一划，犹如一条三八线，从此在曹参和萧何的心里都留下了阴影，两人的友谊从此破灭。于是大家各奉各的主，各干各的活儿，奇怪的是他们互不斗嘴干架，亦不往来问候，大有一副老死不相往来的架势。

其实多年来，两人在心底的深处还是互相认可和尊重的。萧何了解曹参，犹如曹参了解萧何一样。正因为如此，曹参调进中央之后，并没有对萧何的治国措施进行大刀阔斧的修改，反而是全盘保留，原封不动。

难道曹参是因为偷懒而不想和萧何过不去？

错矣。曹参这招就叫，黄老之学，无为而治。

无为而治，当然不是曹参一时心血来潮想出来的。要想探究他的这个治国理论，还得追溯至他任齐相期间。那时，刘肥正当年富力强，他从老爹那里接过齐国这片全国最肥的土地后，整天就想出招干出一番事业来。于是，就把这个光荣的使命交给了曹参。

治国就像盖楼一样，得先画好蓝图，才能动工。于是，曹参就把齐国的知识精英召集起来开会。结果是，众说纷纭，莫衷一是。

那么，有没有一个既符合齐国国情，又能大力发展生产力的治国理念呢？

要回答曹参这个伟大的问题，还得请教高人。恰好，当时胶西就住着一位号称精通黄老之术的老家伙，不妨请来问问。于是，曹参派人担着厚礼前往贵地请高人。

这个传说中的高人就叫盖公。盖公一见到曹参，首先提出了一套前卫的治国理论：治理国家贵在清静无为，让百姓自行安定。

任何理论，不贵在动听漂亮和省事，而在于实用。老实说，盖公所言的黄老之术，还真的适合当时齐国的国情。不要说齐国，其推而广之，在整个汉朝初期都是适用的。

所谓黄老，是指黄帝和老子。黄帝，是传说中的人物，其代表作品有《黄帝四经》。老子，则是先秦时期早于孔子出名的大哲学家，其代表作品有《道德经》。两人因阴阳之理及其他理论相似，于是被时人合称黄老。

但必须指出的是，所谓黄老之学，是诸子百家杂交的混合物，兼有道家、法家、儒家，甚至墨家等而形成的全新思想，它和原本的道家已是两种面貌，不可同日而语。

在治国方面，儒道两家提出了不同理论。孔子认为：明知不可为而为之。这句话是针对当时混乱的春秋时局提出来的。他的意思就是说，我知道我个人的力量是有限的，但是国家兴亡，匹夫有责。我就是明明知道不可能办成功，也要努力坚持到最后。于是，后人把孔子这等执着的理想追求，称为积极入世。

老子则跟孔子唱反调道：无为，而无所不为。老子的本义是说，我什么都不做，等于我什么都做了。老子这话，如果不联系实际，肯定让人读来不知所云。

春秋乱世，弱肉强食。当时，每个所谓有为的霸主，都想做一番利天下的大事。但是，天下要想得到太平，唯有以战止战。结果是，战争经年累月，百姓流离失所。不论是霸主，还是谋士，他们本想有为，却换得天下不得安宁的局面。

于是，老子认为，如果大家都安守本分，回归自然，那么天下不是无事了吗？天下无事，这不等于我做了一件于天下有利的大事吗？

其实，无论是儒家，或是道家，他们的思想都不容于春秋时世。任何思想和理论，唯有合宜的政治时机和土壤，才能培育出正果。春秋时世，人心不古，没有一个君主相信孔子的仁政，亦不信老子的清静无为。在诸多先哲思想中，唯有几家被诸侯们看好，那就是兵家、纵横家及法家。最后，秦始皇靠着法家思想作为治国理念，一统天下。

一代有一代的治国理念。秦国靠法家思想兴国，亦因法家而葬国。没有人不意识到，秦始皇的严刑苛法对天下苍生来说，是一种生命不可承受之重。于是，陈胜的振臂呼声，代表了天下的呼声。他们受不了旧皇朝的压迫，唯有推翻重建。好了，汉朝已经建立起来了，必须有新的治国理念支撑起来。

马克思说，经济基础决定上层建筑。作为上层建筑之一的国家意识形态，适应汉初经济条件的，不是什么别的思想，而是道家。

因为，天下打打杀杀这么多年了，国家生产力严重衰退，首要任务就是振兴经济。而道家所主张的不扰民、清静无为的理念，符合了汉初基本国情。

黄老之术
亦迂回之术
亦不为之术
诸多解释

于是，在一片求清静无事的呼声中，黄老之术应运而生，被广泛认同。

曹参就是在这么一个合适的时机，做了一件合适的事，实施无为治国理念。

接着，曹参为了贯彻他的治国方针，向外公布了一条提拔官员的规矩：不善言辞的木讷者、性情厚重者，来者不拒；言辞犀利者、文字苛刻及追求声名者，请通通滚蛋。

很快的，曹参的举动，引起了一片波澜！

在汉朝那帮讲究进取的官僚看来，曹参简直就是个异类。他保持萧何的规矩当然没错，可是曹参和萧何的工作作风比起来，简直就是相去甚远。

想当初，萧何勤勤恳恳，鞠躬尽瘁。如今，只见曹参日喝夜饮。说他偷懒，那还是往轻处说了。往重处说，他这简直就是消极怠政，误国误身。

不行啊，曹参。哪有不管事的管家，中央和地方不是同一个概念，相国根本就不是这样子做的，您应该学学萧模范的做事风格嘛！

于是，汉朝众多官僚都带着一副恨铁不成钢的样子，极想亲自登门和曹参讲为相之道。

可是他们奇怪地发现，每每有人登门，曹参总备着丰厚的酒宴待客。不管三七二十一，曹参总让他们先灌三杯再说。

好了，酒也喝了，咱们该谈点工作了吧。接着，曹参看到同僚想吐言之时，突然又举杯劝酒，人家到嘴的话只好吞回。一回两回，来一个被灌醉一个，本来想说的话，全被灌回肚子里去了。

久而久之，几乎无人不知道他的待客原则：酒喝多少都能奉陪到底，想给我谈工作，没门。

曹参这种工作态度，实在让人感叹不已。大家都有一个共同的感受，那就是好混，实在太好混了。

众官员慢慢熟悉了曹参的工作态度后，也不再去追求什么政绩和进步。对大家来说，说得好的，不如闭上嘴的；干得好的，不如喝得好的。既然如此，还追求个屁呀。大家有事喝酒，没事也找事喝酒，混日子呗。

那时，曹参相国府后面就是官舍，中间只隔着一个后花园。在曹参的熏陶和带领下，官员们把官舍弄成了一个吃喝玩乐的地方。白天，这里是酒馆，猜拳吆喝，不醉不归；夜晚，这里是烧烤园兼露天歌舞厅，想跳舞的，想唱卡拉OK的，就尽情表演吧。

官员这派作风，只能用一个词来形容：堕落。

不能不说他们堕落。作为公务员，首先应该自我约束，充当表率。哪有领国家工资把吃喝玩乐当作日常工作的。不要说汉朝那帮老古董，就连曹参身边的随从官员都看不过去了。

于是，他们一致认为，这股吃喝之风，该让曹相国来杀杀了。

但是，要对曹相国提这个意见也是个难题啊。如果非要求见，说不定又是一顿美酒，最后又是被曹相国灌得晕头转向，还要被抬着回房了。

那么，有没有一种绝妙的办法，既能逃过曹相国灌酒，又能让他主动去管那帮以喝酒烂醉为事业的官员呢？

侍官们马上想到了一个办法。

一天晚上，他们闻听官舍那儿又大开宴会，于是假装邀请曹相国去后花园散步赏月。这当然是个好主意。只要曹相国进了后花园，肯定能看见他属下那帮官员腐败的丑相。到时趁机请他出面管管，那可是一举两得之事。

然而，侍官们马上发现他们做了一件吃力不讨好的事。

当曹参在自家后花园里听到官舍里传来大呼小叫之声时，侍官们一片讨伐。曹参听完，不但不咬牙切齿，反而高兴地翻过围墙，加入吃喝队伍，和众人一起举杯喝酒。

完了，曹相国，我们管不了你了。要想管得了你，就非得请刘盈出面了。

世间没有不透风的墙，对于曹参不管事的做事风格，吕雉知道，刘盈也是知道的。然而，吕雉母子俩的反应极不相同。吕雉心里高兴，放任自流。刘盈是心急如焚，手足无措。

吕雉高兴是因为，曹参越是不管事，就越是说明他没野心；越是没野心，自己就越能掌握大局。刘盈心急如焚，是因为想管，又不敢管。老娘看在眼里都不表态，他自然也不敢轻举妄动。况且，自己资格浅薄，不知说了还会顶个屁用不。

但是，继续放任自流，也不是办法啊。

于是，刘盈想到了一个人，曹参的儿子曹窋。曹窋时任中大夫，掌议论。刘盈把曹窋召来，问道：“你知道你老爹不管事吗？”

曹窋很老实地答道：“知道。”

刘盈又说：“那你觉得他这种工作态度到底是端正还是不端正？”

曹窋：“极不端正。”

刘盈：“你作为掌议论的中大夫，对于这种人该不该进谏？”

曹窋：……

刘盈看着曹窋哑口无言一副为难的样子，胸有成竹地拍着他的肩膀说道：

“不要害怕。我这不是叫你为难你老爹，只是希望你能对他旁敲侧击，让他幡然醒悟，做个明白事理的人。至于说辞，我已经替你想好了，你就拿回去私底下问问他。但是请注意，千万别对他说是我告诉你的哦。”

曹窋：“陛下放心，我绝不透露你的讯息。请问，您的说辞是？”

刘盈：“说辞很简单的。你就私下问他，高帝乍崩，惠帝年纪又小，而您作为相国，不但不管事，还整天喝酒作乐，请问你有什么办法管治天下？”

刘盈这个疑问，亦是满朝官员的疑问，可就是没有一个人能够知道答案。前面讲过了，想知道答案的，不是被他屡屡灌醉，就是无可奈何，哭笑不得。

看来，如果曹窋摆不平他老爹，就再没人知道相国到底要偷懒到什么时候了。

于是，曹窋立即答应刘盈，一定会规劝老爹。

至于怎么规劝老爹，曹窋想到了一个绝佳的办法。

首先，等待放假，腾出空闲时间陪老爹多聊聊家常；其次，循序渐进，挑明事由。

曹窋是这样想的，他也是这样做的。

然而，当他放假回家，把刘盈教的那席话从自己的嘴里对曹参说出时，却当即换来一个结果：挨打。

这是谁都想不到的结果。

曹参一边狠狠地笞打儿子，一边教训道：“你小子有什么资格教训老子。我打你，是让你狠狠地记住，你离管国家大事还远着呢。”

曹窋整整挨了二百大板。这二百大板，打在曹窋的身上，更是疼在刘盈的心上。

第二天，当曹参上朝后，刘盈当即逮住曹参大声问道：“是我叫曹窋去规劝你的，你凭什么把他打得那么狠？”

曹参听得一愣，转而觉悟。哦，原来我儿子的胆是被陛下撑起来的。

曹参立即脱下官帽，连忙向刘盈谢罪。

打都打了，谢罪有个屁用。刘盈闷了一肚子气，却又不知该如何发作，只好郁闷地看着曹参。

好了，是该揭开谜底的时候了。我曹参今天不说出答案，天下人还真以为我只是个好吃懒做的相国呢。

曹参问刘盈：“陛下自我评价一下，您和高帝比起来，哪个厉害？”

刘盈一愣，曹参到底葫芦里卖的什么药？我怎么敢和高帝比，这可是一个在天上，一个在地上。

曹参再问："请问陛下，您认为参与何相比，谁更厉害呢？"

这个问题倒是有些难度。正所谓，寸有所长，尺有所短。不过，总的来说，似乎萧相国要比您强一点点儿。

刘盈这两个答案，恰是曹参的答案。

于是，曹参继续阐述道："既然高帝和萧相国都比我们俩强，而他们都规定好了法令和发展方向，陛下和我都只要忠于职守，不随便脱离轨道，不就是很好了吗？"

刘盈终于大彻大悟，如拨云见日，看见了这个躲在云层里的答案。

原来，这就是传说中的无为而无所不为啊！这简直太玄妙了。做，是为了不做；不做，是更好地做。难道不是吗？高帝和萧何那么辛苦打拼，不就是为了今天不让刘盈像他们那样辛苦吗？刘盈只要好好地守住他们的功业，不等于做了一件为国家积德积善的好事吗？

刘盈深深被曹参折服。

从此之后，他再也不能说曹参是一个不管事的相国了。而曹参，他的美政化成空中的白云，飘向了远方；化成了动听的歌谣传向四海。歌曰：

> 萧何为法，讲若画一；
> 曹参代之，守而勿失。
> 载其清靖，民以宁壹。

三、吕雉收到求爱信

孝惠三年（公元前192年），长安城发生了一件大事。很严重地说，如果这个事解决不好，汉朝有可能要对外重燃战火，殃及天下。

首先是，吕雉从宗室中找出一个女子，封为公主，嫁给匈奴王冒顿，以巩固和亲的胜利成果。然而此时的匈奴，国力兴盛，犹如旭日东升，无所顾忌。而匈奴王冒顿，就像大草原上的一只孤独而又闲得慌的野兽，极想四处逛逛打发过剩的精力。于是，他一反常态，拒绝和亲。

冒顿这个一百八十度的转变，让整个汉朝都有些回不过神来。

这实在是个危险的信号。不和亲，那你到底想干吗？不会是因为待在大草原被西北风吹怕了，又打着进中原抢劫的歪主意吧？

当汉朝还在疑神疑鬼时，冒顿的使者来了。匈奴使者告诉吕雉："我们大王说了，和亲可以，但是必须给他换掉公主，重新要人。"

吕雉一听，心里七上八下。

好嘛，既然冒顿不喜欢新封公主，我再给他换个漂亮一点的就是了。汉朝什么都缺，就是不缺假公主。再说了，汉朝是个讲究诚信的政府，肯定实行三包，字字落实。

匈奴使者看着吕雉，一脸坏笑，继续说道："至于我们大王想要的人，他已经选好了。他还给被爱之人写了一封求爱信，请吕太后过目。"

说完，匈奴使者呈上冒顿的情书。

吕雉打开信一看，脸色犹如被扔进铁锅的番茄，先是光鲜的，接着变紫色，最后就像被大火炒成一团焦味十足的黑茄。

只有两个字能够形容吕太后此时的心情——耻辱！

冒顿的情书不是写给汉朝某个公主或少女的，竟然是吕雉本人。

在这里，为了让大家理解吕雉此时愤怒的心情，我们就不得不公布冒顿的情书内容了。

其文通俗版本大约如下：

亲爱的吕太后，有一些话，一说出口就是错。但是，这番话压在我心里很久很久了。今天，请原谅我要把它说出来了。在大西北的草原上，我是一个多么寂寞的君主。这种内心的寂寞，完全是大西北的荒凉造成的。你也知道，我出生于沼泽之地，长于马背之上。在这片悍风苍劲之处，除了草原还是草原，除了荒山还是荒山，根本就没有什么好玩的。

所以一直以来，我是多么渴望到中原逛逛，领略中原那一番婀娜多姿的美丽风光。我听说你死了老公后，一直单身一人。你孤独，我寂寞，两不相乐。何不让我与你一起分享你的孤独，你也来为我承担一份寂寞，彼此互补有无，一举两得，何乐而不为呢？

这一年，吕雉四十有九，叫她黄脸婆都不过分，没想到冒顿竟然还有心拿她来开涮。他此举摆明就是欺负汉朝没个男强人当家，想刺激吕雉与他开战，以便出兵抢劫中原。

愤怒啊，愤怒。不在愤怒中生存，就在愤怒中灭亡！

吕雉当即把陈平、樊哙及季布等将相召来议事。她首先表态，先斩匈奴使者，后发兵攻打匈奴。

吕雉这个建议，马上得到了樊哙的热烈响应。

只见樊哙一副义愤填膺的虎样，他站起来对吕雉说道："匈奴早就该打了。只要吕太后您给我十万兵马，我愿意亲率远征，杀他个片甲不留。"

关键时刻，还是自己人立场坚定，靠得住。吕雉见樊哙主动请缨，脸上顿然闪出欣慰的笑容。

然而，樊哙话音刚落，只见一人站起来大声吼道："就凭这句话，马上来人把樊哙拉出去斩了！"

全场的人都被那人的声音唬住了。大家回头一看，原来说话的人是季布。

季布这人怎样，我们是知道的。楚汉相争时，他时为项羽属将，曾率兵追杀过刘邦，没成功；刘邦称帝后，派人擒拿他，后夏侯婴求情，才放过他，还给他封了官。而季布行走江湖，向来以诚信赢取人心，时汉人有一句话是这样评价他的：得黄金百两，不如得季布一诺。

季布吼完后，接着只听他侃侃说道："想当初，高祖刘邦率三十二万兵马出征匈奴，尚被围困平城。当是时，你樊哙身为上将军，都不能替之解围。现在，伤疤还没好，你竟然就忘了痛，还大言不惭地喊十万兵就能摆平匈奴，这不是睁眼说瞎话吗？难道凭你这样迷惑人心的言辞不该拉出去斩首吗？"

樊哙这个牛皮可是吹过头了，季布说的可是大实话啊！

当年高祖倾巢出击都搞不定冒顿，你樊哙没有韩信之谋，更无项王之力，有十人的米就敢开百人的饭，这不是欠揍找抽嘛。

全场人都被季布一番话震住了，没人敢响应樊哙，只有望着吕太后，看她怎么定夺。

众人望着吕雉，吕雉也望着众人，她见满座哑然，一脸不悦，闷声不发。

没人知道她此时的心情，如果按季布所说，打，怕自讨苦吃；可是不打，难道我这个老太婆就这样被冒顿活生生污辱吗？如果隐忍不发，那明天冒顿突然说要认我做干女儿，并且要大张旗鼓地来长安看望我，又能忍得了吗？

退一万步来说，就算是忍，事情都闹成这样了，我哪有台阶下呀？

这时，季布仿佛揣摩透了吕雉的心思，只见他慢腾腾地又说道：“请太后不要把这事放在心上。匈奴蛮族犹如禽兽，千万不要把冒顿当回事。这种禽兽不如的人奉承你，你也不必高兴；既然恶语相加，你更不必恼怒自伤。”

什么叫台阶？这就是好台阶。

拿别人的错误来惩罚自己，值得吗？何况冒顿还是禽兽一个呢。季布这番话犹如御医良药，药到病除，让吕雉听得心里顿然舒服多了。

沉默了许久，吕雉终于表态了，说道：“季布说得很对。”

既然不打了，那该怎么给冒顿那个无耻的家伙回信呢？其实，吕雉已经想好了应对冒顿羞辱她的招式。

耶稣说，别人打你的左脸，你要把右脸也伸过去。这就是谦卑和宽容的力量。所以此时，对吕雉来说，谦卑就是制敌最强的武器。

吕雉是这样做的：先放还匈奴使者，且赠冒顿安车两辆、骏马八匹；接着，还以无比谦卑的语气写了一封信，算是委婉拒绝冒顿的“求爱”。

信是这样写的：

单于您不忘记我汉朝这小地方，竟然还赐书给我说要来中原逛逛，使我们实在是受宠若惊啊。本来，我也渴望亲自侍奉单于您左右。可惜的是，我年老色衰，头发花白，牙齿也掉得差不离了，连走路都摇晃不稳。单于您听到别人夸奖我的话，都是些夸张之辞。如果您真要娶我这样的老太婆，对您及匈奴简直就是耻辱。我和我这个小地方，都没什么过错，请单于赦免！

我相信，就算冒顿再多一个脑袋，也想不到刚烈强悍的吕雉交给他的竟是这样的答复。所谓禽兽者，不知仁义者是也。就算冒顿禽兽，亦懂得吕雉已经是非常非常地谦让他了。

这下子，本想闹事的冒顿突然没了闹腾的激情。他只好给吕雉送了几匹好马作为回礼，同时以一副谦虚的语气给吕雉回复了一封简短的信：哎呀，我不太懂中原的礼仪，不小心冒犯吕太后了，请您多多包涵！

包涵是假的，计穷是真的。此刻当前，唯有和亲生财，别无选择。于是，当之前被退回的假公主，再次携带重礼前往匈奴和亲时，冒顿全单收下，暂时收住了心。

冒顿估计没想到，今天自己想去哪逛就去哪逛，多年以后，匈奴后裔不要说想进中原逛，就是待在自己的地盘上吹西北风的机会都没有了。历史将证明这一天的到来，但是需要时间。

整个汉朝，都在安静等待。

四、伤逝

汉惠四年（公元前191年），刘盈实岁二十。这一年，他郁闷加重，无药可解。首先是，吕雉给他立了一个不像话的皇后。

皇后名字叫张嫣，她是吕雉的乘龙快婿张敖和她的心肝宝贝鲁元公主的女儿。从辈分来说，张嫣是吕雉的外孙女，刘盈是张嫣的舅父。见过表哥娶表妹的，有见过舅父娶外甥女的吗？于古于今，这都是绝对的乱伦！

但是长眼睛的都可以看出，吕雉这是为了皇权的巩固，为了膨胀的私欲，为了富贵的长久，把个体利益无情地建立在软弱无能的皇帝的痛苦之上。

如果说，人生犹如强奸，既然不能反抗，就只好学会享受。说是享受，刘盈这辈子享受的尽是痛苦。初，享受了父亲刘邦逃亡路上，将他猛踢下车的冷酷残忍之苦；再，吕雉毒死刘如意，他又享受了兄弟情深不得善终的心灵之苦；又，吕雉逼使他与外甥女乱伦，他又享受了得不到爱情的情欲之苦。

他为痛苦而生，因痛苦而亡。他仿佛是在一个错误的时间，错误的地点，降生在一个错误的家庭。

如果非要一个完美的解释，这就叫命！

吕雉就像一只大铁锅，刘盈则如她锅里绝望的小蚂蚁。刘盈是被吕雉生下来的，注定也要被吕雉扔出世界。

这一天，只是早晚的问题罢了。

活着就是等死，死亡价值是对生存的最大解释。此时，刘盈不再需要什么解释。既然注定是木偶的角色，他也要把这个角色演到极致。

于是，该朝拜的，他参加了；该祭祀祖宗的时候，他去了；该关心民生的时候，他装出样子了；该上床和张皇后履行男人义务的，他也一样不少地做了。

这结果呢？

他的结果就是，没结果。

吕雉盼星星盼月亮的，渴望张皇后能替她生出一个宝宝来，可就是不见张皇后的肚皮有所动静。日子一天天过去，吕雉苦苦等待，仍然两手空空。

老天终于对她有所报应了。

汉惠五年（公元前190年），汉朝怪事连连。冬季，响雷遍天，桃李花开，枣树结果；夏季，天下大旱，全国的河川流水量大幅减少，山涧小溪全部干涸。

如此大幅度的反常天象，预示人间必有不寻常事件出现。

果然，秋季八月，丞相曹参薨；两个月后，齐王刘肥薨；半年后，樊哙和张良亦接连而薨。

汉惠七年（公元前188年），不祥的征兆再现天空。

春季，正月一日，日食；夏季，五月二十九日，日全食。当年秋季，八月十二日，刘盈在未央宫崩。

对于厌世者，死亡是最好的解脱。当初，他带着惊怕的号哭来到世间；二十余年人生如一梦，如今，他终于告别抑郁的一生，回归尘土。

我轻轻地走了，正如我轻轻地来；我挥一挥衣袖，不带走一片云彩。或许只有徐志摩的诗歌，最能传达刘盈离世前的孤独落寞。

刘盈走后，汉朝准备替他举行丧礼。那时，在摆放着刘盈棺柩的大堂上，众臣前往跪拜，莫不伤悲落泪。但有人却惊奇地发现，太后吕雉当着众人哭了半天，竟然没流出一滴眼泪。

这个小问题，在发现者看来，却是个天大的问题。此发现者，名叫张辟强，张良之子是也。

所谓谋士之后无傻瓜。当是时，张辟强年当十五，为侍中。所谓侍中，就是皇帝的侍从官。此官管事很杂，最大的好处就是，出入宫廷自由，于是天长日久，多数都成了皇帝的铁哥们。

张辟强人小鬼大，一肚子的谋略诡计。他把这个天大的发现马上报告给了陈平，并问道："你看见太后的哭相与常人有什么不同吗？"

陈平回道："是有极大不同，哭声很大，眼泪全无；正所谓，雷声大，雨点小是也。"

小强一听，点头称是，又问：“太后独刘盈一子，却哭得没有半点伤感，你说这是为什么？”

陈平疑惑地摇摇头：“你可知道其中奥秘？”

小强严肃地批评陈平道：“您真是聪明一世，糊涂一时啊！大祸临头，竟然全无察觉。我还是告诉您吧，太后之所以不悲，是因为惠帝没有壮子，太后畏惧你们这帮汉朝元老夺了她的天下啊！”

原来如此！陈平如梦惊醒，流了一背的冷汗。

小强说得没错，当时刘邦崩时，吕太后早有杀汉朝元老之心；如今她孤寡老人一个，更年期发作肯定比以前厉害，如果她真先发制人，尚在人世的汉朝元老，那都得成了刘盈的陪葬品了！

生存还是毁灭，这，又是一个天大的问题。

这时，张辟强发现陈平神情慌张，于是他胸有成竹地说道：“您不要惊怕，现在补救还来得及！”

陈平急问：“什么好办法，快说。”

没有点绝招，就枉为张良之后了。

只见张辟强这样对陈平说道：“要想活命，得首先请您拜吕台及吕产为将军，将兵居南北军。其次，提拔吕氏家族为官，让他们在中央有一席之地，只有这样，你们才能脱得了灾祸。”

这招就叫缓兵之计。

传说中的吕台、吕产，正是吕雉长兄吕泽的两个宝贝儿子。所谓南北军，指的是中央的禁卫军。南军属卫尉统领，北军属中尉统领。南军分别驻扎在未央、长乐两宫之内的城垣下，负责守卫两宫。长安城除宫城范围以外，皆归中尉守护，城门及城郊由城门、步兵校尉掌管。未央、长乐两宫位于长安城南部，所以卫尉统率的军队称南军，长安城北部归中尉，中尉后改名执金吾，中尉或执金吾所部为北军。西汉时南军由卫士组成，总数一两万人。因北军有几万，实力上超过南军，成为护卫和稳定京城秩序的重要力量。

不用多说，让吕氏家族掌握南北军军权，正是消除吕太后疑虑的强心剂。如果这两支力量落在别人手里，她的心时刻都在揪紧，仿如上条的闹钟，哪还能哭出眼泪来。

陈平一时真是感慨万千，留侯啊留侯，你果真没有白走啊。走了你张良，还有张辟强。有如此精灵小儿，我也不怕找不到谋略知己了。

当晚，陈平迅速入宫拜见吕雉，提出拜吕台和吕产为南北军的将军。果然不出所料，陈平此话既出，吕雉心里的乌云有如被狂风横荡，露出了晴朗的天空，顿然爽悦了起来。

接下来，吕雉知道该怎么表演了。

第二天，当众臣再来跪拜刘盈棺柩时，吕后脸上犹如雷电交加的天空，下起了哗啦啦的大雨，狂喷泪水。

政治如游戏，把假的当真的来做，真假也就难分了。刘盈入土安葬这天，吕雉随葬出行，又是一阵的哭声震天。只见她泪水纵脸，犹如黄河泛滥成灾，天下人听说吕后丧子如此悲痛，无不动容抹泪，默默感动。

五、清场

张皇后因为被吕雉充分利用，可怜的无辜的不幸的她，不明不白地就落下两个名声：乱伦之妇和不下蛋的小母鸡。

地球人都知道，作为皇后，如果没有孩子，那她的皇后之位将不保于久。其结果多数不是落得被人整的悲惨结局，就是被打入冷宫活蹲死监狱。

那现在怎么办?

女人生孩子就像是树上结果实，树不能生果，你总不能贴上去吧。贴当然是贴不上去的，但是可以换。这时，吕雉想到了古人用之不绝的李代桃僵、瞒天过海的盖世神功。

首先，她在刘盈驾崩前，就把张嫣藏到后宫，对外宣称其身怀龙种；其次，刘盈的生育能力是没问题的，他死之前在后宫已经播下诸多龙种。于是，吕雉便把刘盈和后宫女人交配生出的崽抢为己有，并杀其母。

最后，她就对外宣称，张嫣生下龙种，但是因为孙子年幼无知，让太后临朝称制。

人类所有的发明，都源于内心追求享受和支配欲望的冲动。科技发明如此，政治发明亦是如此。刘邦的汉朝皇帝，是靠耍流氓耍到手的；吕雉的临朝称制，亦是耍流氓耍出来的。他们夫妻一世，实则是女流氓配男流氓，承前启后，相辅相成，互相映衬。

当然，吕雉不是为她一个人而要流氓，也不仅是为张嫣而要阴招。在她的背后，站着整个吕氏家族，那是她内心全部流氓冲动的源泉。

这时，只见她脑子又闪出一个危险的念头：我到底要不要立吕氏子弟为王。

念头一闪，吕雉就果断决定，立吕氏子弟为王，这是必需的。但是，这必须要经过三个人同意，他们分别是右丞相王陵、左丞相陈平、太尉周勃。

刘邦临终前，吕雉曾就汉朝人事安排向他请示："如果你百岁之后，萧何也会去世，谁来接替他的位置？"

刘邦这样告诉她："曹参。"

吕雉又问："那曹参之后呢？"

刘邦答道："王陵。不过王陵有点憨，要请陈平帮助他，陈平智慧超群，但没有魄力，不能独当一面。周勃也是人选，他敦厚又不善言辞，将来保护刘家平安的，必然是他。可以拜他为太尉，作为准备。"

于是，曹参走后，吕雉就按刘邦的意思来做，拜王陵为右丞相、陈平为左丞相，周勃为太尉。

之前我们早见过陈平和周勃的真面目，王陵却是个例外。确实也是，在楚汉争霸的大戏里，王陵露面亮相的机会极少，远赶不上张良陈平等人，所做之事可圈可点之处，也没几件。可刘邦却将他作为曹参之后的丞相接班人，这到底是为什么呢？

王陵，沛县人。刘邦出道时，他已是县里豪侠，刘邦前往结交，以兄礼拜他。后来，刘邦造反，率军入咸阳城，即将称王的时候，王陵猛然醒悟，当年的小弟都混出头了，自己还在沛县瞎混，这像什么话。于是他当即聚集数千人起义造反，将南阳作为自己的根据地。刘邦听说王陵做了南阳土豪后，派人前去游说他投奔自己，可王陵死要面子，不肯追随刘邦。

后来，刘邦不甘坐等汉中待死，与项羽争霸天下，王陵两相权衡，只好率兵前往，助刘邦一臂之力。而王陵投奔刘邦后，被委派的第一个任务，就是率军前往沛县，迎接刘父及吕雉母子等人。没想到，部队才到半道，项羽就获取了王陵行军目的，迅速派军拦截，并命人将王陵的母亲抓了起来。

当时，项羽见到王陵的母亲，立即准备宴席为她压惊，并请她坐到最尊贵的座位上。同时，项羽派人把这个情况告诉王陵，说项王待王母很好，希望他能弃暗投明，跟随项王。

项羽这招，一下子就捣到了刘邦的软肋。

首先，王陵尽管投奔他来了，但心还是飘着的，并没有那种替他死战到底的决心；其次，王陵是个孝子，如果母亲被拉拢，叫他背叛刘邦投奔项羽，根本就没有商量的余地。

不过，为了保险起见，王陵先是派了使者去项羽那里探个究竟，摸一下老底。那时，王母听闻王陵派来的使者到来，心知她那儿子肯定打着背弃刘邦的算盘了，便偷偷地去见了王陵派来的使者，果决叫使者回去传话，说一定要王陵听老母的话，好好侍奉汉王，别存二心。

为了断绝王陵投奔项羽之路，王母把话说完，当即于王陵使者面前抽剑自杀。

项羽没想到他存心待王母，王母竟然在背后摆他一道，气得暴跳如雷，立即派人把王母拉出去烹了。

人都死了，也不放过，真残忍啊。消息传回王陵耳朵时，王陵愤怒拍案，决定死心塌地地追随刘邦，跟项羽死磕到底。

欠人家的人情，那是要还的。其实现在回头看，刘邦认为王陵还有一个地方值得他信赖，能够担当大任的是：秉性质朴，少说大话。

可王陵性格还是有缺点的，其任侠意气，好说直话，容易得罪人。也正如此，刘邦才对吕雉说他有些憨，必须有陈平辅助才能成就大事。

而接下来的事实，也将证明，刘邦审势度人，还是十分精准的。

吕雉立诸吕为王的意志一定，立即将右丞相王陵、左丞相陈平、太尉周勃三人召来开会。

吕雉首先询问右丞相王陵，她话语刚落，王陵想都没想，果断拒绝道："高祖生前，曾杀白马与众大臣盟誓，说如果不是姓刘的封王，天下人共起讨伐。按这个盟约，吕氏子弟不符合封王的要求。"

果然有点憨，有些直。

吕雉听完，半天黑脸，一肚郁闷，杀意顿起。

盟约是死的，人则是活的。就算有千条万条原则，也是人定下来的。既然是人定的，人也能改之。今天高帝已崩，我吕雉说了算。你王陵不度时势，还敢拦我道路，摆明就是欠揍！

但是，吕雉强忍怒气。

她转过头问陈平和周勃："你们的意见怎样？"

周勃行军打仗的才能，那是没得说的，但其口才表达能力，实在不敢恭维，说话就像是屁股夹屁，半天放不出来。而且碰到这等重大事情，他也不轻易表态，只有默不作声，眼巴巴地望着陈平，希望眼前这个帝王之师能替他挡上一箭。

这时，陈平见周勃望着他，当即给他打了一个眼神，周勃顿然心领神会了。

于是，陈平和周勃互相应和着说道："高皇帝平定天下，封刘姓的当王；而今太后临朝听政，太后说了算，封吕氏为王，有什么不可以？"

说得多好，怎么王陵就没有这等会转弯的脑筋呢？

吕雉望望倔强负气的王陵，又望望那两个龟孙子一样听话的陈平和周勃，当即转怒为喜，大手一挥，叫道："我知道怎么做了，退朝！"

吕雉说完就走了，王陵却傻了。他本以为陈平和周勃会拉他一把，没想到这俩人做了变色龙，踹他一脚，推他下水，还得罪了吕太后，这叫他以后怎么在朝堂上混？

于是，罢朝下殿后，王陵便怒气腾腾地逮住陈平和周勃理论。

他放声大骂道："高祖当初举行盟誓时，难道你们不在现场吗？今高祖才走，吕后当权，你们就站到人家队伍那边阿谀奉承。请问你们还有什么脸面入土见高祖？"

话说得还是有点憨，有些直。

死人的事大，还是活人的事大？人在官场混，从来都是身不由己。正所谓一朝君来一朝臣。如今吕雉当权，标榜道德正义的，只会沦为阶下囚；阿谀奉承的，却还能保全性命。留得青山在，还怕没柴烧？这个道理，只要是脑袋不发热的人，都能看得明明白白，难道你就没半点觉悟吗？

陈平心里这样想着，从容地对王陵说道："我这样跟你说吧，面折廷争，我不如你；保全社稷，定刘氏之后，你就不如我了。"

陈平说的是大实话。楚汉相争以来，刘邦多次化险为夷，无不是陈平之策。他一肚子的奇谋诡计，走一步看十步，啥事都不出他的眼界。所谓，蚯蚓委身地下，是为了更好地伸展；我们握紧拳头，是为了更好地出击；而陈平阿谀奉承，是为了更好地麻痹吕雉，争取来日方长。

政治斗争真是一门博大精深的技术活儿啊。王陵面对陈平的反驳，竟然哑口无言。他突然想到，说出去的话，泼出去的水，得罪了吕太后，他的右丞相估计也当不久了。

果然，没过几天，吕雉下了一道诏令，擢升王陵为太傅。

论职位，太傅比丞相高，可这是一个退休养老的闲职，无权力可言。所以，吕雉此举，明升暗降，削夺王陵相权，逼其退位。

诏书下达后，王陵知道大势已去，江湖不再。他干脆倔强到底，称病不朝，连太傅也不想当了。

此举正中吕雉下怀。

不久，吕雉再次下诏告诉王陵，既然你什么都不想干了，我就把你免了吧，你也不要在长安待了，回你的封国去吧。

刘邦生前，王陵被封为安国侯，食邑之地就在今天的河北省博野县东南。于是，王陵回到封国后，跟当年被吕雉整过的周昌一样，整天闭门不出，也不朝请，于家里逝世。

打发了王陵，吕雉又迅速地重新安排了人事：拜陈平为右丞相，升她的老相好审食其为左丞相；同时把御史大夫赵尧罢免，提升旧时恩人任敖接替。

当年，刘邦封周昌为赵王刘如意相国之计，是赵尧背后捣出来的，吕雉对他恨之入骨；刘邦造反之前流亡砀山时，吕雉被捕入狱，受狱中看守调戏，任敖时为沛县监狱官，见状把调戏者打得浑身是伤，吕雉对他感恩至重。所以，任敖替代赵尧，理所当然，水到渠成。

由此，汉朝三公的丞相、太尉、御史大夫，全都是自己的人，看到这里，吕雉心里应该是很爽的。没有理由不相信，天下已无人可敌，属于她的时代，正在降临。

第三章

大清洗

一、杀少帝

吕雉在中央坐稳屁股后，开始大面积地对吕氏家族及向吕氏靠拢的成员封侯加爵，忙得不亦乐乎。

在这些人当中，得利最大的首先是审食其。

审食其被提拔为左丞相后，主管的不是政府中事，而是重点监督宫中事务，犹如郎中令。赵高当年的权高倾城的影子再次出现在审食其身上，不要说朝中百官，就是右丞相陈平，要想拿定主意，还得向他请示由他拍板才能通过。

审食其坐的是左丞相之位，行使的却是亚皇帝的权力。这种权力，我们不敢说他一手遮天，也算是一人之下，万人之上。

除了提拔审食其外，吕雉还为诸吕开辟出了一条通往坟墓的康庄大道。

首先，为了封诸吕为侯，她假装封刘邦功臣郎中令冯无择为博城侯遮人耳目。紧跟着，吕雉封鲁元公主的儿子，即她的外孙张偃为鲁王；封刘肥的儿子刘章为朱虚侯，并把吕禄的女儿嫁给他做妻子，企图套牢他；封吕氏家族子弟吕种为沛侯，吕平为扶柳侯；等等。

其次，吕雉又准备封诸吕为诸侯王，先封几个无关紧要的人为诸侯王做好铺垫。这几个人，不是别人，恰是刘盈在后宫和美女们生出来的儿子。他们分别是：淮阳王刘强、常山王刘不疑、襄阳侯刘山、轵侯刘朝、壶关侯刘武。

也就是说，他们五个加上当上小皇帝的那个刘恭，刘盈总共有六个儿子。

准确地说，这六个小孙儿，于吕雉不过是六只小老鼠。只需吕雉一根小棍子，我叫你爬你就得爬，叫你做样子，你也只有自己把自己贴到壁上任人观赏。

吕雉似乎借用他们告诉天下：刘氏子弟被封为诸侯王，我做到份儿上了，现在也要留份给我们吕氏家族了。

于是，吕氏势力犹如春风一夜唤花醒，百花齐放，缤纷多彩。从中央到地方，从后宫到诸侯后院，到处布满了吕氏的新生革命力量。

非暴力夺取政权的革命，最终只能以暴力才能铲除。

风暴，正在迅速酝酿。

吕后三年（公元前185年），整个一年三百六十五天，汉朝政坛平静如水。

然而，这一年老天并不平静。夏季，长江和汉水接连泛滥成灾，淹没漂流四千余人家。秋季，天上呈现恐怖现象，白亮亮的天却看到了繁星点点。紧跟着，伊水和洛水又泛滥成灾，淹死和冲走一千六百家；汝水亦泛滥成灾，淹死及冲走八百余家。

天道不祥，人祸将至。

果然，公元前184年，一场人祸降临人间。

制造者：吕雉。

受罪者：少帝刘恭。

事情是这样的：首先是刘恭这孩子只长身子不长脑，他不知从哪里得到消息，知道自己并非张太后亲生。他不知好歹地放话出来道：太皇太后安能杀吾母而名我！我壮，即为变！

刘恭这话，换成现在的话就是：太皇太后凭什么杀我亲娘，而把我当张太后的亲儿子！等我长大了，一定要给她好看的。

童言无忌，无知者无畏。然而，当少帝刘恭此话传到吕雉耳里时，她如坐针毡，一时就坐不住了。

俗话说，咬人的狗不叫，会叫的狗不咬人。但是，万事也有个例外，吕雉没办法保证刘恭这娃儿长大后，会不会是一条会叫又会咬人的狗？这实在叫人头痛啊！

中国足球要雄起，得先从娃娃抓起；吕雉要防患于未然，亦必然从娃娃抓起。

在吕雉看来，刘恭除了死路一条，别无选择。

于是，吕雉立即把刘恭扔到监狱。此监狱就是曾经囚禁戚姬的地方，官名为永巷。

同时，吕雉向外放风说道：少帝患重病在身，离不得宫，拒绝接见任何人。

说你有病，你也就难以咸鱼翻身了。

果然，不久，吕雉召开了一个大臣朝会，她装出一副忧心忡忡的样子对众官说道：“少帝久病不起，一直不能痊愈，而且还精神错乱，满嘴胡话，恐怕不能治理天下了。这样吧，我们是不是应该物色一位新皇帝，接替重任呢？”

话都说到这份儿上了，当然没人愿意当个大傻瓜替一个小冤鬼申诉。

所以，汉朝这帮高官没有一个人敢说不，全都异口同声地对吕雉叩首称臣，并且说道：太后您这个建议实在英明得很，我们一万个支持！

其实，大家心里都明白：刘恭这就叫活该！

难道不是吗？数汉朝天下，陈平和周勃等人，玩弄相权及军权于手，都不敢放肆说一声与太后不和谐的话。你小小刘恭，手无寸铁，老天又不保佑你，鬼神对吕雉又是敬而远之，你不下地狱，谁下地狱？

于是，吕雉对少帝刘恭这娃儿先废后杀，重新寻找一个新的傀儡。刘盈剩下的五个儿子中，吕雉把目光锁定在常山王刘义身上。

五月十一日，吕雉免去刘义常山王的爵位，继任帝位，吕雉替他改名刘弘，是谓后少帝。同时，封轵侯刘朝为恒山王。

更为重要的还有，刘弘上任，不称元年。

按照规矩，每个君王登基，都得从头计年，刘弘即位当年，理当称元年。所以说，刘弘只不过是吕雉的傀儡，如此而已。

汉朝的天下犹如笼罩着一层铁幕，黑暗的夜里，一切归于平静。

可怕的平静！

二、兄弟情殇

时间如流水，转眼之间，刘恭已经死去两年了。然而时间流逝的声音，是风暴静悄涌动的声音。

吕后七年（公元前181年），春，正月，一场屠杀的腥风又卷向了赵国，吕雉此次下刀的对象是赵王刘友。

刘邦总共有八子，在吕雉看来，除了刘盈外，其他七个孩子都是婊子娘生的。刘友就是其中一个，连婊子娘她是谁，史迹都已不可考。我们唯一知道的是，吕雉毒死刘如意后，吕雉徙时为淮阳王的刘友为赵王。

刘如意开了一个坏头，赵国的两个接任者，没有一个有好下场。这不仅仅是命运注定无法摆脱的魔咒，亦是吕雉撒下复仇之种的必然成果。

想当初，吕雉爱婿张敖敬刘邦如敬鬼神，然而刘邦骂张敖如骂奴。正因为如此，才有贯高谋杀未遂一事，连累张敖被削去赵王之职。父债子还，血债血还。我相信，这是吕雉潜意识里就埋藏着的危险思想。

如果说，刘如意是吕雉有意害之；那么，刘友则是自寻死路了。有果必有因，事情还得从头说起。

当初，吕雉封刘邦这帮龙子龙孙为诸侯王时，都不是无偿任命的。无论是早崩了的刘盈，或是之前刘肥的龙子，吕雉对他们都无一例外地实行买一送一的政策。

所谓买一送一，就是只要给他们加王封侯，都送吕氏家族一个女儿给他们当贤内助。请注意，所谓贤内助，当的就是一把手，而不是姬妾性质的小老婆。

吕雉之所以实施此政策，有着天时地利的条件。首先，刘氏家族盛产龙子龙孙，吕氏家族盛产凤女千金；其次，吕雉利用权力之便，通过行政命令，强买强卖，能使两家互通有无。

尽管说，吕雉的行为违反了市场自由流通的规律，但此举的好处是，免得她手痒动刀以及刘氏宗族喋血刑场。所以只能说，这是利大于弊，无可厚非。于是，就在吕雉这个倒贴的政策支配下，刘友也无例外地被分配了一个吕氏爱女指标。

然而刘友的死因，恰恰就出在这个吕氏爱女身上。

刘友打心里就恨吕雉专权。在他看来，我无法阻止你吕雉的计划婚姻政治，但我未必就能强而留用。于是乎，刘友对吕雉送上门的那个吕氏爱女，实行了三不对抗政策。

即，搁而不爱；留而不用；放而不管。

结果是可想而知的，这位吕氏爱女只能夜夜坐等空房，却总不见刘友那衰人取悦帐下。后来一打听，原来自家那衰人早已心有所属，与另一爱姬夜夜笙歌，纵欲无度，留舍忘返，不知今夕是何年。

这下问题就来了。

太后买一送一，是为了套住你；套住你是为了利用你；利用你是为了让你保持和中央吕氏集团同呼吸共立场。婚姻政治是生意，是买卖。有所得，就必有所失，哪有像你刘友得了便宜还不卖乖的消费者。

长此以往，吕家爱女的问题，恐怕就不仅是生理问题，更是心理问题，争风吃醋可能会演变成恐怖的政治风波。

我得不到的，别人也休想得到；你让我活得郁闷，我也坚决不让你爽个彻底。我相信，这是吕氏爱女心里最想对刘友说的一句话。

于是，吕氏爱女终究忍住了内心的愤懑，带着一颗受挫悲伤的心回到了吕雉那里诉苦。

长期空房孤守的抑郁，终于使她对吕雉喷出了一句狠毒的谗言：刘友那个千刀杀万刀剐的衰人，说什么吕氏家族凭什么封王，等太后您崩后，一定要通通干掉吕氏王！

吕雉一听，脑袋一热。

哟，好牛的赵王哦。给你面子，你不要，你偏要打肿脸蛋充胖子。打狗还得看主人，何况你放声要杀的是吕氏王。好，既然你想吃刀子，我就让你一次吃个够。

于是，吕雉当即召刘友进长安城。

吕雉召刘友进长安的时间，正如以上所述，春天正月。此时间段，离诸侯王十月朝拜的时间早过了，离秋季朝拜的时间远远未到。

对刘友来说，种种迹象表明，此次进京，凶多吉少，前途难测。

但是，这是一次无法抗拒的旅行。北风那个吹，马儿那个跑，心儿那个抖。一路上，不祥的念头有如天上挥之不去的阴霾，笼罩在刘友行走的上空。

那时候，诸侯王在长安城都设有住宿之地，即接待客人的招待所。用当时的话说，就叫邸。当刘友来到长安城后，就在赵邸住下，请见太后。

万万没想到的是，吕雉闻听刘友来到，非但不让刘友上朝，反而立即派出护卫队包围赵国招待所。

刘友惊讶了，赵王随从也惊呆了。

太后这到底是想干吗？

我想干吗，你赵王当然心知肚明。当即，吕雉下令把赵国随从通通赶出招待所，只留置刘友一人在内不得外出。

同时吩咐下去，不要给刘友饭吃，也不给他水喝，要的就是活活饿死他。如果有胆敢送饭送水的赵臣，刑罚治之。

如果说，吕雉是在饿杀刘友，不如说，两千年前的吕雉，是在进行一项伟大的科学实验。这项科学实验的课题是：一个正常人，不吃不喝，究竟能活多久？

请注意，吕雉研究的课题是正常人。那些非正常人，诸如有特异功能的人，另当别论。据现代医学研究表明，人在饥饿状态下的生命极限最多七天。三天不喝水，或者七天不进食，就会面临死亡的威胁。

在死亡面前，最精彩夺目的不是刑罚和刑具，而是人类面对死亡之时所呈现出的百态。有英勇就义者，大刀抹脖子，高呼：二十年以后又是一条好汉；有贪生怕死者，哭尽眼泪，瘫倒如泥；有遭受冤枉如窦娥者，哭天抢地，口出毒咒。

除此之外，世间还有一种凄凉的死亡，就叫放歌而死。

刘友纯属此类。

在忍受饥饿的那几天里，抬眼望去，军警森严壁垒，插翅难飞。偶尔有人冒着生命危险给他送来一瓶水，或是半个馒头，不但被守卫的没收，还投到监狱享受死罪之灾。此情此景，呼天告地，皆是无用。唯有放歌一曲，以表心曲。

于是，饥饿的刘友放喉吟唱，歌曰：

> 诸吕用事兮，刘氏微；迫胁王侯兮，强授我妃。
> 我妃既妒兮，诬我以恶；谗女乱国兮，上曾不寤。
> 我无忠臣兮，何故弃国？自快中野兮，苍天与直！
> 于嗟不可悔兮，宁早自贼！为王饿死兮，谁者怜之？
> 吕氏绝理兮，托天报仇！

刘友歌声凄厉惨烈，撕心裂肺，闻者无不涕下。

穿越时空，我们仿佛听到了他冤屈的声音！这歌声与千古相传的窦娥骂辞一样，充满了绝望的愤怒和申诉无门的悲惨。

在此，我们不妨以窦娥的诅咒来解读刘友的心声：

有日月朝暮悬，有鬼神掌着生死权。天地也只合把清浊分辨，可怎生糊涂了盗跖颜渊。为善的受贫穷更命短，造恶的享富贵又寿延。天地也做得个怕硬欺软，却原来也这般顺水推船。地也，你不分好歹何为地？天也，你错勘贤愚枉做天！哎，只落得两泪涟涟。

歌罢。正月十八日，刘友饿死，吕雉用民礼将其草葬于长安郊外民间墓场。

一歌才停，又起一阙。

刘友被饿死后，赵王一位空缺。那么，下一个该推谁来坐上此位呢？

吕雉认为：此位非刘恢不可。

刘友一共有三个同母兄弟，刘友排老大，刘恢为老二，还有一个老三叫刘建。当初，梁王彭越被诛，刘邦封刘恢为新梁王；后来卢绾叛逃，燕王空缺，刘邦封刘建为燕王。真不知此三兄弟老妈尚在世上时，是否得罪吕雉。他们仨落到吕雉手里，没有一个是好下场。

时刘友死后不久，刘建薨，和美人留下一子，吕雉使人杀之绝后。现在，吕雉已经解决掉一个，她只有发挥狠人做到底的丑劣传统，继续拿刘友兄弟开刀。

于是，吕雉就对梁王刘恢说：请你去赵国接你老大的班吧，梁王之位就空缺出来，我自有安排。

梁地相对于赵国来说，梁王就像是河南产的双汇火腿肠，赵王就像是北方的冰糖葫芦。火腿肠吃起来可是十分爽口，冰糖葫芦则是酸甜交加，吃不习惯的还会把你牙都酸掉。

对于刘恢来说，他蹲在梁地时间不算长，但也不算短了。在这里，他习惯梁地的水土，犹如梁地的水土适合了梁国的空气。现在，吕雉徙刘恢北上，无异于把他的火腿肠夺下，丢给他一个烂冰糖葫芦。

好汉不吃眼前亏。刘恢尽管心里闷闷不乐，但他还是乖乖接受吕雉的安排，北上就职。吕雉当然知道刘恢肚子里是有气的，为了补偿刘恢的心灵创伤，她免费送刘恢一贴心灵膏药。

那就是，吕产的女儿。

又是买一送一，不服吕雉还真不行。这下子，刘恢可是有苦说不出。赵国冬天多风雨，再加一个吕氏女，这想不叫人雪上加霜都难啊。

郁闷，实在郁闷！

更郁闷的还有，吕产这个宝贝女儿还带着一大帮随从嫁给赵王。吕王后这帮随从，在赵国无所不为。最狠的工作就是当特务，对赵王是监视，监视，再监视。无论刘恢走到哪里，或许是一举头，一望眼，一叹息，一哀声，一低头，一抹泪，都有人记录在案，马上以小报告的形式送到吕王后的案头。

如果说，老大刘友是被吕雉活活饿死的，那么今天看来，刘恢恐怕要被吕产这个女儿活活地捆绑，不得自由而死。

吕雉的杀人秘诀只有两样：一是狠毒，二是变态。吕产是吕雉的长兄吕泽的儿子，如果从辈分来说，吕产这个女儿对吕雉，应该叫一声姑婆。我们有理由相信，吕王后肯定从吕雉那里学到了变态的杀人本领。她不但把刘恢装进生活的笼子，还把他的爱姬鸩杀，使其不得知己倾诉而解愁。

爱姬无辜死去，母老虎卧榻之侧，这使得刘恢更是不得开心颜。

听说，要想培养一个贵族，需要三代人的努力；培养一个钢琴家，至少需要付半生汗水艰辛。然而，培养一个诗人，不需要半生，只需一场妻离子散，生死离别。对刘恢来说，和爱姬的生死相别及长期以来积郁的苦闷，让他无处宣泄。愤怒出诗人。诗，成了他唯一的寄托和追求。

于是，刘恢歌诗四章，令乐人歌之。

在浩瀚的史迹里，我们已无法寻找刘恢所歌之辞。他能留给我们的是，一个绝望的、痛不欲生的背影。在这个男对女、生对死、愁对爱的思恋中，我们仿佛看到了当年苏东坡对亡妻的思念：

十年生死两茫茫，不思量，自难忘。
千里孤坟，无处话凄凉。
纵使相逢应不识，尘满面，鬓如霜。

夜来幽梦忽还乡，小轩窗，正梳妆。
相顾无言，唯有泪千行。
料得年年肠断处，明月夜，短松冈。

六月，刘恢悲思过度，举目望世，无以寄身心为生。于是，他自杀殉情，化成飞蝶逐伊人去了。

但是，当刘恢这段凄美绝望的爱情传到吕雉耳里时，吕雉只有三个字作为评价：神经病!

老大刘友前有警示，没想到老二刘恢重蹈覆辙，竟然为了一个女人丢掉身家性命。于是，吕雉非但对刘恢没有半点同情，反而深表厌恶。当即下令：刘恢为一个贱人而死，罪孽深重，不准他的后裔继承王位!

到此为止，刘家两兄弟，以他们的死亡让出了两个诸侯王位。这两个王位，马上就有了答案。梁王封给了长兄子吕产，赵王封给了次兄子吕禄。

三、穿越汉朝去采访吕雉

有些女人，她天生就无法感知到爱情之美。诸如吕雉，仿佛血雨腥风的政治生活，使她麻木了内心对爱情的向往和渴望。其实，如果要理解吕雉为什么把一个痴情绝望的刘恢骂成一个神经病，我们还必须深入她的灵魂，和她进行一场隐秘的心灵对话。

在此，我不得不穿越千年的烟雨蒙蒙，提着话筒走进汉朝的长乐宫，独家采访吕雉。还好，吕雉对一切与权力无争的人都是客气的。于是，我们的采访就从她的功绩谈起。

月望东山：吕后您好，恕我直言，自从您专权以来，滥杀无辜，排斥异己。请问，作为一个女政治家，您有没有考虑过千年以后的人对您的评价?

吕雉：地球人都知道，不流血的政治未必是好的；流血的政治未必就是坏的。如果你站在我的角度就可知道，如果我不杀人，别人会杀我。宁可我错杀别人，也不可别人伤害我半根毫毛。你作为接受过达尔文进化论思想熏陶的现代人，应该深切明白这一点。这就叫优胜劣汰，适者生存。

当然，我并非一个完全好杀嗜血的人。你在你的书里把我描写成一个狠毒变态的女人，这是一种很不负责的行为。一叶障目，只见树木，不见森林；只见水滴，不见海洋。你应该学学人家《万历十五年》的作者黄仁宇的大历史观，从宏观角度考证我的存在价值，而不是像狗仔队整天就抓住我和审食其的绯闻及杀人的把柄说事。

月望东山：您说的没错。关于这点，我必须检讨。其实，司马迁在《史记·吕太后本纪》里对您的评价还是挺高的。司马先生的原话就是：高后女主称制，政不出房户，天下晏然。刑罚罕用，罪人是希。民务稼穑，衣食滋殖。从司马迁先生这番话来看，生活在您主政专权时代里的人民，日子过得还是挺不错的。只可惜您就是宫廷斗争打得太激烈，扶持吕氏本家势力做得太嚣张，所以，您也必须为您的另一半非人性的恶绩负责到底，不要怪我替您贴上狠毒和变态的标签了。

吕雉：你说的有一定道理。狠毒这个标签我能接受，但是你凭什么说我变态？你知不知道这个称呼会让读者误解我的一生，有可能使我永世不得翻身。

月望东山：我曾考证过“变态”一词。准确地说，变态原先属于生物学范畴。它指的是在有些动物的个体发育中，其形态和构造上经历阶段性剧烈变化。比如，有些器官退化消失，有些得到改造，有些新发生出来，从而结束幼虫期，生成成体结构。这些现象，统称变态。从这个生物学概念来看，变态是生物个体对生存环境的自我调整，未必是一件坏事。

从宏观角度出发，您是为了扫除内心的恐惧，为了满足个人私欲，为了专权天下，从而不择手段，全面打击政敌。从生物学的角度来说，您这是对当时政治环境的一种自我调整，这不也属于变态的范畴吗？

吕雉：可是，在你这本书里所说的变态，是从狭义上的人类心理学来说的。在你这里，我似乎完全被妖魔化了。比如什么更年期发作，什么心态不平衡。是的，我是因为心态不平衡，更年期经常发作。但是你只是站在男性角度来说明问题，你有没有想过要考证我作为一个女人，特别是像我这样不易的女人的内心世界？

月望东山：其实，我今天采访您完全是冲着您的内心世界来的。我们刚刚谈的那些不过是开场白。既然您都把话挑明了，就让我们进行一场推心置腹的讨论吧。我的第一个问题是，请问您所有心态不平衡的起源是什么呢？

吕雉：你这个问题问得有点狠，叫我不知从哪里说起。因为，要说到根本起源，我是无法说清的。在这里，我应该把你的问题改为心态不平衡的起源之一是什么。如果就这个问题的话，我可以结合我生命中不可避免的悲剧来回答你的问题。

在别人看来，我当时杀戚姬，完全可以一刀了之，不必制造那个耸人听闻的“人彘”吓唬我儿刘盈，还有后来饿杀刘友。因为那样做，对谁都没有好处。但是我偏偏喜欢那样做，就算是背着千古骂名也在所不惜。因为，我所做的这些，完全是冲着一个人来的，这个人就是你熟悉的流氓刘邦。

在回答你的问题之前，首先问你一个问题，在我和刘邦相处的一生当中，你有看过我们俩恩爱的镜头出现吗？

月望东山：老实说，我还的确没见过。

吕雉：本来就是，我和刘邦从来就没恩爱过。你别以为我骂刘恢为爱而死是神经病，就以为我走火入魔，对爱情麻木不仁。其实，我对刘恢的态度完全出自政治权术的需要。在我的内心里，我曾有过渴求爱与被爱的冲动和欲望。因为，我首先是一个女人，是一个感性动物；其次才是女政客，冷血动物吕太后。

然而，自从我和刘邦结合的那天起，就注定了我的人生悲剧。君不见，刘邦彭城逃亡，三番两次踢我儿女刘盈和鲁元公主下车；君不见，我年老色衰，刘邦不让我随伍出行，相伴左右，弄得戚姬全把我的风光抢尽无留；君不见，母子连体，母因子贵，然而，戚姬一哭二闹三上吊，刘邦就想废掉刘盈，扶上刘如意。

行为，完全是思想的外部表现。从以上诸多行为中，你看出刘邦对我好过吗？从来没有。爱到最后，爱不是最后的解脱，而是恨，所以我选择了报复。报复是一项艺术。所以当我有机会杀戚姬时，我不会一刀了之，让她痛快离去。我要她在承受无尽的痛苦当中，体验我曾经的痛苦；我要让她在无尽的绝望当中，感受我曾经无度的绝望。

总之，爱得越是绝望，痛得亦是入骨，报复打击起来肯定是越加恶狠。这不仅仅是我吕雉的本性，推而广之，这是人类所有报复心理的共同写照。

月望东山：那么您饿杀刘友呢？您当时持的是一种什么心态？

吕雉：其实，饿杀刘友，方式并不重要，重要的是动机。刘友、刘恢、刘建等人，他们和刘如意一样，迟早都是要死的。这不仅仅是因为我恨他们是刘邦和小老婆的产物，而且是政治资源抢夺和斗争的必然结果。汉朝的王位有限，而我又必须培养吕氏之王，那就不得不把他们清理出局。

月望东山：还有一个问题，现代很多读者对您和审食其的地下情很感兴趣，您能不能透露一点内情，或是让我们刊登一下你们的私房日记？

吕雉：你就绝了这个念头吧。审食其不过是上天送给我的一个小小的情感抚慰品，但他永远不能补偿我曾经在刘邦那里受到的委屈和冷遇。曾经，我多么渴望和刘邦拥有一段惊天动地的爱情，就像虞姬之于项羽。没想到刘三那衰人竟把机会让给了戚姬，你说叫我心里怎么不恨之入骨？

我可以再告诉你一点，审食其这家伙很会讨好人，可是我们的地下情，犹如空气中的泡沫，永远经不住阳光的考验。所以说，就算我们彼此幸福终身，但是仍然抹不去我内心永恒的阴影。

月望东山：那您的意思是说，只要您内心阴影未消一天，您还将继续变态，继续更年期？

吕雉：得了，你别再损我了。告诉你，我的忍耐度相当有限！

月望东山：您先别生气。接下来，我会把您真实的一面好好写出来的。最后还有一个问题，干掉刘友三兄弟后，您下一个目标是谁，可否向读者预告一下？

吕雉：欲知详情，请听下回分解。

四、新假想敌

吕雉的答案现在揭晓。赵王刘恢死后，吕雉寻找的下一个假想敌，是一直默默无闻的代王刘恒。

在刘邦所有孩子中，刘恒犹如他老妈在刘邦所有老婆中的名气一样，从来都是冷遇待之，无关痛痒。代王这个位置，当年首先是刘邦二哥刘仲专位。后来匈奴打进来时，刘仲弃位而逃，让刘邦既是尴尬又是愤怒。于是，刘邦废刘仲王职，降格为侯。同时，封他的得意子刘如意为代王。后来，张敖因出了贯高行刺一事，被刘邦废掉王位，徙刘如意为赵王。

于是，代王一位空缺，刘邦就把它封给了刘恒，定都晋阳。

刘邦封刘恒为代王时，时间为公元前196年，他实龄六岁。六岁的孩子，有些还在尿裤子，他哪懂得什么叫政治。按汉朝惯例，如果子弟年纪尚小，可以挂职为王，派代理商前往封地治国。

当年刘如意被封为代王时，亦是未成年，所以派了一个代理商前往封地打理，其人就是后来和韩信约同造反的陈豨。还有更充分的理由是，代地山高水远，满眼苍茫。无论是对孩子的成长，或是对大人来说，遥远的代地哪有湿润如春的长安城待得舒服。

所以，小小年纪的刘恒完全可以向刘邦要求，以代王身份居住长安城，待到成年再往封地。然而，刘恒老妈薄姬却做出一个惊人之举，不找借口，不托人情，毅然带着刘恒前往封地。

每一个皇帝的背后，都有一个传奇的母亲。薄姬亦不例外，关于她的故事，就必不能绕过楚汉相争的另外一个失败英雄。

他就是当年魏王魏无咎的弟弟，魏豹。

魏豹立为魏王时，薄姬被老妈魏媪送进魏宫服侍魏豹。薄姬的老妈是个牛人，她本来是魏王宗室女，硬是与苏州人薄氏私通，生下了薄姬。按此来算，薄姬还算是苏州人氏。自古说，苏杭美女甲天下。薄姬不算美得人见人爱，车见车载，但她也算是个气质美女。那时候，魏豹宫中美女无数，想得入王榻，那可不是一件容易的事。

但是，魏媪马上找到了一个让魏豹为薄姬动心的办法。

这个办法就是，以相命来制造舆论！

首先，魏媪找一个所谓算命高手给薄姬算了一卦，结果是：薄姬当生天子。

正所谓算命之意，在于魏豹。当魏豹听到这个消息时，立即一蹦三尺高，从此，薄姬受魏王邀宠，在所难免。

殊不知，魏媪这一卦可是把魏豹给害死了。

当是时，正值楚汉相争，刘邦和项羽正在荥阳展开拉锯战，打得天昏地暗，难分胜负。作为诸侯王的魏豹，开始左投项羽，后来被刘邦干了一顿，于是只好右投刘邦。现在，当听到算命的说薄姬能生天子，无异于给他打了一针兴奋剂。

如果我们没有猜错的话，魏豹应该是这样理解薄姬的：薄姬能生天子，说明儿子能当皇帝；儿子能当皇帝，肯定靠老爹。现在，我贵为未来天子老爹，天下不归我，那不是逆了天意吗？

由此类推，刘邦和项羽打得热闹，但都不是天下之主。看来，老天爷是故意让他们两虎争斗，以让我收渔翁之利。

于是，魏豹决定脱离刘邦队伍，保持中立，观望两个牛王争斗。看了一阵，见项羽略占上风时，又突然手痒左投项羽打刘邦。

那时，刘邦被惹怒了，立即派出曹参去收拾魏豹。结果是，魏豹到死时，方才知道上了算命老太的当。

当时，魏豹死后，刘邦以魏封国为郡，宫中美女尽被送去输织室工作。有一天，刘邦挂着考察工作的名义去输织室打捞美女。于是，不经意地看见了薄姬，见她长有一番姿色，于是选入后宫，备案宠用。

刘邦这个备案，可是让薄姬足足等了一年有余，竟不见他来考核。还算老天长眼，一次无意的言谈，让刘邦突然想起了冷宫中的薄姬。

情况是这样的：有一次刘邦和两个美女在一起喝酒。这两个美女，一个叫管夫人，一个称赵子儿。真是无巧不成书，俩美女正是薄姬少女时代结识的好姐妹。现在，这两个得宠的美女，趁着酒兴，不知何故聊到了从前，说她们三人曾订盟约，以后发达了，谁都不要忘了谁。没想到的是，现在两人得宠，薄姬却还蹲在冷宫独自晒露水，儿时的誓言成了一场笑谈。

正所谓，说者无心，听者有意。这两个美女只把薄姬当笑料哄刘邦开心罢了，没想到刘邦听后，顿然起了一阵怜香惜玉之感，他决定要亲自见一回薄姬，以还报一年来不宠之歉。于是，刘邦当日就召薄姬入室面见。

那时，当薄姬听说刘邦要亲自面见她，犹如在千年暗室看到了一盏星火。

我以为，今生今世，只能是空将汉月出宫门，忆君清泪如铅水。没想到，当我等到花儿都谢了的时候，蓦然回首间，却是东边日出西边雨，道是无情却有晴。

回顾从前的冷遇，薄姬两眼汪汪；一番忆苦思甜的眼泪流完，薄姬突然意识到，她还没有编好哄骗刘邦上床的甜言蜜语。没办法啊，你不哄他上床，那还得继续待在冷宫里独自烧香拜月。千载难逢的机会就在当前，不可错过。

薄姬想了想，突然想起了从前老妈魏媪教的绝招，心里突然有了底。好，就这样办。薄姬一番打扮过后，前往刘邦龙榻之室。薄姬见刘邦之后，自然是一番软语肉香。

最后，只见她对刘邦说道：昨暮夜，妾梦苍龙踞吾腹。

我们有理由相信，薄姬这番鬼话，不过是向刘邦发出的性暗示。

算卦也好，或是编造神话也好，刘邦从来就是个中老手。面对薄姬这番诱语，他肯定能识出，但他选择了不点破。

大丈夫何苦为难一个弱小女子。女为悦己者容，人家费尽口舌也是为了哄你开心，这有什么不妥的呢。风流无罪，上床是硬道理。今晚叫你来，管什么苍龙黑龙，冲的不就是这一夜的冲天销魂吗？

于是，刘邦当即也配合地对薄姬说道：你所说的是个好兆头，让我来完成你这个愿望吧。

说完，刘邦拥美人入怀，两人就开始……

刘邦是流氓出身，自有流氓的特点。流氓在女人面前要流氓，无非就是提起裤子不认账。一夜风流过后，刘邦播下了种子，不久，薄姬收获了一片金黄稻田。这片稻田，就是亲生子刘恒的化身，是薄姬的全部希望和寄托。

但是，从那之后，薄姬难觅情郎的影子，从此再也不见刘邦临幸。

接着，又是漫长的冷遇岁月。薄姬经过长时间的思考，终于慢慢领悟了一个世间道理：女人这辈子，特别是身为皇帝的女人，不过是配茶壶的一只茶杯。人家赏用你，是命；人家弃之不用，也是命。既然是命，一切皆是天数，冥冥之中，一切缘有安排。

薄姬再次向命运低下了卑贱的头颅。同时，长期的冷遇岁月，使她磨炼出了珍贵的品格，那就是坚韧和耐得住寂寞。

老子说，水是世界上最柔弱的事物，凡是低洼之处，都能藏之贮之。所以说，当刘邦封刘恒为代王时，薄姬就认为，贫穷落后的代国，就是生命中注定的低洼之处。对于水的命运来说，这样的低洼，正是明哲保身、韬光养晦之地。

刘恒是薄姬带大的，在他身上，凝聚着薄姬的血泪，倒映着薄姬的身影。在吕后准备徙他为赵王这一年，刘恒已经二十一岁了。在他身上，薄姬积攒的一切优良品格他都具有了。

那就是：节俭、守柔、坚韧、知足。

吕雉之所以迁刘恒为赵王，其实也是同情薄姬。因为长期受到刘邦冷遇的薄姬，与她简直就是同病相怜。

可是，刘邦的龙子龙孙，能拉拢的则拉拢，拉不拢的就一刻也不能停留地送他去见高帝。现在，刘邦这批龙子龙孙当中，除了杀掉的，多数都被她以买一送一的政策套住了。

唯有刘恒是个例外。

刘恒和薄姬当然都不是傻瓜。赵王之位是个死穴，谁碰谁倒霉，从刘如意到刘恢，一个接一个死去，死在赵王位上的已有三个了。你吕雉口口声声说封我为赵王，这招就叫一手摇着橄榄枝，一手提着大刀。如果我敢接，还能挡得住你这把屠龙大刀吗?

必须找一个漂亮的借口把死球踢回去。

刘恒和薄姬经过一番研究讨论，最后敲定以下对付吕雉诱惑的推辞：非常感谢吕后您的提拔，但是我已经习惯代地的生活了，请让我继续驻留代地，为中央守边吧。

当吕雉听到这个借口后，只有四个字：非常满意。

明知前面是地雷阵和万丈深渊，就不要勇往直前，死而后已。既然刘恒不敢接球，那就让吕氏家族接吧。于是乎，吕雉顺水推舟地封吕禄为赵王。

刘恒终于躲过了一劫。

五、初生牛犊不怕虎

俗话说，多荒的草场都有肥牛马。在吕雉黑色统治下的汉朝，刘氏子弟并非个个都是吞声受气及挨刀掉命之徒。在刘邦的孙子当中，有一个就敢当着吕雉的面撒野。

此人，正是此前差点儿被吕雉一杯毒酒要命的刘肥之子，朱虚侯刘章。

要了解刘章后来的所作所为，必须了解他的父亲刘肥。在刘邦诸子中，刘肥为长子，刘邦打倒韩信后，就将他封为齐王。天下土地最肥的地方，估计是齐国了，刘肥当齐王，其国如名，那是很登对的。

当年，刘盈做皇帝时，最亲热的手足兄弟有两个，一个是刘如意，另一个就是刘肥了。刘如意被害死后，刘盈消极怠政不上朝，吕雉拿他都没办法。而刘如意被害死的第二年岁首，刘肥入长安朝拜，刘盈听说大哥入京了，啥病都没有了，翻身起床，特别为他设宴款待。

按当时的惯例，皇帝接见诸侯王，设宴时座位是有尊卑之分的。可刘盈以为刘肥是自家兄长，不必计较那些东西，于是宴席上，便让刘肥挨着他坐在右边。而刘肥也不谦让，就坐下了。

当是时，吕雉也参加了宴会，她见刘肥不分好歹，乱了君臣之仪，怒上心头，马上派人斟了一杯毒酒，放在刘肥面前。刘肥以为是吕太后赏酒，正准备端酒喝，刘盈眼快，抢先夺到酒杯，就要喝下。

吕雉一看，魂都要飞了，跳起来一巴掌把酒打翻。

刘肥顿知大事不妙，假装醉酒，不敢碰酒了。宴会结束后，他派人打探，才知晓原来吕雉赐他的是一杯毒酒。

这下麻烦大了，去年才毒死了一个刘如意，今天真要轮到自己了？刘肥不知所措，为自己怎么回到齐国而担忧发愁。

就在他郁闷难耐之时，齐国内史给他出了一记妙招。

齐国内史告诉他，当前要想救命，最好割一个郡献给鲁元公主作为汤沐邑。

这招就叫花钱消灾。

刘肥的齐国肥得流油，为了保全性命，不要说割一个郡，两个郡都没问题。于是，他当即派人进宫游说，果然，吕雉得知有此好处，转怒为喜，也不为难刘肥了，马上放他回国。

刘章，刘肥次子，又称刘老二。用司马迁的话说他，年二十，有气力，忿刘氏不得职。用毛泽东的诗句形容他，就是恰同学少年，风华正茂；书生意气，挥斥方遒。指点江山，激扬文字，粪土当年万户侯。

用我的话说就是，牛叉烘烘，天不怕地不怕，对吕雉打压刘氏及当年老爹刘肥差点被毒死极为不满，整天就想着寻招儿整吕氏。

刘章跟他的几个叔叔一样，也被吕雉潜规则了。这就是以上所说的，买一送一。吕雉也给他配了一个吕氏女，想不做吕雉女婿都不行。从后来历史发展的结果来看，刘章非但不是吕氏家的好女婿，简直就是祸害大王之一。但是，从另外一个方面看，刘章却是一个好男人，因为他和吕氏女的关系很好。他爱她，她也很爱他，犹如鱼儿爱上了水，老鼠爱上了大米。

这就是刘章敢于在吕雉面前撒野的根源所在。只要你刘氏待我们吕氏女儿好一些，一切都是好商量的，这似乎是吕雉对待刘章的底线。

然而对刘章来说，吕雉的恩宠是一种病。无论吕雉对他如何网开一面，都不能使他忘却刘友和刘恢是怎么死的。更让他忘不掉的是，当初老爹刘肥是怎样差点送命的。

没有什么力量能挡得住刘章那一颗愤怒的心，刀剑初露锋芒的时候终于来了。

有一次，吕雉举办一个盛大国宴，请刘章为酒吏，主持宴会。

那时，特别是在国宴上，喝酒是一件严肃的事，于是古人便发明了酒仪和酒吏这等玩意儿。刘章二十出头的小伙子，就算没有酒量，也是有酒胆的，不然吕雉不会安排这么一个光荣的任务给他。

然而，当刘章接到任务时，鼻孔里马上喷出一股得意之气，好呀，这真是一个整人的好差使，咱接下了。

刘章对吕雉先出一道难题：你叫我主持宴会可以，酒宴规矩必须按我定下的执行。如有不遵守者，按军法论处。

尽管说国宴规矩多多，但也应是以娱乐为主。你刘章突然上纲上线，搞得剑拔弩张，这样只能让大家把国宴当成了一项负担，这又是何苦呢？不过，吕雉没有多想，还是依了刘章。

好，要的就是这个结果。

国宴顺利进行，刘章磨刀霍霍。开始，宴会气氛相当不错。大家铭记刘章规矩在心，人人都喝得挺积极的。管你能喝还是不能喝，都得一口闷。当宴会进入高潮时，刘章突然对吕雉说，请让我为大家歌一首助兴，如何？

免费表演，这当然举两手支持。吕雉许之。

然而，刘章演唱的这首歌，并非祝酒歌，亦非《长安城郊外的晚上》，更不是什么阳春白雪的美声独唱，而是一首下里巴人的《耕田歌》。

当刘章报出这个歌名时，当场立即有人喷酒而笑。仔细一看，原来这个喷酒的是吕氏家的纨绔子弟。他喷酒的理由是：你刘章生为王子，知道牛有几只脚就不错了，还懂得何为耕，何为田？

刘章接着很严肃地说道：都不要笑，我没种过田，但是我深深地懂得种田的理论。

吕雉一听，顿觉有理。这就叫，没吃过猪肉，总见过猪跑吧。于是，她就对刘章说道：请为我歌之！

刘章不但想唱就唱，更要唱得响亮，震撼人心。于是，刘章清嗓，开始放歌。歌词如下：

深耕穊种，立苗欲疏；

非其种者，锄而去之。

歌词是什么意思？大约意思，大家还是明白的。摆明就是以歌喻事嘛。说什么，不是我家种的，全部要除而后快。

哎，唱得痛快，怎换一个死字了得？所有人都为刘章暗吸一口气，没有人相信，刘章还能熬得过今天！

然而，让人十万分意外的是，吕雉一反常态，只是装聋作哑，没有发飙。简直就像是，太阳要从西边升出来了。

这时，不知谁出来打了个哼哈圆场，气氛又像天空里一片不祥之云被风吹走了。酒会继续，劝酒继续，娱乐至死！

今天这场宴会，进来容易，出去难啊。刘章有言在先，你不喝趴下，今天就不要走出这个长乐宫。然而，喝着喝着，还真喝倒了一片。

这时，酒会现场开始出现了不和谐的动作和声音，有人赖酒了。

这个赖酒的人，正和刚才那个喷酒的是一伙的，他们集团的名称就叫吕氏子弟。这个姓吕的皇亲，估计是个三杯倒。首先，他被灌得晕头转向，不知南北；接着，趁着人多手杂，偷偷开溜，企图脱身逃酒。

没想到，他还是没逃出刘章的眼睛。

刘章今天是来干吗的？整人的。

拿什么整人？酒和军法。

整人对象是谁？吕氏皇亲。

干吗要整？不整怎么泄愤？

既然是整人泻火，肯定有重点对象，他们就是吕氏那些酒量差劲的子弟。

我们有理由相信，这个逃酒的家伙，肯定被刘章背地里叫人提着酒壶灌过。果然，他还是顶不住逃跑了。这时，刘章二话不说，提起剑来就追出去，三下两下，砍下人头。

接着，刘章提着这颗滴着鲜血的人头走回宴会现场，把它丢在地上，对着吕雉大声说道：今有亡酒一人，臣谨行法斩之！

全场立即被这个血的现实吓住了！

刘章表情镇定，内心冷笑不已。吕雉一愣一愣，一时无话。

有言在先，杀之有理，没办法啊。要怪，就怪这个绝命的家伙没有练好酒量。

最后，酒会不欢而散。

我们可以用一句话来概括刘章的这次行动：斗得狠毒，可是后果很严重。几乎没有大臣相信，吕雉会轻易放过刘章。就算不杀，也得教训教训这小子，免得他以为有胆量就无法无天了。

于是，大家都在等待，等待下一场即将到来的杀戏。

一天过去了。

两天过去了。

三天过去了。

若干天就这样静悄悄地过去了，仍然不见吕雉有所行动。此时，刘章仍然我行我素，来去自由，吃得好，睡得好，精神爽朗，好像根本就没有发生过什么大事。

这下子，汉朝大臣不由惊呼起来，母夜叉也有怕人的时候。好你个刘章，还真不赖啊！

那些心惮吕氏势力的汉朝大臣，从刘章身上仿佛看到了刘氏势力崛起的明天。于是，一个以刘章为中心的反吕集团，开始慢慢形成。

刘章，成了达摩克利斯之剑的代名词。他就在吕氏集团的头顶上晃呀晃。

摇晃，是为了找准斩杀的角度和时机。

这一天，迟早会来临的。

上天，还欠他一个绝杀的机会！

第四章

风云骤变

一、陆贾献谋

当刘章像一头愤怒的公牛在吕雉面前横冲直突时，右丞相陈平却像一只缩头乌龟闭门冥思，不知所想。

还是俗话说得好呀，惹不起，总可以躲得起吧。

当然，陈平奉行的不是鸵鸟主义。躲得了和尚，永远躲不了庙。他之所以郁郁索居，不过是忧虑所致。此忧虑之事，也就是众刘氏子弟们思虑的问题：吕雉势力到底能撑多久，他这个右丞相，又到底能做多长？

这个问题，也就是天知，地知，吕雉知。

陈平日想夜思，不能自已。没想到的是，就在他手足无措之时，有人犹如清风拂云，给他送来了一个好计谋，一扫阴霾心情。

此人，正是以蹭吃蹭喝出名的陆贾。

我们依稀记得，当初刘邦打天下时，陆贾和郦食其主打外交，纵横天下。那时候的陆贾，他映衬郦食其，犹如星星点缀月亮。只可惜，郦食其这轮貌似光明的月亮一夜消失，汉朝外交的夜空里，陆贾这颗星星就显得特别孤独和耀眼了。

事实上，陆贾亦是一位政绩出色的人。郦食其死后，他没有活在后郦食其时代的阴影里。相反，他珍惜机会，开辟出了一个属于自己的外交时代。奠定陆贾在汉朝中央外交地位的，最出色的一件政绩是搞定南越王。

南越王，尉佗者，真定人也，姓赵。

秦始皇统一天下，在南方设置三郡。它们分别是：桂林郡、南海郡及象郡。而尉佗本人，则是南海龙川令。秦二世嬴胡亥上任时，继承老爹的腐败事业，却没有老爹的把屁股坐稳江山之力。那时，就在北方诸侯纷纷挂名称王时，南方的尉佗也迎来了他的黄金时代。

提拔尉佗的，是他的老上司南海尉任嚣。当时，任嚣闻听北方战争，诸侯崛起，亦想跟风举事。只可惜，上天不助，使他落得一身大病，奄奄一息。就在他生命的最后，他想来想去，能接他在任行大事的，唯尉佗是也。

于是，任嚣便召来尉佗，做了一番即将告别的嘱咐。

其内容大约如下：秦为无道，天下苦之；项羽、刘邦、陈胜、吴广等诸侯都兴军聚众，虎争天下。现在，番禺负山险，阻南海，东西数千里，又有许多中原人世居于此相辅，这么一块宝地是完全可以立国的。本来这件事，应该让我来完成的。可是身体不行了，我也即将告别人世，我见你挺有两把刷子，才召你来见。我话都说到这份儿上了，你就看着办吧。

任嚣说完，一脚登天。于是，尉佗接过南海郡尉之棒，将立国事业进行到底。当北方的诸侯把秦王朝撕成碎片时，南方的尉佗兼并桂林和象郡，自立为南越武王。

刘邦搞定中原所有大王成为名副其实的天子时，他也想过要干掉尉佗。可是，八年抗战才打完，又要出兵南方，劳苦中国，这个成本花得实在太大了。想想又算了，不如承认尉佗为南越王。

当然，交易是必须讲究公平原则的。尉佗还必须答应刘邦提出的一个条件：承认刘邦天子至尊，才能和平万岁！

代表刘邦和尉佗谈判的任务，理所当然地落在了陆贾身上。

事实上，传说中的不辱使命并不是一碗好吃的饭。

当尉佗见到陆贾好不容易跋山涉水地来到他面前时，并没有表现出一丝感激，反而要尽地主傲慢作风，摆出一副酷酷的样子。

按《史记》记载，尉佗接见陆贾时，所摆酷样大约如下：梳着当时流行的锥子一样的发型，像簸箕一样叉开两腿。

不要说外交场合，就是连平常的宴会，只要君对臣摆出如此模样的，都是挨批的料。然而陆贾没有拍桌子对尉佗大骂无礼，更没有拂袖而去，职业感觉告诉他，这是一只纸老虎。只要他微启朱唇，就可戳穿对方的全部狂妄自大。

陆贾首先问尉佗："请问，你从哪里来？"

尉佗一笑："我从中原来。"

陆贾："如果没有说错的话，你不过是南越的第一代移民，你的很多亲戚朋友，甚至祖宗的坟墓都还在中原真定吧。"

尉佗又一笑："阁下所言没错，有话请讲。"

陆贾："中国，礼仪之邦。足下乃中国人，不识礼仪，今天反本性，弃冠带，以区区一南越之地就想与天子之国抗衡，你难道是想自寻灭亡吗？"

尉佗心里暗语道：狗屁礼仪，别以为打着一个幌子老子就怕你了。天子在北方，老子在南方，正所谓山高皇帝远，老子欺负的就是你汉朝的使者，这又怎么着？

陆贾看着尉佗一副不屑的样子，心里亦冷笑。换了个马甲，还真以为自己天下第一了。今天不好好给你上一课，你还真不知道自己是井底之蛙了。

于是，陆贾继续陈述利害，他摆出的道理，意思大约如下：

首先，你尉佗牛，总不能牛过项羽吧。项羽曾经是天下第一霸王，可结果呢，跟刘邦苦争五年，还不是照常被干掉。其次，韩信、英布、彭越，战无不胜，攻无不克，也比你牛吧，可结果呢，还不是一个个被刘邦剪除。再者，别以为你山高水远的，你就可以跟汉朝作对。汉朝之所以有今天，不仅仅是人力就能达到的，那是天在帮他。

老实跟你说，你蜗居一方，只顾自享自乐，不助天子诛暴逆，汉朝中央本来要干掉你的。可是天子顾虑到战争会伤害百姓，只派我带着金符印，封你为诸侯王。你不郊迎于野，反而如此摆酷，待我犹如村野之夫，实在不可思议。如果汉朝看到你现在这个样子，我相信，他们肯定会把你中原的先祖坟墓全部掘烧，夷灭宗族，兴兵远来，搞掉你易如反掌矣！

真正的外交永远都是，握紧利剑，示之橄榄枝。橄榄枝不行，行利剑之道。

你尉佗欺负汉朝使者，也要看看他背后的老板。别把眼睛长到屁股后，睁着大眼犯着低级错误。

事实上，尉佗也就是想在陆贾面前耍耍威风，蹭个面子，过一把瘾罢了。陆贾这番话立即又让他醒悟，原来有些酷还真是要不得的。

当即，尉佗一反傲慢之态，立即跳起来对陆贾行大礼道："实在不好意思啊，我没有摆酷，只是久居蛮夷之地，把中原礼仪忘光了。"

嗯，要的就是你这种认错的态度，陆贾满意地点点头。

尉佗接着问陆贾：“我与萧何、曹参、韩信比，谁更贤？”

陆贾心里一笑，这个问题很简单嘛，你南越王不是想说自己比汉朝三杰优秀嘛。

陆贾微微一笑，答道：“你比起他们来，似乎要强一点点儿。”

尉佗乘兴追问陆贾：“那么，我和刘邦比起来，谁又更贤呢？”

一听这话，陆贾心里笑了。以皇帝为天下第一，不仅仅是皇帝的问题，更是国家的问题，那是自然而然的事，根本就不能拿来讨论。尉佗，真不知你是想考验汉朝的实力，还是想考验陆贾的实力。

如果真是两样都算是的话，那么陆贾可以明白地告诉你：想戴高帽可以，但是想让我说你比皇帝强，没门！

陆贾又滔滔不绝地给尉佗讲了诸多道理，但是概括起来就是：刘邦草莽起家，直到一统天下，把汉朝做大做强，乃古今第一人也，是真正的天生龙子。你和他比起来，就像江河见大海，就像山丘望高岳，根本就不是一路货！

陆贾义正词严，一副铁打不动的样子。尉佗看得拍着大腿哈哈大笑，说道：“玩笑而已，千万别当真。”

于是，尉佗连忙举杯劝酒，自打圆场。

就这样，陆贾就留在了南越。多日相处，尉佗发现，这家伙识大体，懂灵活，会说又会拍，缘分啊。

数月之后，尉佗方恋恋不舍地放陆贾归去。临走前，尉佗赐陆贾千金，足足装了一麻袋；同时，又赐值千金之物产货品。陆贾功德圆满归来，刘邦大悦，拜他为太中大夫。

有些人，一旦走上官场，就好像被魔鬼引向了黑暗，只能是一路走到黑，甚或更黑。有些人则不同，在他看来，官场就像是动物园，他之所以走进来，不是当动物发兽威，而是持着一种有趣的态度来观赏动物的。

是动物，还是看客，不仅仅是一念之差的问题。

两种人生之中，陆贾独爱后一种。他不像别人，首先是一只凶猛的动物，然后才是政治家；他则先是一个斯文的读书人，然后才是一个外交家。天生读书人，必治《诗》、《书》。于是，搞外交，谈诗书，成了陆贾两不误的生活。

然而好景不长，刘邦驾崩，吕氏专权，陆贾再也无心研攻学术，他面目全改，一副玩世不恭之模样，到处浪荡游玩。

陶渊明当初辞官归隐时，写下一首著名的《归去来兮辞》，以表入世之迷茫，出世之逍遥。陶渊明辞官归隐，视官场如牢笼，身在其中如鸟入其笼，备觉不爽。然而，陆贾之所以无所事事，一半是对吕雉充满畏惧，避灾避祸；一半则是逍遥出世，自乐自在。为了把逍遥进行到底，他对未来进行了一番规划。

首先，把当初出使南越时尉佗送他的那麻袋礼物全卖了，得了千金，然后分给五个儿子，每人二百金。他本人以称病为借口，在好畤买了一块好地安身立命。所谓食肉者鄙，这年头，靠权贵不如靠田地。于是，他命令五子亦学他从事生产，自力更生，知足而乐。

其次，陆贾给自己留下的财产有一辆安车驷马，十来个擅长歌舞鼓琴瑟的侍者，一把价值百金的宝剑。陶渊明持锄南山脚下，真正的一无所有，连想喝的酒都要别人送他。他要逍遥，逍遥离他竟然还有十万八千里。因为，没有面包和美酒的逍遥，不能算是真正的逍遥；如果算是，也只能叫苦逍遥。

陆贾却是实实在在的乐逍遥。

他公开对他的五个儿子放话道："我和你们定个规矩，我无论是经过谁家门口，你们都得尽量满足我和侍者，甚至马匹的伙食，每隔十天换一家。如果我哪天死在你们其中一家门口，那我的全部家产就归他所有。当然，你们不要烦我蹭吃蹭喝，我还要去别人家，一年之内去你们各自家，最多二三次罢了。所以，你们见我的光阴也是比较少的，不必担心给你们带来生活的负担！"

我们有理由相信，对陆贾的五个儿子来说，父亲后半句话才是关键。好啊，在家靠儿子，出门靠朋友，老爹啊，希望你多靠朋友，少靠儿子，儿子肯定会对你感激不尽的。

于是，本是外交家的陆贾，变成了靠外交蹭吃喝的玩世之徒，而且专找些油水足的人下手，比如太尉周勃，比如丞相陈平，这些人，他一个也不会放过。

陆贾光荣史介绍完毕，我们再回到陈平郁闷的现场。

当陈平正为吕氏专权苦无心计时，陆贾直接闯到他的丞相府上来了。当陆贾坐在大厅等待陈平见他时，侍者却告诉他一个扫兴的消息："丞相身体有疾，不便见客，请回吧。"

陆贾抬头看着传话的人，脸上先是愕然，后又是微微一笑。

请佛容易，送佛难啊。况且我这尊佛不是你请来的，你不出来请我喝顿酒，两手空空想赶我出门?

陆贾告诉陈府侍者：“请传话丞相，我不是来蹭喝的，是专门来给他看病的。”

陆贾这话传到陈平耳里时，让他着实大惊。

还真看出我有心病来了，请他进来吧。

就这样，陆贾进入陈平卧室，眯着佛眼，像绽开的两眼莲花。他第一句话就对陈平说：“你有什么心事，就直接告诉我吧，让我替你摆平，免得我白来一趟。”

陈平一笑：“先生既然知我有心病，不妨猜猜。”

陆贾笑道：“根本就不用猜。你贵为丞相，食三万户侯，已是人臣之极。正所谓，富贵极，无欲求。然你心中有病，无非患诸吕专权，危害刘氏万里江山罢了。”

陈平摇头长叹：“知我者谓我心忧。先生既然了如指掌，可有计策替我出之?”

都说是来治病的了，如果没有几分谋略，也不敢硬闯你陈丞相府。

陆贾当即说了一句：“天下安，注意将；天下危，注意将。”

陈平伸长脖子等待着陆贾把话说完，然而见他半路打住，不由奇怪地问道：“还有呢?”

陆贾继续说道：“将相和调，则士务附；士务附，天下虽有变，即权不分。”

陈平又问：“还有吗?”

陆贾：“为社稷计，在两君掌握耳。”

陈平已经听出陆贾的弦外之音，故意又问道：“您的意思是……”

陆贾笑道：“这还用说吗?你为文相，主朝政；周勃为太尉，掌军事。你们俩联合起来，试问天下，谁主沉浮?然而周勃这个人经常与我嘻嘻哈哈习惯了，总是不太相信我的话。陈丞相何不主动结交周勃，以待时变呢?”

陆贾这席话，如若穿世良言，直抵深处，照亮了陈平那潮湿阴暗的灵魂。

是啊，千谋万虑，怎么就没有考虑到周勃那把利剑呢?枪杆子里出政权。我陈平为什么就不能说，刀剑权里能保政权?

陈平当即大悦，然其计。决定去找周勃，很快的，俩人实现了第一次文相武将的合作。

同时，陆贾从陈平那里狠狠地捞到了一笔丰厚的财富：奴婢百人，车马五十乘，钱五百万。

够了，不要说蹭吃蹭喝，就算是躲着吃，这辈子也绰绰有余了。

剩下的，就等着看戏吧。

二、夺权预备战

吕后八年（公元前180年），春天三月，太后吕雉带着一帮人去霸上祈福驱灾。

然而，就在她从霸上经过轵道回长安城的路上，忽然看见一个犹如苍狗的东西，流星般地钻到自己腋下。吕雉顿惊，低头一看，那东西忽然又不见了。

糟糕，莫非是冤鬼上身，或是老眼昏花了？

关于鬼神及天之征兆，吕雉向来都是宁可信其有，不可信其无。她立即召来巫师占卜，巫师告诉她：跑到你腋下的那个东西，果然不是东西，正是赵王刘如意的冤魂是也！

巫师这话，犹如一条套脖的绳子，勒得吕雉差点喘不过气来。

祈福祈福，祈来的怎么是个阴魂啊。刘三啊刘三，你到底还是做鬼都恨我杀了你的儿子啊。好啦，现在你们父子俩的阴魂准备缠住我不放了是吗？

我相信吕雉现在最想做的事是，带一帮活人，来到刘邦牌位前对着它大骂一场。巫师的话果然应验，吕雉的腋下像长了肿瘤似的，一天比一天疼。有如蛇吞象一般，一天天地把吕雉拖向了死亡的地狱。

当时没有理由不相信，讨命的人来了，吕雉气数尽矣。

其实，事隔两千多年以后的今天，我则不相信吕雉恍惚间看到跑到她腋下的那个东西是个冤魂。但我相信，那不过是吕雉心理的某种暗示，只不过这种心理暗示化成了虚无缥缈的感觉，刹那间飞出脑海，又钻进了心里。

一波未平，又来一波。四月，老天亦来和刘如意凑热闹。南方大雨不停，长江以及长江最大的支流嘉陵江泛滥成灾，大水淹死及冲走的户数有一万余家。

此情此景，对于崇尚天命的吕雉来说，人世间最悲哀的事，莫过于提前而来的恶兆。更悲哀的是，天意不可扭转，常人能做的是，好好安排后事。

到了七月，吕雉大病加重。

凭着多年对苍天研究的经验和成果，她知道，她将活不久了。

此前，吕雉最担心的是她的外孙张偃。

张偃，即张敖的儿子。张偃年幼孤弱，无人可罩。于是，吕雉马上想到封张偃的两个同父异母的兄弟为侯，以便辅佐张偃。

照顾张偃还是小事，可是照顾吕氏江山不倒，那不仅是大事，更是一个大难题。

当初，陈平许诺让吕氏子弟居南北军的事，突然提到了吕雉的日程上。吕雉命令赵王吕禄为上将军，居北军；吕产居南军；只要南北军在手，京城则无人可撼也。

接着，吕雉把吕氏重要成员全唤到跟前一一叮嘱。

吕禄和吕产当然是她重点关照的对象之一，只听吕雉对两人说道："我有一句话不得不向你们说，吕氏当王，大臣当中，无人服气；我就要走了，小皇帝还不懂事，小心提防大臣们谋反叛变！"

吕禄和吕产两人表情凝重，他们都沉重地点头，表示切记在心。

吕雉接着又说道："我还有一句话，那就是，我崩后，你们不要给我送葬。因为一旦你们离开京城，那帮乱臣就会乘虚而入，受人所制！切记，切记！"

吕禄和吕产的脸色更加凝重了，他们再次沉重地点头，表示铭记在心。

吕雉跟老天的心灵还是息息相通的，她终究没有熬到八月。七月三十日，她灵魂出窍，永不复归身体。

我们在武侠小说里经常看到，当绝世武功大师仙逝，他们总是给自己的弟子留下一本绝世武功秘籍。吕雉死后，当然没有什么政治秘籍可留，但她却为吕氏留下了一封相当重要的遗诏。

遗诏是这样写的："以吕产为相国，以吕禄女为皇后。"

此诏一出，汉朝那帮老臣都傻眼了，数皇宫之内，尽是吕氏。

吕雉果然大师啊，这简直是一个完美的善后！

请注意，完美的设计都像是鸡蛋，总会有小鸡破壳而出的小孔。前有夺权，后面当然就有反夺权。

果然，一切权力之战，在吕雉入葬后不久，首先就由对手狠狠地发起了致命的攻击。

先说一段闲话。当初，吕雉对刘氏子弟全部进行潜规则，即刘氏子弟要想立侯当王，都得接受吕氏的政治婚姻，目的无非有二：一是企图以政治婚姻笼络刘氏，削其势力，宠其心志；二是监视刘氏，提供情报，以防不测，以便来个先下手为强。

事实上，搞特务，世界上没有绝对可靠的人，吕禄的女儿就是一个典型的例子。

吕雉死后，吕产和吕禄准备狠狠干一票，企图把刘氏江山改为吕氏江山。当时，刘氏子弟当中，首先获取吕氏欲为乱情报的人，正是朱虚侯刘章。而向他提供情报的，正是他的老婆——吕禄的宝贝女儿。

悲哀啊，让你嫁给刘章，不是让你爱他、亲他、抚他，而是收买他、麻痹他、软化他。没想到肉包子打狗，这吕氏的女儿不幸沦为双面间谍，成了引爆吕氏灭亡的导火线。

悲哀是悲哀者的墓志铭，阴谋是阴谋者的通行证。当刘章截获吕氏大动作的情报后，立即派人往东方密告齐王。

此时，齐国老大，正是刘肥的长子刘襄。

刘章是这样派人告诉刘襄的："吕产和吕禄这两个王八蛋要作乱了，请你打着清君侧的名义到长安来清理现场；只要你发兵，我和弟弟刘兴居为内应，诛杀吕氏，保我刘氏江山，势在必得。"

当刘襄听到刘章发来的这条消息，只有两个字：兴奋。

没有激情的造反，将失去造反的全部意义。忆往昔，峥嵘岁月稠，吕雉像宰牛杀鸡一般，对刘氏子弟或阴杀或伏降；现在，数千古风流人物，还看今朝。

无论是刘章，还是汉朝那帮老臣，他们都有理由这么说，拯救大汉天下江山之人，必齐王是也。

大任当前，刘襄激情豪迈地接下任务。于是，他当即召集自家人马，开了一个讨论会，与会者名单如下：齐王舅父驷钧、郎中令祝午、中尉魏勃。

此三人者，凶狠如狼，乃造反之大材也。然而，当他们磨刀霍霍准备大干一场，先拿齐相开刀兴兵向西时，消息先不幸传到了齐相召平耳里。

之前说过，对于诸侯国国相，诸侯们是没有权力任命的，唯一的任命者是汉朝中央。之前我们也见过，刘邦为了保护刘如意，派悍人周昌前往打理赵国；在这里，我们也有理由相信，吕雉生前，她是不会相信刘肥这些龙子龙孙会对他们俯首称臣到底的。

于是，安插特务，监视敌情，便成了吕雉惯用的伎俩，而召平，便是吕雉驻扎在齐国的最大特务头子。

当齐国召平闻听齐王要造反，立即拔刀自卫，派兵把齐国王宫围了个水泄不通。

这下子，刘襄傻眼了。

我快，敌人更快；我狠，召平更狠。现在自己都成了笼中之鸟了，这造反的大戏还如何继续啊？

没关系，造反犹如高手下棋，有制招，自然就会有解招，一招更胜一招。马上就有人给刘襄解围来了。

此人，正是他的左右手魏勃。

每一个围棋高手的背后，都有着一个不平凡的故事。说起来，魏勃的确是个不容易的家伙，他出身卑贱，之所以能一路走到今天，不是凭天助，靠的全是那一腔吃得苦中苦的斗志，和斗得过人上人的智慧。

魏勃的发迹史大致如下：他年少时就曾经求见时任国相的曹参，但因为家贫没有门路可通，便想出一个曲线自通的招数。首先，他常夜半替曹参的舍人扫门外之地，曹参舍人怪之，守而捉之。这时，魏勃才告诉对方真相：我很想见曹国相，可是没有门路，就想到了来替您扫地，不过引不引荐，您就看着办吧。

亏人家替你扫了这么多天的地，曹参舍人觉得，这个忙如果不帮，实在说不过去。于是带着他去见曹参，曹参见这小伙子挺有追求，让他当了舍人之一。不久，魏勃为曹参言事，出了不少力，曹参以为贤，便向当时尚在人世的刘肥引荐，拜为内史，掌民政。再后来，刘襄继刘肥之位，召平当相，但是这时候魏勃已经混得很开了，实际权力比齐相还大。

所以，召平对魏勃还要畏惧三分。

正是召平对魏勃持的这三分畏惧，让魏勃有机可乘。于是，当召平派兵围困齐王宫时，魏勃立即跑去对召平道：“您真是围得好，围得妙啊，像齐王这等谋反之王，就应该活活地围死他！”

魏勃这番话，让召平听得先是一惊，后又是一喜。

在他看来，齐国之大，唯他忠于中央。没想到，在这种关键时刻，竟然还发现有几条忠于中央的大鱼。日久见人心，国难见忠臣，如果魏勃真是个忠于中央的人，那么他又何必那么费神劳力呢？

这时，只见魏勃又对召平说道："齐相您放心，您围攻王宫，是天经地义；而齐王反兵向西，如果没有朝廷虎符验证，算起来只能是反兵。邪怎么能胜正呢？"

召平更喜："好样的，你这话说到我心里去了！"

魏勃继续忽悠道："不过，像带兵打仗这种事，怎么能够麻烦您齐国相呢。这样吧，如果您不嫌弃我这个中尉，请允许我替您派兵守住齐王宫，您觉得如何？"

"这个事嘛……"召平故作姿态地想了想，说道，"既然你中尉肯替朝廷出力，立场经得住中央的考验，这个工作交给你，当然是最好的啦。"

于是，召平果然听信了魏勃，把兵权交还他后，回齐相府休息去了。

但是，当召平转身回到齐相府中时，魏勃的兵就把相府围得水泄不通。

这时，召平才发现，原来魏勃和刘襄竟是一伙的！

召平，你没想到吧。生我者，父母也；拔我者，齐王也；我不忠于齐王，是不是太不厚道了呢？

我相信，面对着相府之内的召平，这是魏勃最想对他说的一句话。

此时，说什么都是后悔莫及了。召平仰天长叹，喊出那句无数前人和后人都喊过的一句经典名言：当断不断，必受其乱！果然是也！

说完，召平拔剑自刎身亡。

搞定召平后，无疑像是搬开了一块碍事的大石头。刘襄重新调整内部职务，以驷钧为相，魏勃为将军，祝午为内史。

全国兵力已经各就各位，万事俱备，只差东风。

请注意，这个东风不是刘襄的一纸命令，而是另外一个关键人物——琅琊王刘泽。

初，琅琊郡、济南郡、城阳郡三家本属于齐国。后来，刘肥入朝拜见刘盈，与之平坐，激怒吕后，迫使他割出城阳郡给鲁元公主当奉邑，方才脱身。没想到，刘肥主动开口，齐国反倒成了一块任吕后宰割的肥肉。紧跟着，吕后为笼络刘邦的堂弟刘泽，把吕须的女儿嫁给他，同时又割出齐国的琅琊郡，封时任营陵侯的刘泽为琅琊王；同时，又割出济南郡送给吕台为奉邑。

好好的齐国，就这样一分为四，教刘肥这帮龙子怎么不奋勇反抗?

反抗是必然的，但是必须先解决刘泽。刘泽是刘氏中人，刘襄的主意不仅仅是拉他入伙那么简单。

刘襄的算盘是，控制刘泽，没收兵力，全力向西。前有魏勃成功忽悠召平为榜样，现在这个任务则落到内史祝午身上。

三、发难

祝午出使琅琊国，见到了刘泽。

他是这样忽悠刘泽的："吕氏即将作乱，齐王想发兵向西诛杀吕氏，可是呢，齐王自觉辈分小，年纪又轻，更不懂军事，担当不起这个大任。您琅琊王是刘氏中人，又曾经当过刘邦的大将军，熟悉兵事。杀吕氏，兴刘氏，非您刘泽大叔不可。所以，齐王愿把齐国兵力交付于您，让您率兵向西，希望您抽空到临淄来一趟，商讨举大事之计！"

刘泽一听祝午这么抬举他，心情一阵爽悦，兴奋异常。他就像吃了兴奋剂一般，连铺盖还没收拾，就立即驰见齐王。

任何骗局的出笼，都源于双方的信息不对称。刘泽可能就没有料到，自己屁股下的琅琊郡是原齐国的铺垫，人家现在就想拆他的台，正想夺回自家的土地呢。

此时，刘襄和魏勃已经稳坐齐王宫，等候刘泽。

当刘泽出现在齐王宫时，他还没来得及喊出"齐王英明"这四个字，只见刘襄一声冷笑，魏勃对左右吼道："拿下！"

一群侍卫冲出来包围刘泽，把他控制住了。

刘泽傻了。

这演的是哪一出呀？转念一想，原来刘襄演的是调虎离山之计啊。

刘泽所料没错。

此时，祝午重新扑回琅琊国，把琅琊国所有的民兵全部征调起来，率领军队回到齐国，与齐军会合。

到这里，我们不得不承认，齐国的第二步棋下对了，向西作战的计划就成功了一半。

现在，就真的只差刘襄一个进攻的命令了。

然而就在此时，犹如困兽的刘泽，脑袋灵光一闪，马上想到了一个自救的妙策。既然有忽悠，就有反忽悠。接着，只见刘泽这样对刘襄说道："齐国第一任齐王刘肥是高祖刘邦的长子，您又是刘肥的长子，高祖刘邦的长孙，究本而言之，皇帝这个座位非您刘襄莫属，这哪还能轮到我呢？但是现在汉朝那帮老臣犹豫不决，大约等着听我刘泽的一句意见吧。毕竟刘氏当中，现在就数俺的辈分最高了。现在齐王您把我扣留起来，对您是一点用都没有的，不如放我入关，让我去替您说好话得了。这，于你于我，不都是挺美的一件事吗？"

刘泽总算开窍了，你也知道我刘襄是高祖刘邦长孙，当立为皇帝呀，早知如此，又何必当初呢。

刘襄当然也不是好忽悠的。他当即想到刘泽此话是想找借口开溜。但是，他想了想，还是决定放刘泽入关。他之所以做出这放虎归山的决策，是因为他有十足的把握控制刘泽，使之无论如何都飞不出手掌心。

其理由如下：

一是刘泽的兵在刘襄手里；二是刘泽朝中无人，刘襄朝中有人，即刘章及刘兴居是也；三是刘泽想当飞鸟也行，风筝也行，你入关都得先系上一根绳，必要的时候，可以把你从高空拉下来。

刘襄给刘泽系上的这条绳，就是卫队。

主意打定，刘襄决定放刘泽入关，同时派一支盛大的卫队控制他，同时替他开路向西。

当刘泽终于成功离开齐国国境时，犹如鸟出了笼，心里暗自骂着齐王：刘襄，你等着；你能做初一，俺就能做十五；俺刘泽大叔终有让你好看的一天。

当刘襄送走刘泽后，立即发兵攻击吕氏。

他的第一个目标，当然是济南郡。

刘襄毫不费力地拿下济南郡后，马上向天下诸侯发出号召。号召很长，但是概括起来，只有一句话：起来，不愿做吕氏奴隶的刘氏，让我们联合起来干掉那些不该当王的人们吧！

刘襄发兵讨伐的消息，以风一样的速度立即传向了长安城。

按照吕雉遗嘱，长安城是吕氏的生命底线，离不得半步。此时，吕产和吕禄才发现一个可怕的事实：长安之内，皆是吕氏之辈；长安之外，吕氏找不出几个像样的带兵打仗的家伙。

更可怕的还有，汉朝野外作战军，其军权不在吕氏家族手里。军权兵力高度集中在两个人手里。

一个是太尉周勃，一个是颍阴侯灌婴。

这实在是没有办法的办法了，只能硬着头皮上去干了。于是，吕产就以相国的命令派灌婴率军开往前方，拦截刘襄。

灌婴接到命令，很听话地出发了。然而，他刚开军到了荥阳，就立即停止前进。

灌婴对属官们说道：“吕产以为我傻，我偏不傻。他叫我们打刘襄，我们偏联合刘襄杀吕氏！”

接着，灌婴马上派人告知刘襄：“不要担心，我灌婴是来帮你的，不是来打你的。请你约个日期，咱们联兵打进城里去吧。”

当刘襄听到这话时，心里长长舒了一口气：将军，还是老的好啊！

此时，无论是对死去的吕雉，还是对活着的吕产及吕禄，事实告诉他们：从一开始，这根本就是一场错误的赌博！

现在，他们输掉的不仅仅是灌婴。在政治的角斗场上，灌婴不过是多米诺骨牌的第一张，一旦首张倒下，后面的也只有纷纷跟着倒台。

这个道理，吕产是懂的，吕禄也是懂得的。当灌婴打碎了他们心底的奢望时，他们马上把恐惧的目光投向了另外两个人：太尉周勃、朱虚侯刘章。

太尉就不消多说了，他手里有兵。有兵不是娘，而是刀，还真不知道他要什么时候砍过来。刘章更是防之又防了，他血气方刚，勇猛过人，再说了，弟弟不帮哥哥，鬼都不信。

不过，吕产和吕禄马上找到了对付的办法：第一，夺去周太尉兵权；第二，严密监视两人动向。

有没有把握将这事办成?

有。

吕产和吕禄认为，只要控制住了驻防长安城的南北军，早一天和晚一天砍杀对手，都不是问题；但是，既然要喊杀，就得找借口。

是的，还缺一个完美的借口。

这个借口就是，一旦灌婴和刘襄发起攻击，他们就在长安城内，对汉朝旧臣一网打尽。

然而，计划永远赶不上变化，机会永远不会留给愚蠢的人们。当吕产哥俩犹豫不决，按兵不动时，长安城的汉朝大佬们，全都在秘密行动了。

四、夺权

首先发起冲锋的，是汉朝两个重量级人物，他们正是太尉周勃和丞相陈平。

此时，周勃已经被吕产等人夺了兵权，他成了一个光杆司令。怎么办？难道就要坐着等死吗?

事情当然不是这样的。

陆贾当初劝陈平和周勃交往的善言终于发挥决定性作用了。这时，毫无对策的周勃只好去找陈平，问他怎么对付南北军。

两人商量来商量去，发现了一个绝佳的粉碎南北军的秘密暗道。

这不是一条真正意义上的暗道，而指的是一个人，他就是汉朝老将郦商的儿子郦寄。

周勃和陈平之所以把目光锁定郦寄，是因为郦寄和吕禄交好。只要攻破郦寄，就有希望搞定吕禄，那搞定南北军，就不再是什么难事了。

可让周勃疑惑的是，像郦寄这样的世家权势公子，如何才能争取到他的帮助?

这个问题当然是难不倒陈平的，陈平马上支了一招：立即劫持郦商，对郦寄威逼利诱，想要老爹多活几天，唯有出卖朋友。

周勃拍案叫好，立即动手，果断劫持老将郦商。同时，他们俩又把郦寄叫到面前，摆出条件，郦寄只好答应出卖吕禄。

当然了，至于郦寄怎么哄骗吕禄，陈平已经替他想好了。台词如下：

高祖刘邦和吕后共定天下，刘氏所立王者有九人，吕氏所立王者有三人。这些都是经过大臣们热烈讨论，并且一致认可的结果，而且是天下皆知的事情。你吕禄被封的是赵王，挂的是赵王印，你不回到赵封地去，徒留长安，竟还挂着上将军印，你就不怕被大臣们怀疑吗？

窃以为，你当务之急就是把兵权和将印通通还给太尉。同时，请梁王吕产归相国印，与大臣们结盟，返回各自封地。那么这样一来，刘襄就找不到发兵的理由，肯定退兵。权衡两头，足下亦高枕而卧当千里之王，此万世之利也。

世界上最可怕的不是谎言，而是相信谎言的人。当郦寄通过自己的嘴把陈平这番话传到吕禄耳朵里时，让周勃激动得几乎要老泪纵横的是，吕禄相信这鬼话了。

更让周勃兴奋得要升天的是，吕禄给郦寄放话，准备归还周勃的将军印，并且把兵权也还给他。

但是周勃高兴得太早了。

要想吕禄交出兵权，还不能由他一个人说了算。还必须征求某些人的同意，这些人当然指的就是吕氏家族。

于是，吕禄把个人想法报告吕氏家族，让吕产召集他们开会讨论。

讨论的结果是：没有结果。

因为有的人认为可行，有的人则认为万万不可，争来争去，没有答案。吕禄犹豫了。

这下子，周勃慌了。

周勃这时就好像看到大鱼咬钩，大鱼突然转身召来一群鱼围着钩上的诱饵热烈讨论，最后放钩脱身。白高兴一场，这不急死人了嘛。

急也没用，要想钓得大鱼，玩的就是心跳。

这时，陈平说话了。

周太尉不要心急，慢慢来，会有转机的。陈平告诉郦寄，无论你采用什么办法，请你先把吕禄稳住。

事实上，郦寄出色地完成了陈平交代的任务。因为，他天天都在变着花样约吕禄出游打猎，麻痹其人。

不知内情的吕禄，正被郦寄引向一条通往地狱之路。

这天，当吕禄打猎经过姑姑吕须家的时候，他走进去串门了。吕须一看见吕禄一副吊儿郎当的样子，当即发怒，把全家的珠宝全搬到大厅上撒下。

只见吕须指着吕禄破口大骂："当前吕氏生死危亡之际，你身为将军不镇守长安，竟然还有闲工夫弃军游玩啊！我现在就把这些珠宝扔了，不必再为别人当这守财奴了。"

不得不承认，姜还是老的辣。如果吕须非要找个词来骂吕禄，这个用词相当合适：脑残一个！

吕禄被莫名其妙地大骂一场，只有心情抑郁地回去了。然而，有些人，一旦脑袋进水，就像电路板短路一样，如果没有优秀的电工维修，他只能短路到底。吕须不是专业电工，她不过是凭着政治经验提手狠狠地拍，希望能拍出图像来。

历史事实告诉她，她这一拍很及时，但是不管用。

九月十日，凌晨，长安城终于爆炸了。

令人想不到的是，最终引爆长安城的人竟然是曹参之子，代理最高监察长（行御史大夫）曹窋。

事情是这样的：曹公子早朝时，去吕产办公室商量公事。就在这时，郎中令贾寿从齐国出差赶回，他一闯进吕产办公室就拍桌子指责吕产道："梁王你怎么还赖在长安城？"

吕产疑惑地看着郎中令贾寿道："长安是我吕氏的，我不赖在这里，难道留给刘氏不行？"

贾寿继续数落道："你不早点回封国，即使现在打算回去，也已经迟了。"

吕产神经一绷，肯定是刘襄和灌婴已经发兵了。

果不其然，贾寿告诉吕产："刘襄和灌婴已经联合发兵，正准备杀向长安城。现在跑路已经来不及了，唯一的办法是，立即进宫率兵控制长安城。"

吕产和贾寿只顾说话，竟然忘了被他们冷落一旁的曹窋。曹窋二话没说，立即开溜，把这个十万火急的消息告诉陈平和周勃。

消息真是传得太及时了。

陈平和周勃商定：当务之急是先发制人！要想先发制人，就得先拿下北军！

北军！北军！北军的军权不在周勃手里，关键时刻想夺下北军，简直比登天还难。

其实，周勃要想闯进北军营中，可以绕过吕禄，直接找一个人就行了。

这个人，当然就是小皇帝刘弘。

可是，刘弘不在他们控制范围内，要想从他那里拿到一张许可证，那简直就是扯淡。

唯一的捷径就是：造假。

矫诏是一件容易的事，但是另外一样东西就不能乱造了。那样东西，就是象征着皇帝权威的“符节”。符节还是其次，重要的是专门持符节的人。这个貌似棘手的问题，马上就迎刃而解了。

因为，这个专门管理符节的人，名叫纪通，他正是和陈平同一条船上的人。

这下子，问题就简单多了嘛。

陈平迅速起草矫诏，让纪通派人持符节去北军假传圣旨；接着，立即派人通知郦寄加大火力恐吓吕禄，逼其交出将军印和兵权。

各就各位，郦寄带着陈平的命令见到了吕禄。

郦寄这样警告吕禄：“皇上已经派周勃接管北军了，请你务必回你的赵封地去；同时，把将军印交出来，不然啊，你的灾祸就来了。”

郦寄这番话，换到别人嘴里，都是一番废话。然而，吕禄还是相信了。

他之所以相信郦寄，是因为他们是多年的好朋友；他更相信，郦寄不可能编织谎言欺骗老友！于是，吕禄不但不怀疑郦寄，反而感激地解下将军印，同时把兵权还给了周勃。

这是一场多么完美、多么惊心动魄的骗局啊。周勃接过那决定生死的将军印后，再次奔往北军营中。

这次，就算是神仙妖怪都不敢拦他了。周勃闯进军门后，只见他高高地举起将军印，大声吼道：“拥护吕家的，露出右臂；拥护刘家的，露出左臂。”

结果，没有一个北军战士露出右臂。

革命尚未成功，同志仍须努力。解决了北军，还有南军。

从武装力量角度说，南军不如北军强大；解决北军，就等于胜利了一半。但是，北军守护的是长乐宫，而南军守护的则是汉朝中央中的中央，即未央宫。

陈平把解决南宫的重任，交给了刘章，命令刘章辅佐周勃。

有了刘章，周勃犹如有了分身之术。周勃命令刘章，必须守住军门。同时，他命令曹窋告卫尉：关闭所有出入口，不要让相国吕产入未央宫半步。

此时，吕产并不知道人家已经拿下了吕禄，他孤独地带着一帮卫队火急赶往未央宫，准备发动政变。

然而，当他到未央宫门外时，发现殿门紧闭，欲进不得。吕产就像走投无路的猛兽在门外徘徊，寻找打开未央宫大门的途径。

这时，躲在门内的曹窋害怕了。

他不得不害怕啊，人家一帮人在大门外大喊要杀要剐的，就只怕这大门质量不好，被他冲将进来。没办法了，关键时刻还是相信那句话，人多力量大。于是，曹窋马上派人去向周勃搬救兵。

周勃接到曹窋告急后，转头对刘章说："你赶紧带队入宫保卫皇帝！"

这真是一个漂亮的借口。一句话，就把吕产置于全民公敌的境地。

于是，刘章带着一千余人，急匆匆地奔向未央宫。当他进入未央宫时，发现了一幕令人惊奇的情景：吕产及他的卫队还在殿堂外大吼大叫。

刘章立即围住了吕产，两军僵持了。

武侠小说为了显示一个人武功的高强，总是千篇一律地设计一个人多打不过人少的局面。然而，政治不是武侠。此时此景，刘章和吕产两人锋芒相对，从严格意义上讲，也不叫战争。

换个叫法，我们应该叫它：械斗！

这场械斗，一直僵持到黄昏的时候才开打。当刘章喊出一声杀时，吕产闻声逃跑。这时，突然刮起一阵大风。这场大风似乎是朝着吕产而来的，吕产的官兵卫队，全都被风打乱了，他们连抵抗的姿态都没办法保持好！

老天都不帮你了，吕产，你还能活多久啊？吕产只顾逃命，不知不觉地逃到了郎中令家的厕所里。

刘章一声冷笑，冲进去，挥下大刀。

以鲜血开始的政治，最终，只能以鲜血作为结束礼！

五、赢家

刘章才刚刚砍杀吕产，就有人派人来慰劳他。可笑的是，此领导者竟然是小皇帝刘弘。

小皇帝真是天真啊，他真以为刘章是来保卫他的。当谒者持节来到刘章面前说了一大堆辛苦的话时，搞得刘章哭笑不得。地球人都知道，卫帝不过是个幌子，不杀你都不错了，还想来凑热闹？如果这样，那我刘章成全你！

谒者说话之间，只见刘章满脸杀气，跳将起来要夺其手里的节。

我相信，这帮职业持节者，他们平时的功夫多数不用在如何持节，而是要练出如何防止被人夺节。因为防人夺节比如何持节重要，手中无节，等于身上无头。

果不其然，说时迟，那时快，只见谒者一闪，刘章扑了个空。那根要命节，还死死地被握在谒者的手里。

呵，还真有两下子。刘章怒了，夺节不行，夺人总可以吧。

于是，刘章立即动手劫持谒者上马车，一路上以节招降，并向长乐宫奔去。在长乐宫外，斩杀长乐卫尉吕更始，以及吕氏另外一个干将。紧跟着，直奔北军，向周勃报告。

周勃闻刘章已斩吕产，悬着的心落下来了。

当即，他命令部队搜捕吕氏全族，无论老少，全部斩杀。在这些死亡名单中，重量级的人物有：赵王吕禄、樊哙老婆吕须、燕王吕通；不幸中的万幸是，吕雉的外孙张偃只是被废掉鲁王一职。同时，周勃派刘章飞马去报刘襄和灌婴，长安警钟已经停息，教齐王罢兵归国。

刘襄听到这个消息后，一下子就蔫了。

这就像一个爬树捉鸟的人，只爬到一半，突然听见一声枪响，鸟被人家从树上打下来了。

那一声枪响，对刘襄伤害最大的，无疑是粉碎了他的登顶之梦。

果不其然，汉朝那帮大佬干掉吕氏的主要势力后，立即召开了一个紧急大会。参加会议的人员都是汉朝的大臣，有陈平、周勃，甚至包括刘泽在内。

刘泽是必须到场的，不然就错过雪耻被刘襄扣留在临淄的大好机会了。

这帮人开会的主题只有一个：汉朝的下一任皇帝，谁才是最佳的接班人？

汉朝明明都有皇帝了，他们还在讨论立新皇帝，这简直就是阴谋。

事实上，连司马迁都认为他们是在搞阴谋。不过，站在阶级斗争的立场上，陈平和周勃他们都一致认为，这个阴谋是不得已而为之的。因为，小皇帝刘弘根本就是吕雉扶上台的，现在的问题是，他们既然否定了吕雉，就必须连根否定刘弘。

他们不但否定刘弘，甚至连他那几个异母同父的兄弟，通通否定。基于这个前提，他们一致对外宣称，刘弘几兄弟都不是刘盈所生，他们都是由吕雉杀别人母，送到皇宫来抚养的。

其实是，这帮小兔崽子，如果留在世上，一旦有一天长大成人，肯定让这帮老臣不得善终。所以，必须铲除他们，同时在刘邦的龙子龙孙当中，找合适的人来填补即将空出的皇帝位置。

所以说，这是阴谋，实实在在的阴谋。

或许对刘氏子弟来说，刘弘这帮小兄弟的命运都不是关键。关键的是谁会接班，谁会是将来那个至尊天子，谁会享受那根天下至高无上的权杖！

这既是一个刺激性的问题，又是一个麻烦大的问题。在这个阴谋大会上，众人意见纷纷，不能统一。

总的来说，他们的意见分为两派：一派是，从刘邦龙子中选。另一派则是，从刘邦的龙孙中选。

后一派的呼声比较高，反呼声也比较猛。有人说，如果是从刘邦龙孙中选皇帝的话，那就非刘襄莫属了。因为，刘襄是刘邦之长孙，血统纯正，亦合情合理。

这个说法一出，马上就遭到了一部分人的强烈反对，跳起来叫得最厉害的，就是琅琊王刘泽。

刘泽反对的理由是：怎么能让刘襄当皇帝呢？你们难道就不知道刘襄有一个可恶的舅舅驷钧吗？如果让刘襄当皇帝的话，汉朝又会造一个新吕氏集团，这个万万不可。

刘泽口口声声说入关帮刘襄当上皇帝，原来他是来拆台的。

不过，你刘襄不也派人说要刘泽来齐国统兵西征入关当皇帝吗？好了，现在这就叫一报还一报。你做初一，我做十五，扯平了。

当然了，不是刘泽一个反对，刘襄就不能当皇帝。可更要命的是，刘泽高喊此话，并非恶意伤人。

事实上，驷钧就不是个善类。有外戚如此，汉朝那帮大佬当然不乐意看到。于是，刘泽的反对，就成了大家的反对。刘襄的皇帝梦，就这样被无情地粉碎了。

龙孙不行，那就看龙子吧。

刘邦的八个龙子，早死的有两个，被吕雉杀掉的有四个，现在只剩下了两个。他们就是代王刘恒和淮南王刘长。

如果从这两个人中选，有人认为应该选刘长。

可是提出这个意见的人，立即被另外的人否定了。他们反对的理由是：刘长年纪小，母家又恶，又是另外一个吕氏啊。更要命的是，刘长是吕雉抚养长大的，实在是个危险的苗子。

这真是一朝被蛇咬，十年怕井绳呀。这哪里是选皇帝，简直就是选皇帝的母家。谁母家强，汉朝大臣们将来被欺负的概率就会越高；反之，谁母家弱，他们将来被欺负的风险就会下降。

如果按大佬们此标准来选的话，那就非刘恒莫属了。

世间有这么一种动物，退能明哲保身，进能翻云覆雨。刘恒就是这么一种食肉动物。明哲保身是一种艺术，既然是艺术，就有其妙不可告人之处。

当即就有大臣站起来说道："高祖在世诸子中，代王为长，为人仁孝宽厚；太后薄氏节俭善良，做事谨慎。选皇帝，就应该立长才顺，以仁孝闻于天下！"

这句话，一下子说到各位的心里去了。

最后，陈平和周勃也一致认为，刘恒当皇帝实在是个合适人选。于是，当场全票通过，共同推举刘恒为新一任大汉天子！

六、迎主

机会属于勇于创造开拓的人。当汉朝那帮政治大佬定调刘恒为汉朝新任皇帝时，那厢的刘恒正在干什么呢?

或许是，刘恒还在屋里捧着《老子》，任秋天渐寒的风吹过他的窗前。然后，他隔着窗户突然看见一排人字形的长雁正向南方迁徙。而此时的他也心静如水，犹如这一碧如洗的天空，澄净无限。

又或许，他会走出屋邸，于庭院漫步。秋风徐徐，好一个惬意了得。真是个读书的好季节啊。刘恒正翻到《老子》第八章，只见他摇头晃脑地迎风吟诵：上善若水；水善利万物而不争。处众人之所恶，故几于道。居善地，心善渊，与善仁，言善信，正善治，事善能，动善时。夫唯不争，故无尤!

最后这句话，深刻地道出刘恒心底隐藏的秘密。

翻译过来就是，只有不去争，才会没有过错。在一个无常的人世里，无错，便是给自己买下了一份双额保险。所以老子又云：夫唯不争，故天下莫能与之争。

对刘恒来说，当他听到长安使者召他进京有好事时，他想检验的问题是：难道天上真会掉下馅饼吗?

怀疑是必然的。

曾经，他习惯了北方之寂寞、孤独、寒冷及没有定时的风沙。在这个孤独的人世间，他也一直以为一辈子都不可能走出代地。代地就像圈地，他和他母亲以及身边那帮随遇而安的近臣，都是圈中的羊。羊一生的任务就是日出啃草，日落歇息。然后在寂静的夜里，数着光阴，数着春暖雪化、秋来花落。最后，等待多年后的某天，这血肉之身亦化作一堆高高的泥土，滋润这千里的野草，从此无人记起，更少人凭吊。

是的，这是他自以为的宿命。可是现在，即将而来的命运打乱了他全部的思维和所有人生计划及行动。

进城当天子，这怎么可能是真的呢？我想，这是刘恒心里问过千万遍的问题。因为，陈平给他送来的这个好消息，让犹如习惯在黑夜里行走的他，根本无法相信前头就是光明。

可是，无论你刘恒怎么怀疑和忐忑不安，使者就站在你的面前，这总不能有假吧。那么，到底是相信内心的感觉，还是相信眼前的这个大活人呢?

刘恒犹豫了。

于是，刘恒把近臣都召来，对使者捎来的消息进行研究和讨论。

跟刘恒一样，更多的人都是持着怀疑的态度的。他们不但不相信天上会掉馅饼，甚至怀疑这是陈平和周勃等人设计的大圈套。怀疑派代表人物，就是郎中令张武。只见他对刘恒说："陈平这帮人都是玩阴谋的高手，他们刚刚血洗吕氏，就以迎大王为名，实不可信，愿大王不要前往！"

没错，就算是天上掉下馅饼，也得嗅嗅味道对不对吧?

这就叫以静制动，静观其变。而历史也证明，每个职业都会养成一种独特的职业感觉和嗅觉，张武作为一个长期负责王宫安全的郎中令，他这番话不可不信啊!

然而，非怀疑派的也大有人在，他就是中尉宋昌。

宋昌的理由如下：别以为周勃持节闯入北军一呼百士应，就以为他了不起。其实，这是高祖积下的威德，而不是他个人的功劳。天下都是刘氏的子民，如果百姓不听他们使唤，周勃敢动你一根汗毛吗?再说了，如果周勃和陈平要阴谋玩你，可是刘氏朝中有刘章及刘兴居响应，朝外吴楚齐等几地，都是咱们的人，真要干起来，怕他个屁呀。臣以为，高帝之子，独代王您为长，且以圣贤仁孝闻天下，所以大臣才趁这个大好机会扶你当皇帝。大王如果错过这个机会，将来就后悔莫及了，请你不要多心，前往受命!

宋昌说的也大有道理。他也是军人，也有良好的职业嗅觉，不能说他说的不对呀。可是如果双方说的都有理，刘恒只能各自信一半，那等于大臣们都白说了。

刘恒不是刘泽，脑一热就立即充血。小心驶得万年船，去或是留，刘恒还是没法拿定主意。于是，小心谨慎的刘恒不得不去向老母薄氏求助，问她对此事做何猜想。

然而，刘恒马上发现，他问也是白问。

薄氏安分守己地活了这么多年，也没有任何经验和教训告诉她，到底天上掉到他们代王家的是馅饼还是炸弹。

人类无法解答的问题，只有问天了。刘恒只好召来巫师，进行占卜。很有趣的是，刘恒恰好卜得一个好卦，这卦的名字就叫“大横”。

何为大横？

古时用火烤乌龟的甲壳，观察显示出来的纹路辨识未来。甲壳上如果全是横的裂纹，就为大横。既然有卦，就有卦辞。卦辞原话是这样写的：大横庚庚，余为天王，夏启以光！

这段卦辞，翻译过来就是：大横预示着更替，我将做天王，像夏启继承大禹那样，使父业发扬光大。

这是绝佳的好卦。

一种从未有过的快感，像温泉一般自刘恒心底汩汩流出。但是，刘恒喜怒不形于色，他平静地问巫师：“我都称王了，还当什么王呀？”

刘恒当然不是傻瓜，他既然出生在一个古老且迷信的国度里，对卦辞这类东西多少略有研究。我相信，他完全有能力解答这卦辞。他之所以诘问巫师，是因为他深深懂得一种处世态度：同样的答案，从别人的嘴里吐出，总比自己道破来得更加精彩！

巫师只好配合着说道：“此卦的天王，不是一般的亲王。在周王朝，天王就是天子；在我们汉朝，天王指的就是皇帝。”

老天真的是要我当皇帝？刘恒真的迷茫了。

有老天如此中意和支持，刘恒决定出发。

在出发之前，他先派薄昭前往长安以探虚实。薄昭，即薄氏的亲弟弟，刘恒叫他舅父。当然，这是一个办事稳妥可靠的人物。

薄昭要去见的人，当然是周勃。

周勃告诉薄昭：“叫代王放心进城，我们已经为他打点好一切了。”

薄昭问周勃：“凭什么叫我们相信你们？”

周勃笑了：“就凭我是汉朝堂堂正正的周太尉！”

没错，周勃手里正握着汉朝的兵权。兵权，国之利器也；一器在手，天下在握，刘恒凭什么不能相信他呢？当然了，要让薄昭相信他们这是一个善意的邀请，周勃还不得不把汉朝大臣们开会讨论的过程，给薄昭简单做一个汇报！

薄昭终于相信了。

薄昭立即回报刘恒，说事情正如宋昌所料，与周勃所言相去无差。刘恒一听，心稍稍放下，命令张武为前头部队传诣长安，宋昌为参乘作陪在后。

在中国历史上，绝大多数诸侯王心中都有一个共同的梦想，那就是入主京城。这个梦，在刘邦心中燃烧了多少年啊！无论他身处多么困顿的险境，仍然不放弃那个替天行道的使命。

对刘恒来说，为了做好天下公仆，可以燃烧自己，但是燃烧不等于毁灭，这是两个不同意义的概念。于是，当他来到高陵（陕西省高陵县）时，他又派陪车的宋昌率人前往探路。

这叫脚踏实地，一步一个脚印。不容易啊！

此时，陈平和周勃等人已经列队在渭桥等候。那壮大之气势，庄严之表情，整齐之队伍，都不像是有诈。

宋昌回马报刘恒，前头无地雷，百官齐列等待，请大王放心前行。

刘恒听到宋昌禀报，心里又落下了一块石头。他继续前进，来到了渭桥，看到这帮陌生的面孔上都洋溢着幸福和激动的表情。他们就像是一群妻妾，等待一个远游不归的主人。我们等得花儿都谢了，天王您该是回来的时候了。

那帮汉朝老臣，远远地看到刘恒的马车，立即以臣礼伏地拜谒。这一拜，让刘恒实在有些受宠若惊，他也连忙下车，向众人还礼。

这时，众臣当中，走出一人，只见他走到刘恒面前说道："咱们可不可以私下谈谈？"

说话的人，正是当朝太尉周勃。

周勃这话，让刘恒听得一阵肉跳。有什么话，不能公开说明吗，为什么要单独见面？我跑了上千公里，难道听到的就是你这句要命的话？

此时，宋昌正站在刘恒身边。周勃话语刚落，只见他对周勃说道："为什么要私下独谈？太尉如果谈的是公事，请你公开说明；如果谈私事，不好意思，此时不是谈私事的好时机！"

话都说到这份儿上了，那还是打开天窗说亮话吧。只见周勃长跪在地，立即向刘恒呈上玉玺。

原来，周勃私下独谈，就是要送上这倾国之宝！

我想，面对着周勃手中这块皇帝玉玺，此时刘恒的心里肯定在做一番角斗。魔鬼对他说，请收下吧！天使会对他说，不，请慢收！

一直以为，刘恒跟着老妈孜孜不倦地学黄老之术，无非就是学会自由控制魔鬼之术。此时，他再次成功地制住了准备出笼之鬼。

只见刘恒谦虚地对周勃说："这个玉玺，不属于我，我不能收下。咱们还是进城开会议议，再作决定，好吗？"

这当然是一套作秀客套之话。

但是，那帮老臣听来，心里头却是大大地舒了一口气。这个代王，选他还是没错的。懂辞让，又谦虚，进退自由。他当皇帝，咱们应该省心多了吧！

是的，心急注定是吃不了热豆腐的。何况今天要来的，是吃天下，都不是一块小小的热豆腐所能形容的。

九月二十九日，傍晚，刘恒顺利进城。

当然，他进城后，不是直奔未央宫。

那时候，每个诸侯国都在长安设有办事处，亦有自己的宾馆。所谓宾馆，古语为官邸。刘恒住进去的正是代国常驻长安城办事处开设的宾馆。

当晚，陈平率领群臣跟着刘恒进宾馆议事。会上，陈平再次陈述众臣推举刘恒为皇帝的理由，同时代表群臣向他传达了一个共同的愿望，即代王不管你心里有多难，都不要拒绝当皇帝这个苦差事。

刘恒当即就对陈平等群臣说道："不是我不愿意替大家吃苦。问题是，我能力有限，辈分又低，轮不到我做皇帝。你们还是请楚王另外寻找合适的人吧，反正我是不敢接这个大任的。"

刘恒这招貌似辞让，实则试探。楚王，即刘邦同父异母弟刘交先生。他要当皇帝，不仅仅是几个大臣支持就行的，还得经过刘氏宗室长老及诸侯们同意了才行的。当然啦，琅琊王刘泽同意过了，此时刘章及刘兴居亦在场，他们顺水推舟地联合支持刘恒。还让他牵挂的就是楚王刘交及吴王刘濞的态度。

陈平立即打消了刘恒的疑虑，又说了一通理由。意思大约是，诸侯各路神仙，他都已经打点过了，请您放心受符节和玉玺！

刘恒终于卸下心头最后一块垒石。

只见他长叹一声，苦笑着说道："既然宗室、将相、列侯都觉得我适合担当这个皇帝，那就只好从命了。"

委屈我一个，幸福千万家。这一幕，似乎回到了刘邦当初受天子之任的现场。

这时，陈平心头也卸了一堆石垒，他立即呈上符节和玉玺，率众臣对刘恒行君臣之礼。到此为止，皇帝之位终于尘埃落定了。

接下来，就是入主未央宫。

但是麻烦问题又来了，此时皇宫里还住着名义上的小皇帝刘弘小朋友。汉朝群臣既然认了新天子，就必须把小皇帝扫地出门。这个光荣的任务马上就有人主动揽了，他就是刘兴居。

刘兴居对陈平等人说道："诛杀吕氏，我没有积下什么功劳，清宫这个事就交给我办吧。"

陈平马上答应让刘兴居打扫未央宫，随他前往的还有太仆夏侯婴。清宫这事儿，有打扫的，就得有搬垃圾的，夏侯婴就属于后者。

第二天，刘兴居和夏侯婴直闯皇宫，请刘弘挪屁股。

对一个孩子来说，这是莫大的不幸。然而，中国历史上，如此不幸降落帝王家的事情，实在太多了。刘弘小朋友在刘兴居面前，犹如一只鸡落到了狼嘴里。但是，他还是不知道刘兴居哥哥为何要叫他搬家。

关于这个问题，刘兴居回答得很干脆：你不是刘盈的亲生儿子，不配待在皇宫里！

刘兴居说完，夏侯婴就很配合地把刘弘放到车上。刘弘害怕地昂头问大好人夏侯婴："伯伯，您要把我送往哪里呀？"

夏侯婴叹息一声，哄着说道："出去住，地方不会很远。"

夏侯婴没有骗刘弘，他把小朋友刘弘弄到了少府。当天，汉朝举行隆重仪式，迎接刘恒入宫。皇帝虽改，司机不变；替刘恒开车的人，还是老好人夏侯婴。

当夜，刘恒立即拜宋昌为卫将军，镇抚南北军；以张武为郎中令，主管皇宫内务事。

同时，有关官员分头诛杀了刘弘等几个小朋友，刘盈之种，宣告灭绝。

正是这个夜里，刘恒也正式坐到了宝殿之上，发布诏书大赦天下！

我相信，这个夜里，对刘恒来说，注定是个不眠之夜。宝殿之上，蜡光摇曳，富贵满堂；殿门之外，黑夜盖血，刘弘化鬼。内外交映，原来政治的天堂和地狱，不过是一门之隔！

夜已很深，鸟已作息。天凉好个秋，好一个承前启后的梦幻之夜！

第五章

天子之道

一、积威

刘恒进城后，该杀的杀了，该封的封了。手忙脚乱地忙活了一阵子，熬过磨合期，似乎对如何驾驭天下，也上手了。现在，刘恒终于可以放开手脚创造一个属于他自己的时代。

但是，这仍然是一个不稳定的时代，杀机四伏，血灾四现。在这场热身戏当中，有些诸侯将相却是永远地退守寂寞了。

自刘恒登台以后，依次薨掉的，元年有楚王刘交、齐王刘襄；二年有右丞相陈平、燕王刘泽；三年有城阳景王刘章；文帝四年，冬，十二月，灌婴薨。

剩下的人当中，官职最大的就数周勃了。

都走得差不多了，孤独真不是什么好滋味啊。特别是灌婴，这个曾经是周勃多年并肩奋战的同道之人，如今他的离去，犹如脚底下少了根筋，让周勃倍觉心慌。

周勃心慌不是没理由的。

就在去年的冬天，刘恒免去周勃丞相之职，送他回封地去了。刘恒打发周勃的理由是：我已经下命令让列侯们都回到自己的封地去，可是有些人还没有去，丞相您是我器重的人，还是替我带个头树立个好榜样吧！

什么树立好榜样？傻瓜都能看出，刘恒这是强迫周勃提前退休啊。

有必要交代一下，把列侯踢回封地，这是名满天下的政论高手贾谊提出的建议。只要是脑袋健全的人都知道，贾谊此举不过是想架空列侯权力，巩固刘恒的根基。损人利己的事情，刘恒当然不能放过。问题是，此建议一出，根本无人响应。

于是，刘恒只好拿第一功臣周勃开刀，让他带头自动离开长安。

真是一年河东，一年河西。人生如棋，就像过河的卒子，当你处在举足轻重的位置上时，每个人都对你充满着期待和景仰。想当初，诛杀吕氏，周勃居功其首，金銮殿上，感激涕零之情，溢于言表；可如今，江山搞定，屁股坐稳，马上一脚踹开！这难道就是传说中狡兔死、走狗烹的翻版？

周勃真的害怕了。

当初刘邦诛杀韩信、彭越及英布的几幕依然历历在目。有前车之鉴，他就不能保证刘恒没有对他痛下杀心。

在中国历史上，只要是对君主居功自傲的人，都是一个大忌。军事思想丰富兼四肢发达的周勃，亏就亏在不好好读书。如果他有陈平或者是陆贾一半的求学之力，那么他就有可能读到《老子》的一段经典政治劝教：持而盈之，不如其已。揣而锐之，不可长保；金玉满堂，莫之能守。富贵而骄，自遗其咎；功成身退，天之道哉。

可惜啊可惜，周勃活了大半辈子，缺的就是陈平和陆贾那般入得其中、超脱其外的魄力！据《史记》描述，当周勃扶刘恒当上皇帝后，周勃每次罢朝后，总是意气飞扬地离开，连刘恒对他都不得不毕恭毕敬，目送离殿。

其实从那一刻起，周勃就为自己挖了一个跌倒的大坑！

周勃有所不知，当他在人前表现出一副趾高气扬之态时，有人已经将这一切理解为不祥之兆！

发现此兆的人有两个，一个留名，一个无名。留名的郎中袁盎，无名之辈则是周勃属下一门客。

袁盎，楚人也。他父亲早年曾与强盗为伍，可谓是匪徒后代。刘邦还曾经流氓过呢，强盗算什么。所以说袁盎父亲这个人格劣点，并没有给袁盎留下后遗症，更不妨碍他的仕途。

他的工作经历基本如下：先是在吕禄门下当舍人；后吕禄倒台，又托哥哥袁哙的福跳槽到刘恒门下当郎中。郎中，就是皇帝身边的侍从官，经常跟随出入的那种。

袁盎的崛起，至少有一部分是由周勃造就的。袁盎逮到周勃这个致命的政治毛病后，立即就对刘恒进了一言。当然，要想在领导面前表现，肯定是精心准备的滔滔之言。

袁盎的策论当然很长，不过意思大约如下：诛杀吕氏时，周勃身为太尉，他不过是做他应该做的分内之事，皇上您凭什么对他那么谦虚礼让呢？

袁盎一语挑走了积于刘恒心头的郁结。

袁盎所说没错啊，做好太尉是你周勃分内之事，当好皇帝也是我刘恒理当之事，凭什么我对你那么好，你还那样不知所让呢？刘恒恍然大悟，立即找回皇帝应有的自信，从此换了一副铁面接见周勃。

然而，当周勃了解到刘恒对他的态度发生一百八十度的转变，竟然是因为袁盎一张嘴后，不禁大发雷霆。

教周勃怎么不暴跳呢，袁盎之前就是吕禄的舍人，周勃完全可以把他拉到黑名单，一锅端了去。可偏偏周勃和袁哙的关系很铁，不但放过袁盎一马，反而让他蹿升到刘恒皇帝身边。

让你到刘恒皇帝那里，是让你多灭火，少煽风。好啊，现在倒反过来了，好话不说，坏语净出。这摆明就是过河拆桥嘛。

于是，周勃公开骂袁盎：好你个袁盎，帮了你不说，竟然还好意思在皇帝面前损我！

言语之中，可见周勃威胁之辞。但是，常人都能想到，如果袁盎会做人的话，应该跑来向周勃赔礼道歉。可是周勃左等右等，就是没看到袁盎登门谢罪，连个影儿都没有。

事实上，不要说袁盎，此时就是周勃的门客也认为骄君真不是长久之计。

有一天，有个见识卓越的门客也对周勃敲起了一个警钟：你做你应该做的事，已经够了；你得到应该拥有的，已经多了；如果你再不懂退让，那就麻烦了！

这就叫反求诸己。

周勃这才明白过来，袁盎的话没有错，只是错了方式，没有把这番话说给他听。周勃只好立即采取补救措施，把右丞相之位让给陈平。后来，陈平薨，他才接右丞相的班。可是好景不长，才复职右丞相一年，刘恒就说出了以上那句让周勃伤心的话，让他舍小家为公家退休当模范！

转眼间，周勃回到封侯之地已经一年多了。可是这一年来，发现周围之事甚是个悬：他封侯所在地的郡守和县尉经常光顾他家。

当地政府这种行动，说好听是去拜望周丞相；说不好听则是，监控周勃！这下子，周勃的心就高高悬了起来。

政治嗅觉告诉周勃，这将是一场冲动的惩罚！

周勃的感觉没错。刘恒就是想封杀周勃的锐气，让你知道，这个天下是刘氏的，想吃得香睡得甜，还是得听皇帝的。

用刘邦的话说，功狗永远是功狗，它永远只受功人驱使，这是不可更改的事实。

周勃的封国为绛县（今山西省侯马市东），食邑八千一百八十户，号绛侯。这是当初刘邦封给他的，再加上刘恒后来封的，他也算是个实在的万户侯了。我想，对于河东郡守等人爱到周府串门的这个毛病，换成是张良，或者是以一阵烟雾报之；换成陈平，或是一身病推辞；换成是陆贾，或许不但敞开大门，还会跟着你的马儿反串其门海吃海喝。

然而，让人跌破眼镜的是，周勃竟然采取以下待客之术：披甲而待，令家丁持兵器而侍之。

如果非要找一个中肯的批评，只能说，周勃这是找死，智慧不够哪。

刘恒是仁君，那是没错的，但是仁君不等于不杀人。像刘恒这种人，静如处子，动如猛虎。真要惹到他了，杀你也是没商量的。

当然了，杀是要找借口的。周勃这种披甲待客的动作，让人无不毛骨悚然。好呀你，我郡守不过是来串门的，你搞得这么紧张，是不是心里有鬼呀？这个鬼，莫非就是谋反？

于是，郡守马上就派人飞书报长安：周勃要造反了！

说话又笨，做事又容易犯傻，真的很难想象周勃这么多年来是怎么混过来的。此时此刻，他就是跳进黄河也洗不清了。说你造反嘛，带兵总不比韩信吧。韩信当初都是想释放关在长安城的劳改犯一起才能造事的，你周勃这点家丁能成什么气候？简直就是欠揍！说你不造反嘛，可是你整天疑神疑鬼地披着铁甲徘徊。

只能这样说，周勃病了，而且得的是严重的心理疾病。刘恒很想来当他的主治医生，病床已经替他铺好了，它就设在监狱。

把一个在别人看来有病、而他自以为没病的人送进精神医院，我们可以想象其中的痛苦滋味。刘恒派人把周勃送进监狱后，周勃想申辩自己冤枉，可是一无陈平的口才，更无陈平的谋略，唯有活活受罪。

凡是进过监狱的人都知道，那是有别于天堂人间的地狱王国。不管你曾经多么显赫，到了狱卒那里，你不过是牢中之兽，甚至狗屎不如。

周勃现在就尝到了被狱卒折磨得狗屎不如的生活。没办法了，只有使出绝招出狱了。

无论人间或是地狱，有一样东西尽管不是万能的，但是能管吃管喝，还能管用。这玩意儿就是杀人不见血的钞票。

为了免受身心伤害，周勃家人动用了千金来贿赂狱吏，并且让狱吏支招，怎么样才能让周勃度过这个险关！

还好，收他钱财的狱吏还算是个厚道之人。只见他在记录案件的木简背后写下五个字：由公主作证！

公主，刘恒之女也；另外，她还是周勃的儿媳妇，即长子周胜之的老婆大人。周勃一看这几个字，猛拍脑袋。是啊，公主这么好的资源为什么不早点想到啊。家公造反与否，公主身在家中最为了解，让公主去说明情况，那不是一件简单明了的事吗？

一千金，买的就是一个堵死的窍门，值啊！

很奇怪的是，《史记》没有交代公主为周勃作证的半点细节，反而是另外一个重要人物跳出来替周勃说情了。

这个人物，从来没人敢蔑视其存在，她就是一直藏在宫中默默无声地读黄老的薄太后。

我认为，公主肯定是薄太后的掌上明珠，她不敢找刘恒说情，跑来找奶奶替她出面摆平了。

并且，刘恒是个孝子，只要薄太后喊一声腰疼，他绝对不敢说腿疼。

果然，当薄太后闻听周勃被拘一事后，立即把刘恒召来。薄太后对刘恒的见面礼，首先是愤怒！

这个表情贯彻到动作中，就是把头巾摘下直接甩到刘恒脸上，然后一阵痛骂："绛侯始诛诸吕，掌玉玺，将兵于北军，都没有造反。他现在居一小绛县，就想造反？"

薄太后没有把话骂绝，由以上前提条件可以推出她的潜台词：要么是你刘恒忘恩负义，非难绛侯；要么就是判断力缺失！

当然了，无论刘恒属于哪种情况，都是值得她这个当妈的甩头巾的！

刘恒闭嘴不言，心里有苦不敢说。

我也知道此时周勃造反有悖常情啊，可是太后您知不知道，当初我站在台上送他离殿的痛苦滋味？我不过是想教训一下他，让他明白刘恒不可欺啊！我想，以上这话，是刘恒最想跟薄太后说的。

可是，他又不能说。实在是，有些话一开口，根本就是个错！

郁闷的刘恒受了母亲一顿痛骂后，悻悻回宫。

这时，又有一个人主动登门证明周勃无罪。刘恒瞪眼一看，此说情者，正是此前看周勃不顺眼的郎中袁盎！

当然了，袁盎可能是哥哥袁哙叫他来说情的。可问题是，刘恒对周勃的态度恶劣到连公主都不敢亲自出面，甚至皇室其他成员也不敢吭声，这就更别提朝中那帮高级打工仔官僚了。

不管怎么样，袁盎还是做了一回善事，替周勃说了一堆好话。刘恒一听，只好释放周勃，并且恢复被剥夺的爵邑。

二、诛杀吕雉情人

周勃还算命好的，只是被修理了一下，总算长了不少政治经验，没有白坐牢。但是，下面这个人，的确就死得有些屈了。

此人，正是吕雉的情夫，前左丞相审食其是也。

怎么评价审食其这个人，我想《史记》和《汉书》已有公正论调。翻遍这两部史书，你就会发现，司马迁和班固都舍不得给审食其立一个小传，但是他的影响力似乎又隐现其中。

一句话来概括审食其一生，他不是好人，也不是坏人，但绝对是个有影响力的人。

我们之前已经得知，审食其是靠当吕雉的情夫发迹的，直至爬上了丞相职位。同样，他也是因为吕雉，被人从丞相职位上掀下来，所谓成也吕雉，败也吕雉。因为巴结吕雉，前后有两个人要杀他。

第一个是第二任皇帝刘盈，可他没有杀成，反而落到后者的刀下。

首先说说刘盈为什么要杀他。

我们知道，刘盈年少的时候，是个好孩子；他当皇帝的时候，也是个好皇帝。当然，好皇帝不代表是优秀的皇帝。当刘盈还是个好皇帝的时候，有人曾这样向他告密：听说辟阳侯审食其和你老妈吕太后有一腿！

当刘盈闻听此言时，心头犹如霹雳响起。只听说，皇帝给皇后戴绿帽子是堂而皇之的，没听说皇后给皇帝戴绿帽子是光明正大的。

于是，刘盈盛怒之下，不管三七二十一，立即派人把审食其丢进了监狱，准备诛杀。

更要命的是，不但刘盈急杀审食其，汉朝那帮大臣也喊着要杀。于是，又是惭愧又觉丢脸的吕雉想救审食其，却又不能救，只得眼睁睁地掉眼泪准备给情郎送葬了。可就在刘盈准备刀起头落之时，审食其的救星出现了。

保住审食其脑袋的总共有两个人，一个是陆贾，另外一个是高祖赐号为平原君的朱建。

朱建，楚人也。为人克廉刚直，行不苟合，义不取容。当审食其得宠于吕雉时，就想拉拢朱建。可是朱建的态度很顽固也很坚决：你走你的阳关道，我过我的独木桥。

朱建是个穷人，无官无爵，除了一身名节之外，一无所有。在这个世界上，从来都是富人结穷人易，穷人交富人难。没想到审食其这等富贵之徒结交一个小小的穷人，还撞了一鼻子灰。没办法了，有些牛人，如果真要起牛脾气来，那也是没辙的。

于是，审食其只好暂时放弃结交朱建的欲望。就在这时，汉朝最大的和事佬陆贾出现了。

我们不得不说，陆贾之所以能走到哪儿混到哪儿，混到哪儿吃到哪儿，不是没有道理的。因为，他最大的特点就是，总是在别人碰到疑难问题的时候，恰当出手。人家周勃和陈平自楚汉相争以来，就从来没有好过，仍然被他撺掇到一起，最后不但保住了他们俩的身家性命，还保住了刘氏江山所在。

陆贾的朋友遍布朝野，朱建也是其中之一。

那时，朱建的母亲刚刚去世，陆贾主动上门吊唁。这时，朱建告诉陆贾，他家里没钱，准备借钱来埋葬母亲。陆贾听后，沉重地拍拍朱建的肩膀说：有俺在，你就尽管理你的丧事，至于钱的事，我替你想办法。

请注意，是替你想办法，而不是出钱。这就是陆贾的外交才能所在，就算口袋没钱也能把事情办好。那么，他是怎么想出办法来的呢？

他第一个先跑去告诉审食其：平原君母亲死了，祝贺你啊！

陆贾这句话搞得审食其一头雾水。平原君平时都不鸟我一下，他母亲死又关老子屁事呀？

这时，只见陆贾笑着对审食其说道："听说你之前想结交平原君没有成功，那时平原君是因为家有老母，不便与你交往；如今他老母亲不在了，只要你诚心送厚金替他送葬，将来他肯定为你效劳卖命！"

审食其恍然大悟，听以为然。

果然，他主动给朱建送了一百金的葬礼钱，而审食其的跟屁虫们听说后，也纷纷前往朱建处，送了不少黄金。结果就是，审食其赢得了朱建，朱建也解了燃眉之急；而唯有陆贾，两边讨好，赢得了两份人缘。

这就是陆贾为什么只凭两条腿一张嘴，就能在朝野中四处混吃的魅力根源所在！

平时多烧香，为的都是出事时让佛保佑。审食其被关到监狱后，第一个想到的就是朱建。然而，朱建却告诉审食其的来者：你现在的案子还没处理好，请不要来见我！

朱建这番话，让审食其的心一下子凉了。难道瞎眼看错人，白交了这个朋友吗？

事情当然不是这样子的。

其实，就在审食其蹲在监狱里心急似焚的时候，朱建正在悄悄地行动。打蛇要打七寸！满朝上下，除了陆贾和朱建外，几乎无人不想对审食其落井下石。所以，如果朱建要去找陈平等人说话，那审食其只会死得更快。

很幸运的是，朱建打到了蛇的七寸。这个七寸，不是刘盈本人，而是刘盈身边的宠侍闳籍孺。

朱建求见闳籍孺，对他打开天窗说亮话：

你闳籍孺是皇上身边的红人，这是地球人都知道的。审食其是吕太后的红人，这也是天下人都晓得的。现在的问题是，皇上今天杀了吕太后的红人，明天肯定轮到吕太后要杀掉你这个皇上身边的红人了！不过呢，如果你肯对审食其出手相救，相信吕太后也会心头大欢，放过你一马。这样来看，你们俩都各自得富贵，互不损伤，这不是一笔好买卖吗？

同样，朱建这番话也让闳籍孺来个全身凉的冷水浴。

最后，闳籍孺只好依朱建计谋，跟刘盈说了好话。再最后，审食其躲过了一劫，成功出狱。当审食其走出死牢，呼吸着外面世界的新鲜空气时，陆贾告诉他，你的命是朱建搏来的！

审食其不禁昂天长叹：朱建果然义士！好人哪！

可是对审食其来说，大难不死，未必有后福。真正的劫难，尚在后头。

路人皆知，审食其简直是吕氏势力这条藤上的一个瓜。然而，当周勃和陈平联合刘氏宗室扫平吕氏势力后，他仅仅被撤掉丞相之职，没有丢掉性命，这简直是个天大的奇迹。

其实，审食其能躲过第二劫，还是陆贾和朱建出力帮助的。

俗话都说，好事不过三。的确也是，吕氏势力倒台后，审食其通向未知的路是苍茫无知的。人的生死荣辱，已经不全掌握在他的手里了。正如俗语所说的，躲过初一，总躲不过十五。

厄运终于来了！

立志要杀掉审食其的这个人，就是刘邦的小儿子淮南王刘长。

刘长恨审食其不是一两天，此恨追究起来，那可是一段令他切齿痛恨的往事。

当年，赵王张敖向刘邦进献了一个美女，不久，此美女就替刘邦怀上一小孩。好景不长，刘邦因为屡屡羞辱张敖，惹得赵相贯高要出手打抱不平。结果贯高行刺不成，反而连累了赵王。于是，刘邦暴跳如雷，把凡是赵王身边的宠臣侍妾都抓了起来。

那时，这位怀有刘邦龙种的美女也被刘邦一并抓进监狱。美人之弟赵兼想通过审食其告诉吕雉，意思大约是说姐姐肚子里的小孩是刘邦的龙种，请高抬贵手，放她一条苦命。结果是可想而知的，吕雉闻此消息后，吃醋得想踩人还来不及，哪舍得将此事传给刘邦？

最后，美女只有忍着耻辱在监狱里把孩子生下来，然后含恨自杀。监狱官员得知此事，将孩子呈到刘邦面前，刘邦悔恨莫及，将孩子收下，并取名为刘长。同时，将刘长交给吕雉抚养。

刘长一出生，就是监狱里的劳改犯。这种苦痛记忆，教他如何忘却和抹杀。尽管刘长因为跟随吕雉长大，吕雉才手下留情，留下一命。但是，长大成人的刘长，仍然止不住地恨吕雉，更恨审食其。他认为，这个审食其，肯定是没有尽心说服吕雉，才让母亲自杀身亡。

是的，这是一笔迟早要还的血债！

刘长盼星星盼月亮，终于盼来了今天，动手的时刻到了。

尽管说吕氏倒台，没有给审食其撑腰的了。但是，刘长也考虑到，像陆贾和朱建这两个好人先生肯定也会临时出手帮助，破坏他的好事。那么，如何阻止他们出手，唯一的办法就是先斩后奏！

真是一个好办法！

文帝三年（公元前177年），四月，夏天。刘长到长安朝觐，陪同刘恒打猎，两人同车同吃。同时，刘长还左一声右一声地称刘恒为长兄。没人想到，刘长之所以如此拉拢刘恒，不过是为杀人后争取赦免的一步棋。

打猎完毕，刘长带着一帮人马求见审食其。

有必要交代一下，据司马迁先生交代，刘长勇武有材，力能扛鼎。如此威猛之人，要杀一个舍人出身的人，那简直是牛刀杀鸡。然而，可怕的是，审食其并不知道死亡即将来临！

当审食其出现在刘长面前时，刘长二话不说，直接从袖子里抽出铁椎猛砸过去，一椎要了他的命！

砸死审食其后，刘长命人把他的头颅割下来，紧急赶往宫中，脱衣露背，主动向刘恒自首请罪。

王子犯法，与庶民同罪。在中国家天下的历史上，这永远是一句屁话。

刘长断定，他之所以主动自首，不是担心刘恒要杀他，而是不要让刘恒那么难做人，有个好台阶下。况且，他杀审食其于情于理，皆不过分。

刘长向刘恒说明诛杀审食其的理由如下：当初我母亲本不应该受贯高行刺之事连累坐牢，就是这个审食其不肯执力相助，才让我母亲自杀身亡！这是罪一。当初吕太后杀赵王刘如意，审食其仍然没有力争保之！这是罪二。吕后王诸吕，欲以亡刘氏，审食其亦不争！这是罪三！

今天，我就是替天行道，为天下诛贼，为母亲报仇，问心无愧！特此前来请罪！

多漂亮的措辞！为公不忘私！有理兼顾情！刘恒只有大赦之，放刘长归国。从此，刘长威名远扬，身价大增。

三、手足情乱

刘长袭杀审食其后，一夜成名。不但汉臣怕他，皇室怕他，连薄太后对他也有几分忌惮。于是，当刘长满怀骄傲之情地回到封国时，他得意了。

杀审食其不过是牛刀小试，让他更得意的事情还在后头。

回到封国后，刘长做了以下几件事：首先，刘长自作主张在封国内制定及颁布法令。汉朝制度规定，王国只有行政权，没有立法权，也就是无权制定封国法令。刘长这就叫明知故犯，皮痒找打。可是，此事传到长安，刘恒曲意顺从了。

其次，刘长驱逐中央派遣的官吏，申请要求自己任命国相及部长级的两千石官员。汉朝制度又规定，国相及部长级官员，必须由中央任命，王国根本就无权干涉。然而，当刘长的报告书传到中央时，刘恒又同意了。

这下子，刘长的尾巴差点就要翘上天了。

刘长手里拥有以上两种权力，差不多就是半个皇帝了。然而，更让人跌破眼镜的事还在后头，刘长擅自诛杀无辜，封人爵位。

汉朝法律规定，王国有司法决狱权，但是没有听说过有封爵权。对刘恒来说，乱杀几个人，那是可以接受的；可是刘长擅自封他人爵位，那他干脆来当皇帝算了，还要刘恒干什么？

这次，刘恒真的坐不住了。

这个小弟，不能再这样宠爱下去了。但是，要真让刘恒出口骂刘长，他还真不好张嘴。于是，刘恒只好对舅父薄昭说道：你帮我写封信去劝劝淮南王，叫他不要做得太过了。

薄昭接到任务后，立即给刘长写了一封书。

薄昭在书里委婉地告诉刘长：刘兴居就是活生生的案例，请你好自为之，不能步其后尘！

有必要说明一下，诛杀吕氏之前，陈平和周勃曾经答应刘兴居说，只要搞定吕产和吕禄，梁王和赵王就是你和刘章兄弟俩的了。然而，当事成之后，刘恒发现，刘兴居及刘章出力诛杀吕氏，完全是想扶他们的大哥刘襄进城当皇帝。于是，刘恒没有理睬陈平等人对刘兴居的承诺，只封刘兴居为一个小小的济北王。

于是，刘兴居对刘恒相当不满，趁着匈奴右贤王进犯汉边，刘恒亲自出征之时，发兵造反想血洗长安。结果是，刘兴居没冲进长安，自己反而被汉朝大兵给血洗了。

可是，刘兴居在刘长的眼里，他根本就是一个不上档次的反王。而薄昭竟然要拿刘兴居来吓唬刘长，算个什么东西？

世间最了解刘长的，只有刘长自己。因为没有人知道，这是一个软硬不吃的家伙。于是，刘长做出了一个更令刘恒吃惊的动作：你让我不要学刘兴居，我偏偏学了他，看你怎么办！

见过不怕死的，但没见过如此不怕死的。果然，刘长还真动起谋乱之心，召集七十余骨干分子，讨论策划造反之事。

如果说，刘长是想造反，不如说他想赌气。可奇怪的是，在刘长偌大的地盘上，竟然没有一个人劝他止步，大家反而和他抱在一起集体玩命。

于是，刘长这七十余个骨干分子给他推出了一个方案：准备用四十辆战车，在谷口发动突袭。

谷口，即如今的陕西省礼泉县东北。从地图上看，谷口紧挨长安，这四十辆战车，犹如架在长安咽喉的刀刃。如果真的玩命了，那可是不可收拾的。同时，刘长还派使者游说匈奴和闽越王国，争取支持或者结盟。

看来，刘长还假戏真唱了。

不幸的事还是发生了。

在刘长那块地盘里，他没有培养出通达的进谏者，可是却阻不住告密者的嘴。没多久，就有人向长安告急，刘长要反了！

刘恒听到这个消息时，只是将信将疑：刘长要反了？这怎么可能？

可造反这种高级运动，又不是闹着玩的。刘长是不是造反，召他进城来问问不就知道了吗？

派使召人，这是对造反者最低成本的检验。自刘邦以来，只要听到诸侯王有什么风吹草动，就先使人召之入京询问。如果装病的，或者不来的，多数就是有事的，那就要准备开打了。

然而，让长安那帮准备干仗的大臣们吃惊的是，刘长没有装病，也没有叽叽歪歪，反而很爽快地入京来见刘恒。

刘恒的心似乎得到了一丝安慰：刘长所举，根本就不像准备造反的样子嘛！

可事实是，有关部门马上把搜集到的刘长造反的信息汇总，最后发现，刘长造反证据确凿，板上钉钉。

整个长安都愤怒了。汉朝三公等人联名向刘恒启奏：刘长罪当斩首弃市！

联合启奏的事，实在让刘恒犯难了，可没多久，还是有结果了。

不久，刘恒下令：特赦刘长死刑，撤销王爵，放逐其到蜀郡严道邛崃山驿站。其余参与造反之人，通通让他们下地狱报到！

应该说，刘恒做此决定，亦是明智之举。刘长想造反的这年，即孝文六年（公元前174年）的十月，本年刘恒虚岁二十九，刘长虚岁二十五。尽管刘恒才比刘长长近四岁，可是刘长在所有兄弟中，年龄最小。

同时，刘长受吕雉恩宠，没有像刘恒等几个异母哥哥那样经受过吕雉的血雨腥风。所以说，在刘恒看来，刘长还是一个没长大的孩子。对待这样的孩子，给他一条生路，就是给自己一个机会。

当初彭越企图造反时，刘邦屡屡召他询问。彭越拒绝了几次后，才被突袭擒拿，刘邦对他的惩罚也不过是流放蜀郡。况且，刘长亲自到京接受审讯，造反之意大打折扣；同时刘长又是刘恒于世上剩下的唯一兄弟，难道不应该对他网开一面吗？

这就叫人之常情，无可厚非。于是，刘恒命令一出，亦无人反对。接下来的工作就是，把刘长关进囚车，送往传说中的蜀地。

可是，当囚车才开出长安城时，马上就有人发出了异样的声音。

此人正是郎中袁盎。

应该说，在非常之时，发出非常之音，这是袁盎的特长，亦是他的绝招。袁盎是这样对刘恒说的：“刘长之所以落到今天这副惨相，你这个当哥哥的应该负一半责任。因为，如果你过去不对他恩宠至极，甚至曲意顺承，那么他就不会得寸进尺，忘乎所以。刘长那烈性的软硬不吃的性格你也是知道的，你现在突然要折磨他，估计刘长一时半会儿会受不了。如果他真的在路上出了个三长两短，到时你这个哥哥落得个杀弟之名，那就得不偿失了！”

袁盎一语如琵琶妙手，拨醒了刘恒内心那根低调的琴弦。

是啊，怂恿也是一种犯罪啊！如果不是因为我这个哥哥宠爱太过，那么刘长又怎么会敢跟我赌气造反呢？如果说要惩罚，刘恒也应该抽自己五十个嘴巴。可是，这话心里想想就可以了。不要说叫刘恒自抽嘴巴，就是让他认错，也是一件难堪之事。

刘恒只好顺着袁盎的话说道："我不过是想教训这个小弟罢了，我现在就放他回来！"

可是，刘恒话音刚落，前方就传来消息，刘长绝食死了。

有必要交代一下，刘长所乘囚车为密封式，而且一路颠簸，绝食而死的时候，竟然不被发觉，还继续沿县传送。等到转送到雍县（陕西省凤翔县）时，雍县县长打开密封封条一看，人都死了。

黑发送黑发，人间最无常。当刘恒闻此噩耗，有如晴天霹雳，痛哭甚悲，停食不进。

这时，袁盎又来劝刘恒了。

刘恒一见袁盎，满怀悲伤地询问袁盎："我不听你的话，才让淮南王猝亡。如今果然落得个杀弟之名，你说我现在该怎么办？"

袁盎说道："其实，这事不能全怪陛下，陛下想洗清杀弟之名，可斩两人首以谢天下！"

刘恒疑惑地看着袁盎："斩谁？"

袁盎："他们就是，丞相及御史大夫！"

顺便说一下，灌婴死后，汉朝丞相由张苍接任。御史大夫由外籍官史接待总监（典客）冯敬先生暂时代理。但是有必要交代清楚的是，此两人与袁盎远日无仇，近日无怨，而袁盎出此恶招，实在让人匪夷所思。

本来就是嘛。自古而今，凡是造反者，难逃死罪。刘长造反人证、物证俱在，罪当该斩。而丞相及御史大夫启奏论斩，也是做职责之内该做之事。况且，当时启奏的人还有廷尉及皇族事务部长（宗正）两人，凭什么只斩丞相和御史大夫？

莫非，袁盎瞧上那两个高位了？

实在太阴险了。

但是，刘恒的回答也让袁盎大感意外："还是先让丞相和御史大夫去查明真相吧。"

所谓真相，就是查明囚车沿途经过诸县的渎职官吏。他们可能没有开封给刘长供食，更可能没有把刘长当人看，这些人通通该死。

斩完这些替死鬼后，刘恒又发令：以侯爵礼仪安葬刘长于雍县，并设立守墓人三十户。

一场闹剧，终于散场了！

四、天才出世

让我们就此搁下刘长，去看望一个长期陷于苦闷中的人。此人，正是汉初著名政论家及思想家贾谊先生。

贾谊，洛阳人，生于公元前200年，才华盖世，当世无可匹敌，俗称天才。据《史记》载，贾谊年十八，背功一流，闻名于郡中。所谓背功，就是背书的功夫，书目则为《诗》、《书》、《礼》、《易》之类。

司马迁说，努力种田，不如遇上丰年；努力做官，不如遇上赏识你的高官。对此，相信贾谊是深有同感的。当他闻名于世时，立即引来当地高官的目光，此人正是河南郡守吴公。吴公听说贾谊有才，收其门下，倍加宠爱。然而，刘恒刚当上皇帝之时，也想提拔有才的高官，他听说河南郡守吴公政绩天下第一，并且跟秦朝丞相李斯同出一邑，于是提拔他为廷尉。

那时，吴公对刘恒说，我这里还有个才华出众、诸家百书无所不通的青年仔，您看能不能给他安排个职位？刘恒一听，这等买一送一的好生意，当然接下。于是刘恒把贾谊召来，升为博士。

身为博士的贾谊，从此有机会入朝参加议政。当时，他也才是二十出头的小伙子，于当朝最为年少。这样没什么不好的，凭什么议政的时候总是一帮老头子在那里指手画脚，裹足不前。青年人啊，就像早上的阳光，犹如晨光里的新鲜空气。对于长期泡于政府机关的高官来说，的确需要一种清新的阳光和空气冲冲这满朝的暮气。

而贾谊，恰好满足了这部分人的期望。

每当刘恒颁诏，诸老先生不能言者，贾谊都能对答如流，侃侃而谈。更让这帮老头子佩服的是，贾谊说出了他们想说却不能说的那部分。

说白了，就是贾谊趁着年轻气盛，敢说敢做，多了奋勇，少了顾忌。

没有人说这是不好的习惯。正所谓初生牛犊不怕虎，年轻人嘛，就应该表现出年轻人的个性。如果贾谊做出一副畏首畏尾之举，那他就不是真正的贾谊，也不是什么不世出的天才了。

就这样，贾谊的才华不但受到众多高官的赞赏，更受到了刘恒的喜欢。只一年之余，贾谊就在一片惊呼声中，被刘恒破格升为太中大夫。

还是后生可畏啊！这可能是满朝大佬们对贾谊的最高评价。

可畏的贾谊乘势而进，继续表现他那过人之才华。贾谊主动出击，这样对刘恒说："汉朝都建立二十余年了，天下和洽，竟还使用前秦服饰和制度，实在是太不应该了，现在应该破旧立新，弄出汉朝人真正的风格来。"

有必要交代一下，当初刘邦搞定天下的时候，不知是出于惰性，还是心力不足，把秦朝那一套服装及官名等国家制度全都套在汉朝身上。秦朝只有一样东西是刘邦不能接受的，那就是秦仪，之所以拒绝它，是因为它烦琐。后来叔孙通拍着胸膛说，中国是礼仪之邦，哪有国家是不讲究礼仪的。陛下你不要害怕礼仪，让我来把秦仪改造一下，肯定能适合您的。

果然，经过叔孙通改造的秦仪，刘邦高兴地接受了。可是除此之外，汉朝高官穿的服装还是黑色为主色调，这是秦朝的颜色；秦朝的官名，也一字不改，全部沿袭了；还有秦朝以十月为岁首，也被汉朝沿用至今。

贾谊认为，人可以偷懒，但不能懒到不管事的程度啊。现在是到了改正朔、易服色制度、定官名、兴礼乐的时候了。

贾谊当然不是心血来潮，或者是为出风头提出以上建议的。事实上，贾谊之所以提出以上数条，是有理论为基础的。这个理论，就是曾经被历朝历代皇帝认可的"五德之运"学说。

曾经，秦始皇嬴政就认为，周朝主火德，颜色尚赤。而秦朝推翻周朝后，得的是水德，颜色尚黑。既然如此，那么秦朝就应该建立符合五德之运的国家制度。于是，秦始皇把周朝以正月为岁首改为以十月为岁首；衣服及旗帜通通为黑色；数字以六为纪，符节、法冠均为六寸，舆六尺，乘六马，六尺为步；最后连黄河也不放过，改名为德水。

所以贾谊认为，根据五德学说，汉朝得土德，克了秦朝的水德，汉朝也应该建立符合土德的一切规矩。土德颜色尚黄，所以汉朝人不要再穿过时的黑衣了，应该与时俱进改穿黄色衣服；还有，汉朝也不能以十月为岁首了，应该改为正月；汉朝的官名也不能用秦朝那一套了，应该改名；还有一个重要的，即数字不能以秦朝的六为主了，土德的吉祥数字是五，以前是六六大顺，现在应该改叫五谷丰登，一切皆以五为单位。

当然了，如果刘恒喜欢，可以把黄河改为土水。

然而，当贾谊的报告传到刘恒那里时，当皇帝的却把它搁置下来了。于是更改岁庚的事情就黄了，从此没了下文。

不久，贾谊继续发表新的意见。很幸运的是，这个新的建议被刘恒采纳了；很不幸的是，贾谊因为此建议得罪了周勃等人，从此官场道上难跃一步。

贾谊的建议是这样的：更改国家法令，遣送列侯回封国养老。

对刘恒来说，贾谊此建议，他举双手同意。道理是明摆着的，衣服的颜色和官名，改或不改都无所谓，实用就好。刘恒本身就是一个节俭之人，也不想去追求这个潮流。至于岁首嘛，怎么改都是十二个月，也无所谓了。

换句话说，对于这种浪费精力的烂事，不值得去操那个心。

但是国家法令就不一样了。秦朝的制度大家都是知道的，那是地球上最苛刻的法制。如果非用一句不厚道的话来骂，那就是简直没人性。刘恒熟读老子的《道德经》，他知道水能载船、亦能覆船的深刻道理，他认为汉朝之法令前几任主政的皇帝或皇后都多少改过一些，但是远远不够。所以现在趁他在位之时，必须改得彻底些，以达到医根治本的作用。

而且，遣送列侯回封国，简直就不是一般的符合刘恒口味。像周勃这帮人，就像一把悬在头顶上的达摩克利斯之剑，让人总是坐不安席，睡不成眠。正所谓一朝君来一朝臣，现在该是到了换水的时候了。

于是，刘恒马上把贾谊此条建议变成现实，颁布出去。

那时，周勃和灌婴等人一听说刘恒要打发诸多功臣回封地养老，马上就跳起来了。

傻瓜都看得出来，刘恒热心踢列侯回封国，摆明就是想让眼前这帮老家伙退休，从此提拔自己的人登台。这样的话，打江山的是他们，坐江山的是刘恒，享受江山的却是一些莫名其妙的人。这简直就是欺负人！

那怎么办？就这样被送回老家了？

办法还是有的，那就是拖！能拖一天是一天！大家都不回去，看你刘恒怎么整下去！

贾谊，你给我记着！周勃和灌婴发狠话了。

终于，周勃和灌婴等来了一个报复贾谊的机会。

有一次，刘恒想提拔贾谊任公卿之位，就此事在朝会上和众公卿商议。没想到的是，周勃和灌婴等纠结一帮同僚马上跳出来大声喊“不”！

所谓公卿，就是三公九卿。西汉初期，三公指丞相、太尉及御史大夫；九卿指的则是奉常（祭祀部长）、郎中令（宫廷禁卫官司令）、中大夫令（首都保安司令）、太仆（交通部长）、廷尉（司法部长）、典客（外籍官民接待总监）、宗正（皇族事务部长）、治粟内史（粮食部长）、少府（宫廷供应部长）。他们的官位都是二千石，是政府机构里的最高官。

刘恒提名贾谊升入公卿之位的这年，即孝文四年（公元前176年），贾谊实际年龄为二十六岁。

如果说，才华也是一种生产力，可贾谊的这种才华生产力也强悍得太不可思议了吧。就在四年前，他还是河南郡守属下豢养的一个门客。那时的周勃和灌婴早就名扬天下，更不知道贾谊为何人何物。如今，让这么一个嘴上没毛的书生以火箭般的速度插到高级干部队伍里，实在让汉朝那帮老臣难以接受。

于是，包括周勃在内，一大堆既得公卿利益者马上联合对刘恒奏道：“洛阳小子贾生无学无主，年纪轻轻就想专权擅事，以后汉朝肯定就乱在这个浑球身上。”

周勃等人这招，不仅仅是忌妒贾谊，也不仅仅是报复以求快感。更本质的问题是，保护好圈里的传统产业。

想想，如果让刘恒破格升贾谊为公卿，那就可能有第二个贾谊冒出来。那将来，公卿之位不都落在这些嘴上没毛的愤青们手里了？那这样的话，那些像蜗牛一样在官场爬一辈子的老家伙还混不混，不如大家都转头背诸子百家来得更快了。

周勃等人攻势汹涌，刘恒一人招架不住。

不过，刘恒马上采取了一个折中手段，他给周勃等公卿的回复是：就算贾谊提不到公卿之位，你们这些列侯还是要回封国去的。周丞相喜欢做表率，那就表率得彻底一点吧，做个榜样回到封国去。

这下子，周勃一下子傻掉了。

怎么一转眼，刺出去的剑又折回来，让他狠狠地挨了一下。可事到如今，也没办法了，只得收拾行李，回绛县去了。同时，贾谊在朝中也混不得了，刘恒只好派他去长沙王那里当太傅去了。

这就是当皇帝的好处，得不到好处的永远是别人。赔了一个贾谊，踢走了周勃。这个算盘，刘恒打得实在精得很。

看来，贾谊也不过是刘恒棋盘上的一粒棋子。

长沙王，就是英布的岳父吴芮被封之国，是唯一一个异姓王。吴芮死了，儿子吴臣接班；吴臣死了，现在是吴差接班。长沙王太傅，名声好听得很，实际一点权力都没有。每天除了教教书，写写书，剩下的光阴就是数数书了。

对于一个胸怀壮志的青年仔来说，此等挫折绝对是个致命的打击。但是，多大的痛苦也要扛着，谁叫你太有才了呢；有才也就罢了，谁又叫你太多事了呢；太多事就罢了，谁又叫你去惹那些不该惹的人呢。

郁闷哪。我相信，这是发自贾谊胸中最真实的呼声。

然而，郁闷的贾谊还是带着无比的惆怅上路了。从长安到长沙，恰好要渡过湘水。一看到湘水，他就想起了一个沉江的才人，他就是伟大的浪漫主义爱国诗人屈原。

湘水边上，江风徐来，却拂不去脸上的愁容和内心的伤痛。屈原仿佛就是此时的贾谊，同样的才华，同样的遭遇，同样的郁郁寡欢。但不一样的是，一个走了，一个还活着。一个彻底沉没江底，一个心中还残存着生存的火星。

屈原老兄，就这样吧。让我放歌一曲吧，让我吊古怀今吧，让你在我的泪光里，看到你的影子吧。于是，一篇著名的《吊屈原赋》就此在贾谊手中诞生了。

我们相信，两千多年前的贾谊写出此赋的心情绝对是悲伤痛苦的。但是，继屈原之后，湘江文化却由此得到了进一步的丰富和升华。

难道不是吗？山河本无情感，然而经过中国古代文人的痛苦渲染，山，不再是原来的那座山；河，也不再是原来的那条河了。所以，当今天我们留恋于中国山水之间时，千万不要再骂世上无用读书人。如果不是这些古式文人的诗赋，中国的山水怎么会生出那么多美丽而又伤感的故事，又怎么会多了一层丰富多彩的人文意蕴呢?

如此看来，周勃的衰落让人唏嘘，天才的孤寂同样让人伤感。

贾谊到长沙的第三年，有一天，一只鸮鸟飞进贾谊的宿舍，并且落在了他的座位旁。纵使历史多少云烟，贾谊都能看透其中蕴藏兴衰的动力。但是，面对眼前的这只不速之客，贾谊害怕了。

鸮鸟，长沙人唤它服鸟。其实不是什么神奇的鸟，就是俗话所说的猫头鹰，在楚国人看来，这是不祥之鸟。而对贾谊这种熟悉阴阳学说的人来说，既然此鸟不详，必须要给自己占一卦了。

于是他翻开卦书，上面是这样写的：野鸟入室，主人将去!

没有什么比死亡更令人恐惧的。长期的抑郁、孤独和寂寞，贾谊就像一棵由北方移植于南方的树，从上至下，从里到外，都被长沙不适应的潮湿空气泡出毛病来了。突然之间，贾谊觉得，如此下去，他将于不久离世而去!

绝望似乎比病魔更具有杀伤力。在这样一个地僻知音稀的地方，一个心中没有信念及希望支撑的文人，最终的结局就像天上那颗流星，一闪而过。所谓红颜易消，英才早逝，这似乎是古今中外一个另类的定律，在这个定律之下，我们看到太多美丽绝伦的女子及那不世出的才子的陨落。

或许冥冥之中，贾谊就注定是那颗过早流逝的星辰。

正当贾谊为生命无常而叹息时，有人却突然帮他远离了死神的脚步。谁也没想到，这个人，就是他日思夜念的政治情人——刘恒。

政治伙伴犹如情人结伴，旧的去了，新的不来，那就只好把旧的召回来了。有一天，刘恒突然心血来潮，将贾谊召回了长安。

关于刘恒征召贾谊的这次见面会，《史记》是这样记载的：刘恒坐在宣室里和贾谊聊天，而且聊的不是政治，更不是历史，而是鬼神之事。

皇帝信仰鬼神，从来就不是什么稀奇之事。只要人类没有摆脱对死亡的恐惧，就永远摆脱不了对鬼神的追问。那个夜晚，刘恒和贾谊就鬼神之事进行了彻夜的探讨，而且基本上都是以一问一答的形式进行的。刘恒问，贾谊答，刘恒听得都不禁入迷了，不知不觉地谈到了半夜，他的身姿也不知不觉地移到了贾谊的身边。

多么和谐，多么荒谬的美丽之夜啊!

关于这次夜谈，后世诸多文人都替贾谊感到悲哀。晚唐诗人李商隐留下一首著名的《贾生》，看他是怎么评价的：

宣室求贤访逐臣，
贾生才调更无伦。
可怜夜半虚前席，
不问苍生问鬼神。

此诗如果换成通俗的话说就是，贾谊的政论才调那是没得说的，可荒谬的是刘恒这个皇帝聊得痴迷夜深，竟然不问国事，鬼使神差地搞起迷信来了。

这就叫，好刀没有用到恰当处，悲哀啊！

五、叹贾谊

男女有一夜情，政治也有一夜情。关于刘恒和贾谊相会的那夜美妙时光，刘恒是这样评价的：吾久不见贾生，自以为过之，今不及也。

这话翻译过来就是，我很久不见贾生了，以为自己比他厉害呢，没想到还是赶不上。

原来，那一夜刘恒是被贾谊的鬼神学问给折服了。

如果说贾谊曾经是被刘恒抛弃了三年的政治情人，现在再次重逢，或许刘恒也应该回心转意，或者有所表示了吧。

事实是，不久，刘恒再次打发贾谊出长安继续教书。不过，此次换了一个贵族学生，此人正是刘恒少子梁怀王。

刘恒是这样告诉贾谊的：我这少子很爱读书，请你多费心调教一下。

难道当少子太傅就是刘恒对贾谊最好的补偿吗？难道刘恒就忘了他曾经要提贾谊任公卿之职吗？那时是因为周勃等人阻拦，可如今这帮老臣死的死，散的散，难道是他们阴魂不散，背后又参贾谊一本，让他无法重入仕途？

说得没错，是有人要拦贾谊的路。此人不是周勃的人，而是刘恒自己所宠幸之人：邓通。

邓通，蜀郡南安人，因为擅长划船而当了黄头郎。黄头郎，即管理船舶行驶的官吏，亦可称其为船老大。按照常理，这么一个小官吏，八辈子都挨不到皇帝的身边。可恰恰是，世间之事并非按常理出牌，邓通不仅狠狠地粘上了刘恒，竟然还让刘恒爱不释手。

这两个男人的恋情，主要缘于刘恒的一场梦。其过程大约如下：有一天，刘恒做了一场梦。梦见他要飞上天，中间不知被什么东西给拖住了，就是上不了天。这时，只见一个黄头郎突然从背后用力推，刘恒就顺利登天了。刘恒想回头看看那个黄头郎是谁，因为飞得太快，只看到了黄头郎的衣服是反着穿的，并且在背后打了一个结。

梦醒后，为了寻找梦中的情郎，刘恒派人到处寻找。果然不久，就找到了一个跟梦中一模一样的，衣服反穿，还在背后打结的黄头郎。

刘恒把人召来，问道："你叫什么名字？"

那厮很老实地回答："邓通！"

刘恒一听，两眼放光，好名字啊。

对邓通这个名字，刘恒是这样理解的：邓，通"登"。那邓通，就变成了登通。也就是说，没有邓通那一登，刘恒就通不了天。

这下子，刘恒犹如找到了神仙似的，立即把邓通弄到宫里供奉起来。刘恒对邓通之好感，司马迁是这样形容的：尊幸之，日日异。

日日异就是天天都爱得不一样，如此下去，只有一种结果，越陷越深，越爱越痴迷。

宠幸男人，让男人陪睡起卧似乎是刘家的一个光荣传统。高祖刘邦时，就宠过一个叫籍孺的；孝惠帝刘盈也曾宠过一个叫闳籍孺的；现在，又轮到刘恒宠这个士人出身的黄头郎先生。

司马迁说，凡是宠幸之臣，多是无才无能之徒，唯一的本领就是拍马屁。除此之外，还要有一个姣好的面孔和热爱时尚、打扮入流的心思。其每天的打扮大约无非如下，头顶上戴的是漂亮羽毛装饰的帽子、腰上系的是饰有贝壳的衣带、脸上涂的是香喷喷的胭脂。

以上潮流的发明人和带动人，正是籍孺和闳籍孺两人。后来，凡是在皇帝身边服务的侍郎们，都学会了他们那一招，从此戴鸟毛帽、系贝壳带、涂胭脂便风靡宫中，成了一道独特的时尚风景。

凭什么叫皇帝整天看着朝上那一副副死板僵硬的面孔，凭什么身边不多些美丽的装饰？我想，涂香粉，说软话，正是这帮宠幸之臣得皇帝欢心的看家本领。

然而，并非被宠幸之人都是浑球。

历史已经证明，邓通不是后来的魏忠贤之流，要尽花样，揽尽大权。恰恰相反，邓通是一个为人低调、做事认真的人。刘恒好几次给他放假休息，他都主动放弃休假时间，甘愿为皇帝的起居加班加点，鞠躬尽瘁。于是，刘恒对他更是刮目相看，如捧在手中之明珠，唯恐摔了这颗托他上天的好人。

如果把邓通和贾谊放在一起比，犹如石头比璧玉。璧玉怎么会瞧得上石头呢？据说，贾谊很瞧不起这个邓通，经常拿话损他。然而，邓通就当是哑了聋了，对贾谊的损言闭嘴半句不争。

不争，不代表软弱，更不代表是个窝囊废。不久，贾谊做的另外一件事，使处处低调的邓通不得不出手保卫自己了。

原因是，贾谊挡住了邓通的发财之路。

情况首先是这样的：有一天，刘恒找了个人给邓通看相。看相的人直言不讳地说道：此人必贫死！

这话说出来，不要说刘恒不信，说出去，鬼都不信。于是，偏不信邪的刘恒心里不由暗暗想道：邓通天天被我宠着，怎么会贫死的。你说他贫死，我偏偏让他富得流油给你们看。

恰值孝文五年，刘恒解除盗铸钱令，允许民间自铸钱。那时，刘恒为了毁灭看相先生的预言，决定让邓通成为天下最富有的人。于是，他把蜀郡严道（四川省荥经县）的铜山赏赐给邓通，让他自己铸钱。

刘恒此举，无疑等于给了邓通一个可以印制钞票的银行，想让人不富都难了。当时与邓通并肩同富的还有吴王刘濞，刘濞也在吴国境内招兵买马，大量开采铜矿铸钱。于是，“邓钱”和“吴钱”就成了当时流通天下的钱币。

可是，邓通一夜暴富的消息，马上传到了长沙，贾谊就坐不住了。

贾谊认为，刘恒让邓通先富起来，不但造成了国家的贫富差距，甚至还带领百姓走上了一条邪恶之路。理由如下：

第一，政府开放铸钱禁令，变相地鼓励一部分冒险者掺杂质造假钱。道理是很显然的，即使汉朝有刑罚，可是只要有百分之三百的利润，就足可让冒险者铤而走险，不顾生命！

第二，解除铸钱令后，农民都抢着去开采矿山，那么肯定就没人种田。没人种田，田地就会荒废，粮食就会歉收。没有粮食，国家吃什么呀？更要命的还有，善良的农民经受不住利益的诱惑，亦争先恐后地造假钱。

我相信贾谊此段话，如果被后世的马克思看到，肯定会感到惊异。原来他说过的资本家受利益驱动的冒险精神，在一千多年前就被中国这个天才读书人说破了。

当时，除了贾谊外，另外还有一个叫贾山的也上书劝阻，认为铸钱是国家行为，这种权力都下放至民间，国家不掌握钱柄，还谈什么权贵？

然而奏书送上去后，刘恒却置若罔闻，拒绝采纳！

就此，邓通的富贵梦没有因贾谊上书而破灭，但是两人从此结的梁子就更深了。

事实上，刘恒将贾谊从长沙王那里召回长安时，本就有重新起用之意，但是邓通一见他进城，两眼当即红了起来，抢先一步，拦腰斩断贾谊的通天之路。

邓通跑去跟刘恒说了什么，已不重要，重要的是结果。贾谊本以为他会留在长安，竟没想到，不久就被刘恒打发出城，去外地教书了。

尽管贾谊受到了邓通的排挤和刘恒的冷落，但他还不至于彻底绝望。过去身在长沙，他还写出《吊屈原赋》及《服鸟赋》，时过境迁，当初落在座位上的服鸟留下的阴影已渐渐淡忘。反之，贾谊在梁太傅职位上，勤奋钻研专业，终于写出了一篇惊世骇俗的政治评论。

这，就是著名的《治安策》。

我们不得不谈这篇政论，因为它与后来的七国之乱有着莫大的关系。贾谊创作《治安策》的内心驱动，源于刘兴居和刘长谋反事件。搞历史研究，向来是贾谊的特长。贾谊从刘兴居及刘长的造反事件中，总结出了一个经典的历史经验，并提出了一个企图一劳永逸地解决诸侯王造反作难的方案。

贾谊总结的历史经验是：在历史的足迹中，凡是强大的封国，一定先反。

贾谊这个强者先反论，其推论大约如下：造反者的野心与实力总是成正比的。比如长沙王，他之所以成为目前唯一生存下来的异姓王，主要是他实力小，形势不允许他有过分的野心。所以他们的唯一生存之道就是，对中央忠心耿耿，俯首听命。再如，周勃、灌婴、樊哙他们当初为何不反，也主要是他们实力不足。如果当初刘邦封他们为诸侯王，他们肯定也会成为野心家，最终被中央干掉。

再往远点说，汉初诸侯王当中，依次造反的人物有韩信、彭越、英布、卢绾。这四个人当中，韩信最强，所以他先反了；卢绾最弱，所以造反在后。

那么，针对如此教训，有没有一套可行的方案，让诸侯王像长沙王那般当个听话的好王呢？答案是肯定的。

贾谊想出的办法就是，削弱诸侯国的权力。

削权，是国家游戏中仅次于对外战争的高级游戏，亦是一种赌注较大的赌博。如果尺寸把握得不够准确，就会国破人亡，连皇帝老木都亏进去了。但是，贾谊会告诉你，他的削权方案，不会出现以上耸人听闻的流血事件。

在贾谊看来，只要大力对封国实行分封制，长此以往，诸侯国的力量肯定会越削越弱。道理是很简单的，封国如蛋糕，开始由祖辈一人包揽；祖辈生出两个儿子，那么实行分封制后，蛋糕就不得不切成两半；两个儿子又各生出两个孙子，那么蛋糕就继续对半切。

以切蛋糕的方式进行遗产继承，这是符合中国人的思维的。这样做的好处是，你好，我好，大家好。你有饭吃，我有饭吃，大家都有饭吃。也只有这样，才能达到孔子他老人家提出的齐家治国的理念“和”。

于是，封国内部的王子王孙们既得了利益，皇帝就更得了便宜。这样只有一个结果，中央越来越强，诸侯越来越弱。想造反，先掂量自己吧。

或许有人会问，如果诸侯国联合起来造反呢？这个问题不要太担心。中国历史证明，所谓联合造反，首先要考虑分成问题。一个诸侯王造反是死，十个诸侯王造反同样是死；但是一个诸侯王造反如果成功的话，得到的是一大块；如果十个诸侯王联合造反的话，得到的不过是十分之一。

根据血酬定律，付出成本与收益利润不成正比，肯定会吓退这些人。造反或成功的概率也会大大降低。

或许又有人问，如果某个诸侯国繁殖能力差，子孙太少，占有份额仍然很大。对于这样的情况怎么办？

别担心，这个问题贾谊已经做了周密布置。

贾谊认为，如果出现此情况，保留其封国，但必须架空王位，由中央政府派出的国相主持国家行政，等到他们子孙多了，再授权他们。

以上方案实在有才，可惜的是，刘恒并没有采纳。刘恒采纳的只有《治安策》里提出的另外一个建议：鼓励被废诸侯或者逐臣自杀。

刘恒之所以接受贾谊这个建议，是因为他前面吃了亏。比如流放淮南王刘长，如果当初在拘禁之前就鼓励他自杀，那么就不会落下一个杀弟之名；再如逮捕周勃之事件，如果聪明一点，怂恿他也自杀了，就不会出现薄太后对他甩头巾破口大骂的难堪事件，更不会落下一个狡兔死、走狗烹的不良国君形象。

写了那么多条策论，竟然只用了一条，在残酷的现实面前，不公的命运，以及种种坏运气似乎要联合起来整死贾谊了。

文帝十一年（公元前169年），夏天。

这个夏天，发生了一件意外，梁怀王刘揖骑马，不小心摔下来死了。死的时候，竟然还没来得及留下一个接班的种。

刘恒当初是怎么跟贾谊说的，好好调教我这个心爱的小儿。难道贾谊调教的就是这等结果吗？

当然了，王子堕马，那是偶然事件，跟老师怎么扯上关系呢。但是，贾谊却公开说：我作为太傅，有罪！

一年后，贾谊在抑郁中离世，年仅三十三岁。

贾谊死去，无论是对刘恒，或者是汉朝，都是一笔精神财富的损失。在汉初，再也找不到一个像贾谊这般见识高远、才气贯世的天才思想家和政论家。贾谊建树的很多思想，对汉朝的发展都起到至关重要的作用。

抑商扬农；禁止私人铸钱，主张归国家统一管理；采取切蛋糕分法，削弱封国势力，保持国家稳定；等等。哪一个对国家的发展不是有利的？

当然了，贾谊也对刘恒提出过差劲的意见，那就是主张废除和亲政策，对匈奴作战。甚至还信誓旦旦地说，只要让他带兵打匈奴，肯定不辱使命，把留在匈奴的汉奸通通抓回来治罪。贾谊这个牛皮吹得过头了，幸好刘恒没有采纳。

关于贾谊早逝，后世多少同行及文人替他惋惜。有诗为证：

《七律·咏贾谊》

（毛泽东）

少年倜傥廊庙才，壮志未酬事堪哀。

胸罗文章兵百万，胆照华国树千台。

雄英无计倾圣主，高节终竟受疑猜。

千古同惜长沙傅，空白汨罗步尘埃。

天才早逝，似乎已经构成世界文化史上一道独特的景象，甚至有科学家就此做过专题研究。

现代医学家认为，天才之所以厉害，关键在于过度开采大脑蕴藏资源。大脑的积极活动，需要强有力的心脏和脑血管来完成。而天才在进行创造性极强的思维活动中，经常使用到大脑中常人用不到的部分，他们大脑所需的供血量就比常人要大得多，所以天才们的心脏就长期处于一种超负荷的运转中，这必将大大地损害他们的健康，致使许多英才英年早逝。

事实上，贾谊之死并非像以上所说的过劳死，在论证到底是谁杀死了天才贾谊这个问题上，我们发现，有两个不可缺少的因素：命运和庸人！

命运不可测，梁怀王摔死是个意外，我们暂且不计。先看庸人，从头至尾，挤压贾谊的有两批人，一批为周勃等人，一批为邓通。周勃等人不能算是庸人，更不能说是庸臣，符合该条件的只有一个人，那就是邓通。

当初项羽输给了刘邦，是虎豹输给了群狼；贾谊输给了周勃、灌婴及邓通，是鸿鹄输给了群狼和麻雀；周勃和灌婴属于凶猛的狼群，邓通属于吱叫的麻雀！

正所谓，物以类聚，人以群分。这话讲的不仅仅是一个生物现象，更属于社会心理学范畴，贾谊这等天才，无论是和周勃们，或者和邓通，都不能类聚一起。他们共属一个生物圈，一旦挤进一个异类，必群起而攻之。

也就是说，如果进入群狼，你首先得是一只狼，要进麻雀窝，你首先得变成一只小麻雀。

但是，贾谊不属于草原，更不属于枝头，他属于天上。他是天才，是高高在上的鸿鹄，所以他注定是孤独的、寂寞的，甚至是无助的。一旦落在地上，受到伤害，被摧折毙命便是必然的结果。

第六章

匈奴恶

一、史上第一个汉奸

关于匈奴，我相信每个汉朝人，心里都有说不完的怕和恨。连贾谊这个弱不禁风的书生都握紧拳头，气势昂然地喊道：如果开战，算我一个！我他娘的不信搞不定匈奴。

如果能靠打来解决问题，那是扯淡。

汉朝真有实力打大纵深战役，也轮不到贾谊叫喊，肯定有一帮武夫早就冲到草原找匈奴仔群殴烂打了。实话说，现在还不是打的时候，一个字，忍！

小不忍，则乱大谋。这话一点都没错啊！

然而有时候，骂匈奴一声不是东西，也许并不过分。曾经，强人冒顿非礼吕雉，她忍了，甚至还装孙子似的赔礼道歉。装孙子也就罢了，可是这平静无事的局面，就在不久被右贤王破坏掉了。更可恨的是，右贤王大幅度的犯边行为，错误地诱导了刘兴居造反。结果是，弄得刘恒这个当皇帝的，里外不是人。

这个匈奴右贤王，似乎成了刘恒心头的一块阴影。这个疙瘩，从孝文三年长到孝文六年，终于有人愿意来解开了。

解铃还须系铃人，这个人当然是右贤王的顶头上司，大单于冒顿先生。

孝文六年，十月，汉朝出现了一个奇怪的自然现象：桃树和李树全开花了。

按理说，桃李冬天不开花，要开花，也要等到春天，最快当然是正月。三月桃花红，这是我们经常看到的美丽景象，可偏偏是，这些桃李，竟然整整提前两个月开了。

汉朝怪事年年有，多一件也不会嫌多。但是，没有人相信，汉朝今年会平安度过。果然，当年十月就出现了淮南王刘长造反的悲剧。

可当刘恒哭天抹泪，厚葬刘长后，这时冒顿的国书就来了。

让人吃惊的是，冒顿不是挑衅来的，反而是就三年前右贤王犯边抢劫的事赔礼道歉来的。奇怪了，整整三年过去了，黄花菜都凉了。现在才赔礼，打的是什么主意呀？

不过，冒顿这个和解的姿态对汉朝来说，不算是个坏消息。

冒顿的国书的意思大致如下：

三年前，右贤王抢劫汉朝边境，完全是受人诱惑而行的。至于这个事，我早就替你惩罚他了，那就是派他打西边的月氏国。阿弥陀佛，右贤王表现不错，不但拿下了月氏国，甚至还把楼兰王国等邻近的二十六个国家攻下。现在，这些国家也都和我们合并成一家，北方无事了。

既然这个事也过去那么久了，而且又是个误会，咱们汉匈两家嘛，又是亲戚，所以希望刘皇帝大人大量，不要放心里去。让我们尽释前嫌，重归于好，百年和好，做个好兄弟！

冒顿以上这封国书，与其说他是来和解的，不如说是来炫耀的。打心底里，冒顿摆明就想对刘恒说：北方二十六个国家够我抢劫了，也不怎么愁吃愁喝了，所以暂时不想跟你汉朝惹事了。当然了，如果你们非要惹，老子可以奉陪到底！

好你个冒顿，软硬兼施，机关算尽，还真不能让汉朝占得你一点便宜了。

这时，刘恒也顿然醒悟：原来长安的桃李开花，完全是冲着冒顿这封信来的！

这，难道就是传说中的天意吗？

话又说回来，要不要和解，不是由你冒顿一人说了算，也不是由刘恒一人说了算。只有双方都同意了，那才算数。刘恒召集三公九卿，开了一个常委会，讨论是打还是和。

经过一番激烈的讨论和论证，结果是：和。

汉朝这帮公卿的一致意见是：冒顿刚统一北方，锐气当头，主动出击等于主动找打；再说了，就算是打下匈奴，得到的全都是大片盐碱地，顶个屁用。不如做个顺水人情，给他台阶下，大家和气生财得了。

这个会果然没有白开，众公卿脑袋还是比贾谊清醒多了。当即，刘恒没有二话，也给冒顿回了一封信。礼尚往来，从来都是中国人的光荣传统。冒顿使人送信来时，还给汉朝送了几匹好马及马车。刘恒为了表示善意，送出比冒顿送来的那些土物产贵数倍以上的礼物！

并且，刘恒不忘在信里交代：右贤王那也是一时冲动，事情过了就算了，单于先生就不要责怪他了！

如果当时远在长沙的贾谊看到刘恒这封国书，或许他会马上仰天高呼：郁闷！简直是太没道理了！

事实证明，贾谊喊打也不是全无道理的。刘恒和冒顿刚度完一段甜蜜的政治蜜月后，冒顿竟然提前作别人间，乘鹤西去了。理所当然地，冒顿的儿子稽粥接班，当了匈奴大单于，号曰：老上单于。

而给汉朝带来大麻烦的，恰恰就是这位老上单于。

让我们回想当初娄敬主张和亲时，他是怎么对刘邦说的。他的话大约如下：要想汉朝边境无事，只能寄希望于冒顿的后代。因为，冒顿娶的是汉朝的老婆，冒顿生的儿子就是汉朝的外孙，哪有外孙狠心打外祖父的。

如果娄敬还活着，他就会马上发现，这真是天大的屁话！因为事实是，老上单于不但要打汉朝外祖父，甚至打你还没得商量。

匈奴新单于上任，汉朝又得一番忙活了。尽管从条约上说，汉朝和匈奴是兄弟关系，从辈分上说，汉朝是匈奴的外家。但是汉朝打心里就明白，条约不能当饭吃，外家不能当蜜喝。该拉拢的，还得要拉拢。就像和亲这事，必须继续奉行到底。

所以，老上单于一上任，刘恒就忙着选翁主。所谓翁主，就是宗室亲王的女儿。刘恒当然还是舍不得自家的女儿。但是，让刘恒万万想不到的是，选翁主竟然选出了一个留名史册的大汉奸。

此人，正是宦者燕人中行说。

当时情况是这样的：必须有一个人陪同翁主前往匈奴，中行说不知祖上犯了什么事，偏偏被汉朝有关部门领导看中，要他陪嫁去匈奴。

在中行说看来，如果陪送翁主走一趟就回来，那是好商量的，凭什么叫他陪着出去啃一辈子的风沙？于是，中行说表示强烈不满，他对上头说道：“我不想去，可不可以派别人去？”

上头的回答是：“不行！你不想去也得去！”

这下子，中行说也火大了。只见他放话出来喊道：“好！汉朝让我一辈子不爽，我也要让你们不安逸。”

果然，中行说一来到匈奴，马上就向老上单于投降了。而中行说做的第一件大事就是帮助匈奴去中国化。

比如穿的，那时匈奴人都喜爱穿汉朝的绸缎。然而，中行说却对匈奴人说：不要赶汉朝这潮流了，这玩意儿一不耐用，二则需从汉朝进口，授权柄于人手，国之大忌。所以应该穿匈奴传统的毡毛皮袍。

比如吃的，匈奴人喜欢吃汉朝食品，中行说却说，汉朝那些玩意儿没什么好吃的，应该通通抛弃，改喝匈奴传统的奶酪。

比如婚俗，匈奴父子同睡一个毡房，父死，儿子娶后母；兄弟死了，活着的兄弟娶死者的妻子是：汉朝人认为这些都是不文明的，为什么不去掉这些陋习呢？

中行说却反过来教训汉朝人：你们见识太少了吧。匈奴人之所以这么做，是为了表达手足亲情，懂不？

中行说如此大张旗鼓地开展去中国化运动并保持匈奴人习俗，无非是为了不让匈奴依赖汉朝。不消多说，他做的这一切只有一个目的：借刀杀人，以解心头大恨！

由此看，匈奴跟汉朝再次翻脸的日子，将不再遥远了！

二、御敌

让汉朝人忧心忡忡的匈奴狼灾，终于降临这片黄色的土地。孝文十一年（公元前169年），夏天，六月，匈奴沿着汉朝边境，不断攻击抢劫。

汉朝人并不知道，这仅仅是老上单于的试抢演习。然而，对于此次匈奴频频骚扰，有人已看出匈奴将有大动作的迹象。

这个人，就是太子刘启的智囊：晁错。

晁错，颍川人，为人刚正苛刻。早年跟随某大师学申不害和商鞅刑法，通晓文学典籍，因此被提为太常掌故。后来，刘恒发现满朝上下无人治《尚书》，又听说齐国有一个叫伏生的是旧秦时代的博士，平生靠治《尚书》出名吃饭。可是伏生目前九十有余，差不多成精了，要想征召，实在是为难老人家了。

于是，刘恒决定让太常派人去跟班学习。太常领导一眼就瞧上了晁错，便派他去齐国留学。晁错从齐国留学回长安，果然是个镀过金的人，满嘴跑的都是《尚书》。正所谓，物以稀为贵，晁错因此被刘恒提为太子舍人，门大夫，后又迁为博士。

博士晁错除了博采各家之长外，还有一个特长，那就是策论。

我们知道，策论是贾谊的绝手活儿。如果贾谊说他第二，没人敢说第一。然而，贾谊死后，晁错如果说他第二，一样没人敢说第一。套用狂人大师李敖的话：贾谊死后，汉朝策论第一名是晁错，第二名是晁错，第三名还是晁错。

我们找不到贾谊和晁错的交往片段，然而纵观晁错的一生，他的诸多思想仍然摆脱不了贾谊的影子，最明显的地方就是，都主张重农主义及弱诸侯主义。两人不同的是，面对北方来势汹汹的匈奴，晁错没有像贾谊那样跳起来喊打，而是提出了一个让人耳目一惊的建议。

晁错是这样认为的：匈奴就像黏附在汉朝背上那些吸血的虱子，不能打，也不能赶。只有唯一的办法：设立防火墙，防患于未然！

关于怎么防这个问题，要讲起肯定又是滔滔不绝，没完没了。不过，总的来说，晁错防火墙方案大致有两条：

第一，以夷制夷。匈奴人最厉害的是骑兵，然而就算是把汉朝所有骑兵加起来，还不如匈奴一个郡的兵力强。以弱击强，未战就可见输赢。所以，要想对付匈奴的骑兵，唯有一个办法就是引进外援，建立匈奴籍兵团。险阻地区，由外籍兵团出击；平原地区，由汉朝战车兵团和弓箭进攻。两者合一，互相支援，才可构成万全之策。

第二，募民实边。募民实边最大的好处就是：大大减少国家成本。道理是显然的，匈奴这个马背上的民族，只要是没饭吃，没衣穿就来抢，抢完就跑。于是，汉朝人要打他，农人不得不放下地里的活儿，商人不得不停下手头的生意，军人不得不背井离乡，皇帝不得不忍辱亲征。于是一旦匈奴来袭，整个国家上上下下都手忙脚乱，心躁不安。

这就是匈奴留给汉朝人的后遗症。晁错认为，要想治好这个后遗症，最好的办法就是鼓励百姓搬到边塞居住。鼓励的办法就是：前几年的吃住穿行，通通无偿赠送。同时，奖励百姓开垦边塞，免其税赋。更有诱惑的条件还在后头：只要愿意搬往边塞，有罪者，赦其罪；无罪者，拜其爵。

这样，边塞居民，春来劳作，闲来吹风；战时则保家卫国，可谓是两全其美。

晁错实在是太有才了。真正的策论，不在于他能否让人心潮澎湃，而在于它的可行性。对刘恒来说，晁错的策论真是一场及时雨。于是他全部采纳，颁布实施。

孝文十四年（公元前166年），冬天，刘恒强边政策刚刚实施一年多，匈奴就出乎意料地集体出巢了。

这一次，匈奴完全是有备而来的。老上单于率领十四万骑兵，以迅雷不及掩耳之势从侧翼攻击，攻陷了西北边塞朝那和萧关两地，猎杀北地都尉，把百姓大量的牛羊畜产一掠而空。

老上单于一路烧杀，一夜之间，匈奴骑兵犹如空降兵杀到了甘泉。甘泉，即陕西省淳化县西北，与长安的直线距离只有八十公里左右。

美丽的长安城，犹如画卷铺展在匈奴人面前。老上单于仿佛要告诉刘恒，北方的冬风太厉害了，我们就是想不请自来，到城里来逛逛，顺便过冬来了！

浩劫！似乎从来没有跟刘恒离得如此相近！

此时，整个长安都像是经历了一场地震，恐惧犹如冬天大雾笼罩在整个长安城的上空。抢劫了，匈奴人要来抢劫了。我想，这应该是当时弥漫于长安城里最可怕的一句话。

一向忍辱退让的刘恒，终于被迫抽刀了。

汉朝首要任务是保卫长安，这个任务落到了长安警备区司令（中尉）及宫廷禁卫官司令（郎中令）身上。

刘恒任中尉周舍及郎中令张武为将军，调动一千辆战车及十万步兵和骑兵部署在长安城外，准备迎击匈奴。

另外，临时拜将，屯守三大重要战地。他们的名单和分别守卫的地方是：拜昌侯卢卿为上郡将军，屯守上郡（陕西省延安）；拜宁侯魏遬为北地将军，屯守北地；拜隆虑侯周灶为陇西将军，屯守陇西郡（甘肃省临洮县）。

以上五个人，除了郎中令张武露过几次面，其他的通通都是新面孔。没办法啊，刘恒心里也是挺难过的。老的死光了，新的又没有冒尖的，只好将就着使用吧。

当各就各位后，刘恒突然宣布：亲征匈奴。

刘恒这个勇敢的举动，立即吓坏了群臣。

大家的一致态度是：匈奴诚可恨，天子价更高。大敌当前，这注定是一场恶战，万一皇帝出事了怎么办？这不是自乱阵脚的事吗？

于是，汉朝群臣集体劝阻刘恒，让他坐镇长安指挥就可以了，不必冒险亲征。然而，刘恒的态度异常坚决：不！我就是要亲征，我就要让老上单于见识什么叫竖着进来，横着出去！

看来，刘恒是真准备豁出去了！

就在这时，薄太后出面干涉了。薄太后告诉刘恒：匈奴是一定要打的，但你不必亲征。十四万匈奴，那可不是闹着玩的。士民千千万，皇帝却只有一个。你爱自己，等于爱百姓百官。这个道理，难道你就不懂吗？

面对薄太后严厉的质问，刘恒只好说：我懂了。

刘恒只好重新调整人事：任命东阳侯张相如为大将军，任成侯董赤及首都长安特别市长（内史）、栾布两人为将军！

当时，关于对匈奴战争的制胜之道，除了以夷制夷和募民实边建议外，晁错还提出了另外一个重要意见。

这个策略就是：培养优秀的将军。

晁错是这样认为的：只有战无不胜的将军，没有战无不胜的士兵。所以，要想汉朝边境安全，建立奇功伟业，就在于培养优秀的将领。

晁错所言无错。这就叫，千军易得，一将难求。

然而，优秀将领就如绝世美女，可遇而不可求。恰恰又是，无论是周勃或是灌婴，都没有为汉朝培育出一两个拿得出手的将军。于是，当他们一个个登天成仙后，汉朝就变成今天这个样子，临战自抱佛脚，刘恒喊着自己要率军亲征。

由此看，这场无名将军对抗战场老手老上单于的战争，结果是可想而知的。当然了，汉朝人人都盼望能打出奇迹，冒出一两个奋勇当先的大将。

可事实是，汉朝人的期望落空了。

于是，这场对匈奴的反击战，稀稀拉拉地打了一个多月。结果，老上单于在塞内抢了一个多月，汉军才总算把他们赶出塞外，斩杀的敌军少得可怜。

这下子，老上单于就更有理由骄傲了。他就像抢劫上瘾了一般，从此年年都要光顾汉朝边境几番。抢完了西边，抢东边。更糟糕的是，那些冒着生命危险去边境垦荒的百姓，几乎都成了匈奴的刀下绵羊。

惨，真的就一个字。

难道，晁错募民实边的策略错了吗？

晁错当然没有错。要想边境无事，仅靠边民官吏当然是行不通的。没有一支强悍的边防军和一个蒙恬般的大将军。这些边民官员，永远都是匈奴板上的鱼肉。

是的！刘恒还缺一个蒙恬和一支无往而不胜的边防军！

三、保卫长安

此次，老上单于率十四万兵力出来抢劫，目的无非有两个。第一，破坏汉朝的募民实边政策；第二，抢劫过冬物资。更重要的是，应受千刀万剐的中行说，打心里狠狠地满足了一番报复欲。

只要中行说一天活着，汉朝就别想过安宁的日子。我相信，这是中行说最想告诉天子刘恒的一句话。

事实也正是如此。老上单于能扫平月氏等北方二十多个国家，说明他就不是头脑简单之物。他早就瞧出，刘恒徙民屯边，无非是想筑起一道遥远的人墙，企图把匈奴挡在塞外。如果刘恒真有这种打算的话，老上单于现在就以实际行动告诉他：你这道募民强边的人墙，看你修得快，还是我拆得快。

于是，老上单于打那次尝过甜头后，连年入边，就像撒网捕鱼一般，从西到东，一直沿着边境线杀掠抢夺。在众郡当中，数云中郡（内蒙古托克托县）和辽东郡（辽宁省辽阳市）两郡受害最多，每郡光被杀害的边民就有万余人。

刘恒纵有一肚子的苦水，也无法向谁倾吐。好端端的一个强边政策，难道真的就毁在那个狗日的汉奸和匈奴狼手里了吗？如果真是这样，上帝造汉人的时候，为何不把匈奴丢到太平洋的某个荒岛上，为何偏偏放在广阔的大草原上？这，难道是为平衡生态而有意为之的吗？

存在即合理，不管是老天跟汉人过不去，还是匈奴跟汉人过不去，当务之急是找出对策制止匈奴狂抢烂打之行为！

现在唯一的办法还是那招：和亲！

其实，这个和亲，说不好听一点就是勒索。如果仅仅是和亲的话，老上单于那十四万骑兵不是白跑一趟了吗？战争是世界上最冒险的运动，亦是世界上最暴利的行业。如果打赢一次，谈判的价格就会抬高一次。当价格谈到汉朝岁贡财物相当于骑兵出勤抢劫的报酬，并且汉朝能满足这个条件后，匈奴当然是可以考虑停战的。

老上单于收到刘恒使者带来的和亲国书，是公元前162年的六月。

将近四年的时间啊，多少无辜边民死在匈奴狼的刀下；多少肥牛肥羊被匈奴狼圈走；多少粮食被匈奴狼运走；现在，终于知道要来和亲了是吧。你想以夷制夷是吧，你想募民实边是吧。好了，现在被打怕了吧，没招了是吧。早知如此，又何必当初呢？

或许，当老上单于手举着刘恒国书的时候，心里最想对刘恒说的，就是这句骄傲得要飞上天的话。

可是不管怎么说，老上单于终究再次接受和亲了。因为刘恒在国书里提到一个条件：只要匈奴停战，汉朝愿意每年贡一定数目的物资财礼。

其实，一年以后，刘恒才发现，这和亲又不顶用了。甚至他还总结出，匈奴是和是打，似乎都是有规律可循的。

当初，冒顿趁着冬天率三十万骑兵进攻汉朝边境，是他初上单于大位时，而最后一次和亲，竟然没隔几日就升天了。这个老上单于几乎就是冒顿的克隆版，他率十四万骑兵倾巢出动，也是接任单于大位不久。而他接受刘恒的和亲请求后，也就半年时间，竟然也一脚登天了。

按照此规律，接老上单于大位的人，又将会发动一起大规模的进攻。

预言不可怕，可怕的是被说中了。果然，公元前158年的冬天，匈奴再次席卷而来！

又是一个可怕的冬天！

此次进攻汉朝领土的单于名叫军臣。老上单于死后，其子军臣接位。而中行说发扬汉奸坏到底的精神，继续为匈奴服务。于是，军臣为了这次抢劫行动，足足准备了三年。终于，他按捺不住了。

据说，狼都有领地意识。特别是领头狼，当它身为首领之时，必须寻找突击物发动攻击。这样做的好处是，保存发扬了狼斗狠斗勇之精神，以此奠定领头狼不可动摇的地位。一直到死亡，或者被下一个挑衅者击败。

匈奴人，似乎天生就具有狼的意识和精神。生态之恶劣，必然使他不惜一切代价杀出一条生存之路。宁可战死，不可待毙。这或许是对匈奴领头狼及他们的战士的一个很好的诠释。

军臣单于此次大举南下，骑兵数字大大缩水。如果单从这些数字，我们甚至可以看出，冒顿家族三代人，真是一代不如一代。想当初，冒顿三十万骑兵困刘邦于白登城；前些年，老上单于十四万骑兵于长安城八十公里外徘徊进逼；现在，军臣的骑兵，只有六万人！

但事实是，仅是这六万人，又让汉朝仿佛经受了地震似的恐惧。

军臣单于六万骑兵分两路对汉朝进攻：一路杀入上郡，一路杀入云中郡。两路骑兵都是势不可当，如黄河之水泛滥成灾。

姑且不论汉朝多少边民被屠，多少牛羊被掠夺一空。更让人害怕的是，军臣单于一路烧杀，于是汉朝的烽火从上郡传到甘泉，又传到长安。

匈奴此次进攻汉朝，距离上次老上单于进逼长安城，仅隔六年。然而此时，几乎所有的长安人都发出六年前那个救命的呼喊：保卫长安！

于是，为了保证长安的安全，刘恒快速反应，做了以下部署：以河内太守周亚夫为将军，驻军于长安西北的细柳原；祝兹侯徐悍驻军于长安北的棘门；宗正刘礼驻军于霸上。以上三军部署的意图是，沿渭水三面保卫长安。

同时，为了对付军臣两支骑兵部队，又进行以下部署：以中大夫令勉为车骑将军，驻军于飞狐（今河北省涞源县北），作为守赵边防军；以故楚相苏意为将军，驻军于句注山（今山西省代县和神池县间），作为守刘恒故国封地的边防军。

汉朝这两支部队的共同防御目标是：挡住军臣单于杀入云中郡的那三万骑兵南下会合。

另外，刘恒以将军张武驻军于北地（今甘肃省宁县）。从地图上看，张武部队才是保卫长安的第一道防线。此军设置的意图是：挡住从上郡杀来的三万匈奴兵。

但是，当刘恒布置好这一切时，汉朝没有机动部队可用了。

汉朝处于全面防御的状态当中！

整个长安都在屏息以待。

他们都在等待！等待着一场生与死的暴风雪的洗礼！

此时，和六年前一样，为了打好这场匈奴的突袭之战，刘恒又要亲自劳军鼓气。没办法，国无良将，当皇帝的只有不辞劳苦以身作则，鼓舞战士们奋勇杀敌的士气。

只要匈奴敢进攻长安，你们就狠狠地干他们一票！

如果刘恒真说这话，一点都不夸张和过分。冒顿三十万大军，没逛过长安；老上单于十四万骑兵，也没逛过长安；难道你军臣单于六万骑兵，就想轻松进长安城过冬来了？

这当然是绝对不允许发生的事！就算军臣单于长了翅膀要从天而降，也要把他撕个稀巴烂！

刘恒此次劳军为驻守长安城的三路大军。劳军路线是，先逛霸上，再去棘门，最后一站是细柳营。此三地，前两地的气氛相当喜剧。刘恒无论是到霸上，或是到棘门，士兵们看到皇帝大驾光临，无不士气昂扬，仿佛过节般热闹。

但是，当刘恒逛到细柳营门前，看到的却是别样的风景：没有喧锣，没有大鼓。战士们就像不认识皇帝似的，个个一副紧张模样：军士皆披甲，弓上弦，刀出鞘，警戒森严，似乎连飞鸟都没有插翅之地。

更让人震惊的是，皇帝的仪仗队被哨兵拦住了，仪仗队长喊天子驾到，有一个都尉竟然大胆回话：军中只闻将军令，不闻天子之诏！

都尉嘴里的这个将军，指的就是驻军领导周亚夫。

这个周亚夫，就是前右丞相周勃的贤子！要说周亚夫能混到今天，还真有些戏剧性。

我们知道，孝文四年（公元前176年），周勃莫名其妙地被人告了一个企图造反罪，被抓进了监狱。后来，薄太后当着刘恒的面甩了一把头巾并破口大骂后，刘恒才把他放出来。坐过牢的周勃，从此再无东山再起的机会。在孝文十一年，他默默死去。

周勃死后，长子周胜之继承侯位。可是这个周胜之，也不能善始善终。首先，他跟公主闹起了感情矛盾；其次，不知何故，又杀了人。于是，他便被刘恒废黜了爵位，变得一无所有了。

周胜之是周亚夫的大哥，周胜之没有出事前，周亚夫正在河内当郡守。有一次，有位相面大师给周亚夫看了一个相，他这样对周亚夫说道：你三年后被封侯，被封侯八年后为将相，富贵登极，人臣无二。其后再过九年，你就要被活活饿死！

现代社会心理学告诉我们：性格即命运。可是两千多年前，中国相面大师却这样告诉我们：面相即命运。如果说，性格是命运的一部分，可是面相跟冥冥之中不可知的命运又有啥关系呢？中国相面大师的理论，着实让人觉得不可思议。

在我看来，看相不可怕，可怕的是看相的人有学问。如果说面相学是一个不入流的边缘学科，但恰恰是，中国正史从来就没少过对面相故事的记载。只要载入正史的，往往都是被人相中的。诸如刘恒宠幸邓通，还有眼前这个周亚夫。

这个周亚夫也是读过书的人，对生活的判断能力及推理能力相信也是不少的。于是，周亚夫便奇怪地看着这位替他看相的人，问道：我的哥哥已经继承我父的侯位；如果他死了，也应该是我哥的儿子继承呀，怎么会轮到我呢？再说了，如果我真的达到了你所说的人臣之极，那么又怎么会饿死呢？

这个看相先生看着周亚夫，笑了笑，指着他脸上的一条纹理说：你脸上有纵纹入口，这是饿死的原因所在。

听了这话，连我这个生活在二十一世纪的现代人都替周亚夫可惜了。

可惜的是，那时候没有整容医院。如果换成是现在，对于爱美的人来说，脸上有条纵纹直杀向嘴边，那也是大煞风景的。再怎么样，也要砸锅卖铁跑去韩国把它整掉！

可偏偏是，周亚夫没办法消灭脸上的那条不祥纹理，更传奇的是，他的命运全被看相的说中了。三年后，周胜之因为杀人被夺爵了。那时，刘恒不知何故，突然念起周家的好。他为了不使周家这个爵位打水漂，便决定从周勃的贤子中选一个为侯。理所当然的，周亚夫便被选中封了侯。

或许是，周亚夫早就被刘恒看中，才会有以上被封侯一举？我想，真正的原因，只有鬼才知道。

让我们再次回到细柳营现场，看看周亚夫是如何上演这场出尽风头的大戏的。周亚夫的都尉拒绝了替皇帝开路的仪仗队长后，刘恒就被卡在了军门外。没办法，刘恒只得派使者持节前往军门诏将军。

这时，蹲在军门深处的皇帝大驾光临，周亚夫才传言出去开壁门。更绝的还有，当刘恒刚入壁门时，就有门士上前警告：将军说了，在军中不得驱驰！

门士这番话让刘恒吃惊不小。不过，既来之，则顺之。他只好勒着马儿，慢悠悠地晃。当他晃到周亚夫营前，只见周亚夫亦是一身披甲。周亚夫不脱甲，也不跪拜，只是拱手作揖说道：我一身铠甲，不便跪拜，请允许用军礼参见陛下！

整个过程，没人知道，此时的刘恒，心里已经感动得一塌糊涂。当刘恒劳军退出军营外，只见他仰天长叹：

嗟乎！此真将军矣！霸上、棘门军门简直有如儿戏！

突然之间，周亚夫让刘恒找到一种从来没有过的安全感，甚至是对匈奴作战必胜的信心。多年来，他一直寻找真正的将军，以便把这个国家托付于他。没想到的是，当他转了大半个中国，蓦然回首，那人却在周将军家门处。

正因为有周亚夫等牛将守门防备，一个月来，匈奴只在边境继续徘徊，不敢有所进。

两军对垒，犹如俗人斗殴。明明都摆好阵势了，你不打我，那就休怪我不客气了。刘恒这下子也坐不住了，变被动防御为主动进攻，向边境压去！

可笑的是，当匈奴人看着汉兵逼来，二话没说，这帮抢劫犯全部一溜烟地跑了。汉军也不强追，也随即撤军了。

到此为止，刘恒总共被匈奴骚扰了三次，次次都损失惨重，无语对苍天。

孟子说，内无贤士，外无敌患，国常常是要灭亡的。如果从这个角度来说，刘恒也不全是损失。因为匈奴狼屡屡进犯，教会了他怎么去做一个对得起天下苍生的好皇帝。

特别是近些年来，国无良将这四个字，像针刺心头，让刘恒无不倍感痛彻。他以为，这辈子不可能完成对国家良将的培养了。恰恰是，军臣单于的此次进犯，让他找到了一个可以托付汉朝未来的良将，这个人，当然就是周亚夫。

而且，周亚夫是老天让刘恒在临终前挖掘的将军。单就这点，刘恒多年的耻辱没有白忍，而且他更是完成了心头之愿。

就算即刻驾崩，或许他也会含笑安心离去！

四、谢世辞

公元前157年，夏天，六月。

今年至开春以来，天下无事，地上没有出现地震，天上也没有出现孛星。可是就在六月一日那天，有一个消息传遍了整个长安城：孝文帝崩于未央宫。临死前，刘恒就写好了一封长长的关于丧事的遗诏，不过，总结起来只有一句话：一切从俭，不必浪费。

一个伟大的皇帝，就此淡然谢幕，埋葬霸陵，享年四十五岁。

总结刘恒这一生，四个字：功德无量。

这不仅是我个人的评价，自司马迁以后的所有历史学家都没少用过此一词语。然而，在两千多年后的今天，我们依然渴望以沉默的灵魂，穿越千年的烟云，唤醒霸陵底下的刘恒，让他给我们讲述一个他的真实的故事。

以下为刘恒口述：

关于我这辈子，应该是一刀劈开两半而论之。二十三岁前为一半，二十三岁后为另一半。二十三岁，你二十一世纪的今天，可能也就是大学刚刚毕业，甚至有人为避免城市竞争，选择到遥远的边疆服务或支教。

我这前半辈子的下乡生活，全赖于我老妈的好教育。我的性格及我的人生哲学，几乎全都是她给我培养的。老天是公平的，它关上你的大门，就会给你开启一扇小窗。代地的情况你们也是知道的，这里山高皇帝远不说，整年就是风沙吹个不停。这里没有盛产土特产不说，匈奴人高兴的时候，大冬天的还喜欢跑来我们这山旮旯旅游观光，并且抢走我们的百姓和牛羊。

但是，老妈偏对这现状很满足。她总是对我说，做人，一不要出风头，二要学会满足。那时，我们就是穷，也觉得挺开心的。因为，这里没有宫廷争宠的尔虞我诈，没有朝会上的唇枪舌剑，更没有人前背后的阴谋算计。

果然，吕雉专权的时候，她像得了狂犬病似的到处咬人。结果，因为我们穷开心，因为我们不与人争，反而留下一条小命。在这里，我得先感谢老妈。她不但孕育了我的生命，而且用貌似软弱的老子哲学为我创造了未来翻盘的机会。

听说，那个叫月望东山的人写到这段历史的时候，世界上的很大一部分人因为华尔街金融风暴失去了工作。但是我要告诉你们，在中国历史上，其实最难找工作的就是皇帝。毕竟你们还有东边不亮西边亮的机会。我就不行，对任何人，似乎当皇帝只有一次机会。一旦错过，八辈子悔都来不及。

就在我二十三岁那年，那个一心抬我，最后却被我一脚踩到底的周勃给我送来了一个大好机会。当时，说真的，我实在不敢相信天上会掉下馅饼。而那时长安的情况你们也是知道的。只能用一个字来形容：乱。周勃陈平也好，刘章兄弟也好，刘泽也好，等等，每个人心里都有一把天大的算盘。而且这把算盘就是，在这场变更的政权中得到最大的利益。

而就在这时，他们突然转头对你说：我们把最大利益交给你。请问你会信吗？

反正我是不信。因为，在包裹没有打开之前，我不知道他们给我送的是炸弹，还是庆生蛋糕。所以，我必须小心翼翼，再小心翼翼。就像非洲高地里躲藏着的身材硕大、却异常胆小的老鼠一样，一步三打望，就恐怕被长安这群吃人的狼叼了去！

还好，皇帝有惊无险地落到了我的手里。对于这个结果，陈平是满意的，我也是满意的，周勃原先也是满意的，但我相信，他后来肯定不满意了。

关于我为什么要踩周勃，有必要解释一下。

我并没有像传说中的勾践那样，长有一副鹰钩鼻。按当初范蠡对文种所说的，越王此般长相是可以共患难，不可同享富贵，所以他决意功成身退，归隐江湖。

其实，面相学这玩意儿都是我们这些皇帝将相之人拿来唬百姓的。中国历史上之所以出现这么多个共患难，却无法同享天下之人，原因只有一个，那就是资源的匮乏。按你们的资源生态学的说法就是，资源匮乏可以排成金字塔结构。根据这个结构，对资源的争夺也呈金字塔式，越往上，越是激烈。

你想想，非典是怎么来的？那是因为市民不满足吃家畜，乱吃野味吃出来的。权力就像是食欲，一旦不能满足现状，乱吃就吃出了一个血染的江山。由这点我们就可以多少明白点道理：皇帝位子只有一个，谁都想往上挤。结果是，为了这皇帝位，六亲不认，君臣失和，朝纲混乱。一切都可能会乱了套。

我当然不是害怕位高权重的周勃会夺了我的皇帝位。但是，打周勃接我入城以来，我就敬畏他。可是久而久之，我发现这种敬畏让我有如坐在火盆上炙烤一般，甚是难受。你们没当过皇帝，肯定不知道其中滋味。什么叫天子，那就是上天派下来打理天下的家长。家长在孩子面前，就应该高高在上，居高临下，威风凛凛。

可事实是什么呢？周勃的情况之前你们也是看到的，他竟然比我还威风。长此以往，天子之威何在？这就叫，卧榻之侧，岂容他人搅我好梦。所以，当袁盎给我讲了一堆如何保持皇威的拍马屁的话后，我就已经决定，无论如何，一定要把周勃这块石头搬离长安。

如果搬不开，我就把他推下悬崖，一了百了。

或许，你们要拿现代的人权主义来批判我，说什么狡兔死，走狗烹之类的讽刺语。其实，如果你们站在我这个位置上，就知道什么叫当皇帝混口饭吃，不容易啊。

又或许，你们又要拿刘长给我说事儿了。拜托了，千万不要给我唱那个什么一尺布，尚可缝，兄弟二人不相容的歌谣。在这里，我要严正声明，刘长的死是他个人性格的悲剧，我只能负一半责任。

我知道，问完了刘长，你们又要叫我解释那个薄昭自杀事件了。我告诉你们：人在江湖，身不由己啊！除此之外，我什么都不想多说了。因为我就知道，问完了这个，你们就像狗仔队似的追着问我和贾谊的感情，甚至怀疑我和邓通是不是搞同性恋。

我只能这样说：我所做的一切，都是出于政治的需要。

所以，你们不要老是揪着我的隐私不放。想窥视我的心灵是可以的，但也要点到为止。如果我把心底的所有私密都和盘托出，那以后那帮汉学家还有什么啃的呢？还是留给人家一个饭碗吧。

其实，你们更应该关心的是，我这些年来为天下做了什么。不然，别人还以为我当皇帝只是有事吃喝，没事拉撒。不过呢，群众的眼睛是雪亮的，历史对我的评价本人是甚为满意的。因为，我二十三年皇帝路，只突出一个重点：孝治天下！

关于孝，孔子先生已经有过专门论著。在我们这个家天下的时代里，所谓国家，就是扩大版的家庭；所谓家庭，就是缩小版的国家。所以，儒家才会有修身、齐家、治国、平天下的理想。这句话不仅指的是做事要从小事做起，更重要的是，以治家的观念去治国，以治国的理念治家，都是可通的。

比如，孝道就是一个。孔夫子说，居家，子孝父；出仕，臣孝君；反过来也可以这样说，君爱臣，犹如父爱子。孝道就像是一条看不见的线索，更像是整个国家的润滑剂，它只会使国家变得更加稳定和谐。

在家，薄太后就是我的父母；做了皇帝，百姓和人民就是我的父母。为了让父母有饭吃，有衣穿，我听贾谊等人的重农之策，亲自种田以作表率。除此之外，我甚至把许多莫名其妙的苛捐杂税通通废除。甚至是，还把加于百姓身上的刑罚，撤的撤，改的改，还百姓一个宽松的政治环境。

应该说，对于这一点，我做得问心无愧。因为，我没有表面一套、背后一套。我自代地来长安当皇帝以来，新衣服都舍不得穿，新房子都舍不得盖，就连小老婆吵着要块好布做衣裳，我同样舍不得让她们拖着裙布在地上。我自始至终都保持着节约从俭的习惯，这不仅因为我有一个好家教，更重要的是，要为天下苍生着想啊。

因为如此，我才不想发动对匈奴的战争。

讲到匈奴，我真的有一肚子的怨气和冤气。怨的是，天生匈奴，就是促进汉人进化的天敌，让我们这个国家屡屡被骚扰，攻击，掠夺，简直就像是长夜里永远挥不去的梦魇。

也正是如此，后世有许多愤青甚至骂我软弱，不敢对匈奴做深入追击。他们之所以能骂出口，是因为他们统计过，在我的任期内国家经过长时期的休养，老百姓有饭吃了，有衣穿了，心里也有新想法了。

这个新想法，当然是指可以向匈奴讨回尊严了！

面对着这些零零碎碎的指责，我就在想，在生命的长河中，生存权和尊严权同等重要。如果偏要在这两者之中选出一个更重要的，那你们会选哪一个呢？是人民生存权，还是国家尊严权？

是的，我们是受到了匈奴三番五次的掠夺和骚扰。但是，自我老爹刘邦，甚至吕太后以来，我们汉朝基本上都达成了一致的国家发展方略：在国家尊严的底线下，允许匈奴的无理挑衅。我们的底线就是，不把战争扩大化，不使国家失去一寸领土。

本来就是嘛，匈奴爱抢，我们就花点钱消灾，这也是无可厚非的。

有位名人曾经说过，中国要想走向富强，必须韬光养晦一百年。其实，在两千多年前，我们汉朝也是这么干的。我们暂时和亲，不过是权宜之计。一旦幼鸟成雕，幼虎成王，我们就可以挺着胸膛这样说：

匈奴，你等着！

我相信，汉朝人终会等到这一天的！

因为，我们祖辈几代人忍辱负重，等待的就是这一天！

五、刘启登基

刘恒崩，汉朝又得忙活了。

第一件要忙的当然就是太子登基变皇帝。公元前157年，六月九日，太子刘启举行仪式继皇帝位，立薄妃为皇后。薄妃是薄太后之家女，可惜的是，薄太后给自家孙子推荐的是一只不会下蛋的小母鸡，无子可立，所以太子之位就暂且空缺。

汉朝第二件要忙的活儿就是，组织专家小组评估刘恒生前政绩，并且给他戴两个重要的帽子：谥号和庙号。

所谓谥号，指的是皇帝驾崩后，专家小组集体讨论给皇帝起的外号。听说，这套方案是周王朝发明的，而且有一定的规格和标准。

比如，尊贤贵义称“恭”；刚强直理称“武”；温柔贤善称“懿”；渊源流通称“康”；由义而济称“景”；柔质慈民称“惠”；除残去虐称“汤”；悯民惠礼称“文”。

这些帽子当中，各人因治民及性格特征，各有所属。比如，刘盈史称惠帝；刘恒，史称文帝；刘启，史称景帝；刘彻，史称武帝。

除了谥号外，庙号更不可少。厚黑学大师李宗吾就说，人活一世，谁不想死后能进供庙吃冷猪肉。但是，对一个国家来说，皇帝会越来越多，这些人死后不能都挤进一个庙里，必须各立新庙。然而，新庙犹如盖房子，不是想盖多高就盖多高，多论功而盖。于是，就论功盖庙，就有了庙号。

庙号主要有两种：祖和宗。一般情况下，打江山的才能叫祖；享江山的都是宗。所以，打江山的刘邦被称为汉高祖。可是，后世坐江山的皇子皇孙多了，也不能只叫一个宗字了得，又得分不同档次。

例如，太宗发扬光大产业；世宗、高宗等是守成令主的美号；仁宗、宣宗、圣宗、孝宗、成宗、睿宗等皆乃明君贤主；中宗、宪宗都是中兴之主；哲宗、兴宗等都是有所作为的好皇帝；神宗、英宗，则功业不足；德宗、宁宗则过于懦弱；玄宗、真宗、理宗、道宗等好玄虚；文宗、武宗明褒实贬；穆宗、敬宗功过相当；光宗、熹宗昏庸腐朽；哀宗、思宗只能亡国。

关于刘恒，由丞相牵头的专家小组最后讨论决定：孝文皇帝庙，宜为帝者太宗之庙！

第三件要忙活的，就是赦天下。

这是所有皇帝登基必须要做的一件好事。除此之外，刘启还替天下小民多做了一件好事——改刑罚。

刘恒和刘启这对父子开创的文景之治，到底给百姓带来了什么实际好处？我想，无非有以下两种：吃饱穿暖，少受罪。

道理是很显然的。在中国历史上，文人永远没有停止过替百姓呼喊的声音：亡，百姓苦；兴，百姓苦。前者往往受战乱之苦，后者往往受皇帝大兴土木工程之苦。但是，刘恒的确是个例外。他没有大兴土木建造宫殿，连穿的衣服几十年都没有变。

兴，让百姓乐。我想，这才是文景之治的魅力所在。

关于国家刑罚，刘恒生前把许多重罚改为轻罚。然而，刘启却认为，文帝废肉刑，貌似轻刑，实则杀人。刘启之所以这样说，那是有原因的。刘恒规定，凡是刑砍左脚趾的，改鞭打五百；应割鼻子的，改鞭打三百。刘恒以为，劳改犯就此只吃点皮肉之苦，少了些短脚少鼻之苦。这样，无论于谁，都是有好处的。

可事实呢？这些劳改犯根本就没几个能顶得住三五百鞭的。这些人不被鞭死，也多半是残废，要不就是落得个鞭打后遗症。于是，本来只是少脚缺鼻的，竟然被活活打死。做好事竟然变成了做坏事。

刘启认为，这样鞭打怎么行，简直就是不把人当人看嘛。于是，马上下诏：

鞭打五百下的，改三百；鞭打三百下的，改二百。

如果还是没有人顶得住打，那就只好下次再各减一百了。我想，刘启打心里就应该做这样的思想准备。

历史上几乎没有只做好事、不做坏事的皇帝。刘启亦不过如此，他做完好事，就想找个人使坏了。说白了，刘启就是想杀个人，此人正是刘恒生前宠幸之人：邓通。

邓通得罪刘启，不在于他拥有数百万巨财被嫉妒，他的死穴恰恰是他最擅长的活儿：拍马屁。

夜路走多了，总会有碰到鬼的一天；拍马屁拍多了，也会有拍到马腿的时候。邓通拍到刘启这只马腿，过程大约如下：

刘恒崩前得了痈疽病，这个病是要流脓血的。那时，邓通为了显示爱的伟大力量，亲自为刘恒吮吸脓血。刘恒不知何故，心有不乐，奇怪地问邓通："你说说，天下最爱我的人会是谁呢？"

邓通从容答道："我想，应该是太子吧。"

刘恒一听，就笑了。

爱他，就不要让他吸脓血，这是刘恒对邓通说的。

爱他，就要让他尝尝血化于脓的滋味，这是刘恒对太子说的。

于是，刘恒马上把太子召到病床前，让他吸脓血。刘恒这个伟大的创举，实在让刘启面露难色。当然了，刘启可以选择拒绝；可问题是，刘启必须做好足够的心理准备：那就是让即将到手的皇帝大位泡汤。

在皇位和拒绝吸脓血面前，刘启选择了前者。深呼吸，深封喉，紧闭眼，他真吸了。

吸完脓血不久后，刘启才得知，他之所以遭这一回恶心之举，完全是邓通整出来的。于是，刘启心里顿然也长起了一个恶心的脓包——恶心的邓通！

此脓包一日不割，刘启一日心里难安。终于，他等到了这一天。

刘启对邓通这个脓包动手术的过程大约如下：首先，免职；其次，教唆手下，搜集罪证；再次，罪证成立，逮捕下狱，没收所有财产。

更让邓通绝望的是，他多年积累的数百万巨财落到刘启手里不说，反倒欠政府数百万钱。

其实，在刘启看来，邓通一点都不冤。他被没收的那数百万财产，就算当初他替刘恒吸脓血的费用。本来就是嘛，这工作是邓通干的，邓通凭什么叫太子做；既然要太子亲自来，那你就要舍得钱嘛。

再说了，刘恒当初为什么执意要让邓通一夜暴富？还不是因为要粉碎算命的对邓通说的贫死论。这就叫人算不如天算，今天破产之邓通，你想不贫死，唯有下地求你的刘恒兄弟去吧。

果然，刘启派官吏日夜监视邓通，只要有人给他钱或财物，通通没收充公抵债。于是一无所有的邓通，只能过着寄人篱下的生活。不久，邓通死去，有人发现，他身上竟然没一分钱。

果然是贫死！天意啊！

六、窦太后

在汉朝历史上，有三股势力，犹如疯狗般一直都在互相攻击，撕咬，甚至是没完没了地火并。他们分别是：文官集团、外戚集团、宦官集团。特别是外戚力量，如果没有它，汉朝就像卸了妆的女人，立即暗淡无光。

外戚力量，又分两拨人：一拨属皇太后，一拨属皇后。往往是，皇太后一崩，其外戚即刻土崩；接着皇后的外戚上台；当皇后有一天变成皇太后，甚至中途崩时，那些随人得道的鸡犬，立即又被打得落下一地鸡毛。

吕雉之后，薄太后的外戚唯有一个薄昭，还不幸被刘恒动员百官以哭丧的方式，让他作了个自我了结。更不幸的是，好不容易嫁一个薄氏家族的女儿给刘启当皇后，却生不出一个蛋来。

这就是命，天不予，何必争？

现在，薄太后老了。我们可以想象，这个风烛之年的老人她内心的悲苦。在她有生之年，最大的不幸，无疑就是白发送黑发。送走了薄昭，又送刘恒。现在，她纵有千千结，似乎都不再重要了。

她唯一能做的，或许就是等待一场向北的风，捎她的灵魂直飞上天，然后掩埋在那曾经寂寞而又多么温暖的代郡。因为，在那里，毕竟保留了充实无争的生活记忆。

孝景二年（公元前155年），夏天，太皇太后薄氏崩。四年后，孝景帝的薄皇后，无子无宠，终被废黜。

现在，终于轮到窦太后登场了。

说起窦太后的革命家史，总让人唏嘘不已。在她和已逝的薄太后之间，似乎有某种相似点。首先，早年受苦，晚年享福；其次，对黄老之术都有着共同爱好。特别是窦太后，对黄老的学问简直就是如痴如狂，不能自已。

更疯狂的是，她要让皇族和所有外戚都像她那样热爱黄帝和老子；除了黄老之书外，不许读另外的书。否则轻则挨骂，重则挨打，从此受到冷落。

正是这个苦命的女人，让孝景时期的政治都带着一股浓烈的老子气息。于是，史学家甚至把这段历史称为黄老之治。一个深居宫室的女人，竟能把学问搞得如此风靡，我们只能说，的确太传奇了。

事实也是，窦太后不但生活具有传奇色彩，她的人生及命运，似乎从她入长安始，传奇就像五百万大奖一样，屡屡被她撞上。

窦太后是在吕雉专政时期以良家女被选入宫的。后来，吕雉觉得长安养太多宫女不是好事，于是把一批宫女分配给诸侯王，每人五个；而恰恰窦太后就在这批被驱出长安的宫女名单当中。

窦太后是赵国清河人，一个弱女子背井离乡，不如一心一意重归故里。于是，在出发之前，窦太后特别去找了分配宫女名额的某太监，说一定要把她分给赵王。那时，这位太监满口答应，可是，当正式出发的那天，窦太后傻了。

因为，她的名单不在赵国，而是在那个穷地方代国。

这下子真的完蛋了。窦太后立即回身，痛哭流涕地找领导质问。结果，那个太监却搪塞道：实在不好意思，我竟然把你这件事忘了！

忘了？这简直就是扯淡！说白了，窦太后当时就是没给他送银子，或是少送了。不然，这天大的事，怎么说忘就忘了呢？

可是，这时候名单都已分好，改是改不了的，但是窦太后执意不肯走。

窦太后实在是太可爱了，吕雉这次行动，是专门把她们送给诸侯王做小老婆的。你不去，那得问吕雉答不答应了。不过话说回来，代王不就是人穷一点，地方偏一些。可是他有优点呀，人特节约，又特疼老婆，或许被他看上了，那何尝不是一件美事？

最后，窦太后还是被硬逼着去了代国。她来到这块风沙满天飞的穷地方，正是她最美丽的时刻。而恰恰是，就在她如花开放的美丽时刻，竟然被刘恒瞧上眼了，宠到了心里。

窦太后被刘恒宠上的成果就是，不久生了个女儿，也就是著名的长嫖公主；后来又生了刘启、刘武等兄弟。

那时，刘恒已经有了一个王后，并且替刘恒生了四个儿子。刘恒如果要立太子的话，这等好事是怎么也轮不到窦氏家的。可是不久，工后得病先逝了。更奇怪的是，当刘恒入长安当皇帝的时候，王后这四个儿子像小鸡得瘟一样，一个接一个离世。

更绝的还有，刘恒宠幸的另外两个女人，皆无子。于是，窦太后理所当然地就被封为皇后，刘启就被立为太子。

如果不是窦氏的祖坟冒烟，鬼都不信了。

窦太后有两兄弟，兄长君；弟广国，字少君。窦太后贫寒出身，父母早死，窦少君在他四五岁时，被人贩子掠走四处转卖，杳无音信。据窦广国后来讲，原来他被转卖了十几处，最后被转让到宜阳某户人家。

最传奇的故事，再次在窦家人身上发生。窦少君被卖后，替主人入山烧炭。那时，到山里烧炭的有一百多人，黄昏夜里，全聚在悬崖底下打地铺。可是，就在某个夜里，悬崖崩塌，把睡在底下的一百多号人几乎全压死了，唯有一个人活着！

苍天保佑啊！这个人，就是可怜而又命大的窦少君。

逃过一劫的窦少君，终于从自己身上，懂得了什么叫命。于是他给自己算了一卦，竟然是一个吉卦：数日后，必定被封侯！

就剩一条小命了，还要被封侯，难道这就是传说中的大难不死，必有后福？

冥冥之中，侯位在哪里呢？对，长安城。窦广国把目光锁定了长安。

老子说，福祸相倚！就算是去长安落了空，就当作是来首都旅游观光。于是，窦少君咬咬牙，朝着长安方向，对着天空吼出一声：出发！

对于任何国家，似乎首都从来都不是外乡人的天堂，更不是流浪儿的伊甸园。当然，它也不全是地狱，流浪儿或闯首都的人，也不全是地老鼠。首都永远是地狱和天堂的混合物。在这里，只要你有足够的运气，完全可一步登天，一夜成名。

恰恰是，窦广国具备足够的好运气。

在长安街头上，窦广国听说新任的皇后是赵国清河观津人，姓窦。这个路边新闻，仿佛救命的稻草，点燃了窦广国内心多年惨淡的生活希望。他也是清河观津人，姓窦，而那个传说中的窦皇后，会不会是他的亲姐姐呢?

如果是，老天，请让我怀着虔诚的心祈祷，让我回到姐姐身边吧。除此之外，别无所求!

窦广国怀着碰碰运气的心态，写下一封书信。他在信里记载了小时候和窦姐姐采桑的幸福时光故事。很幸运的是，没有人截留此封书信，似乎也没有人觉得这是天方夜谭。于是，家书很顺利地落到了窦太后手里。

当打开这封沾满了泪和血的回忆录时，窦太后无比震惊!第一个反应就是，立即将此事告诉刘恒，刘恒的第一反应就是将此人召来询问。

窦广国，有幸走进了未央宫，现在他离封侯加爵，就差一步了。天堂和地狱，只差一步。如果真是窦姐姐，可以一步登天;如果是冒认，对不起，你也就是一步被推下地狱。

实在太悬了!

窦姐姐是有一个失散多年的弟弟，这是没错的。她也曾和小弟一起采桑东篱下，这也是没错的。可问题是，采桑本是农家平常之事，这不能作为终极证据。更麻烦的是，那时候没有高科技，不能验DNA血缘鉴定。

唯一的办法就是，找出一段彼此都刻骨铭心，岁月之刀永远都割不断的记忆。

恰恰是，窦广国已经准备了这段口述录像。只见他缓缓地回忆道:“当年姐姐离开我的时候，是在一个驿站宿舍里。那时，姐姐您去讨了一些米汤替我洗头，然后，又讨一碗喂我，最后才流着眼泪离我而去。”

窦皇后听完，立刻奔上去抱住了窦广国大声悲泣。天啊，你就是我多年不见的亲弟弟啊。

此情此景，满朝官员，都替之落泪。

本来以为是，黄鹤一去不复返，白云千载空悠悠;

本来以为是，纵使相逢应不识，尘满面，鬓如霜；

本来以为是，劝君更尽一杯酒，西出阳关无故人！

现在，仿佛就像做了一场梦。残酷的、喜剧的、悲伤的，而又多情的命运啊，你怎么将我们带到了庄周梦蝶之境，真不知是少君化成了那只蝶，还是蝶化成了眼前的窦少君！

事实告诉窦姐姐，这不是梦！赵国清河祖坟，的确冒大烟了！

那时，当周勃和灌婴看到广国先生这个像从地里冒出来的外戚时，他们害怕了。

没办法，他们心头的余悸还在啊。刚搞定了吕禄、吕产等外戚，又来了一帮外戚，永远没完没了。如果，万一，假如，汉朝再来一次外戚专权，他们这些老家伙还有精力经受折腾吗？

于是，周勃和灌婴及陈平等人，认真地开了一个碰头会。然后总结出：我们这些老臣命都系在窦长君及窦少君两人身上；两人出身低微，又不知书达礼，更不懂得君高臣卑，必须派君子长者给他们加强教育，避免重蹈吕氏外戚作乱之覆辙！

这就叫，防患于未然。

本来就是嘛。外戚作乱，犹如疯狗咬，一旦被咬中发作，死亡率百分之百。所以防范外戚的政治狂犬病，必须先打预防针！

周勃等人是这样想的，也是这样做的。事实是，他们的基本目标也达到了。在后来的历史中，窦长君俩兄弟，不但没有拉帮结派，结党营私，反而变成了让人尊重的彬彬君子。

窦氏外戚力量的登台，重点转移到另外一个人身上，他就是汉朝大名鼎鼎的外戚代表人物：窦婴！

第七章

不安的年代

一、争吵不休

窦婴，字王孙，窦太后从兄子，也叫侄子，祖辈世居观津。为人特点，好宾客，广施财，行侠义，好儒术。汉文帝时，曾当过吴王刘濞国相，后称病免职；刘启上台，任皇后宫总管（詹事）。

总结窦婴一生，一句话概括：是一个戴着脚镣舞蹈的人。

尽管窦婴与窦太后同出窦氏，然而，在窦太后看来，他简直就是窦家的异类。原因很简单，窦太后喜欢他说好话，他偏挑舌刺激；窦太后好黄老之术，他却偏好什么儒术。

这就叫，一个好甜，一个爱辣。两者搅拌在一起，终归要出事。

果然，窦婴还是出事了。

事情起因于一个人，窦太后少子刘武。听说，宠爱少子是天下父母和兄长的共同情怀。当初，刘恒宠刘长；如今，窦太后及刘启又宠上了刘武。

然而，历史却告诉我们：常人的手足好做长，皇帝的手足易短缺。

据司马光介绍，窦太后宠爱少子梁孝王刘武简直到了无可复加的程度。首先，刘武王四十余城，天下最肥的农田都是他的；其次，窦太后平时赏赐的零花钱之类的，不可胜道；再次，刘武自家府库银行存的钱就有数万，珠玉宝器甚至多于京师。至于宫苑，亦是无可约束，想住多大就修多大。

据说，这个梁孝王还是一个爱附庸风雅之徒。门下养了不少门客不说，还修建一片竹林，经常和文友们一起聊天吟诗，好不惬意。甚至西汉第一写赋高手司马相如，都经常参加他的文人聚会。就连初唐四杰之一的才子王勃，听有此事后，甚至仰慕不已，长叹生不逢时。

似乎是刘启爱刘武，胜过当初刘恒宠刘长。每当刘武入朝，刘启总要派使者持节，带着皇帝坐骑前往函谷关迎接。刘武来到长安后，出入亦与刘启同车游玩，打猎，好不自在。如果玩得不够，可以继续留下，逗留个一年半载那也是没问题的。

除此之外，就连陪侍刘武的侍郎官及谒者等人，出入长安宫门，都可以免签证。他们简直跟侍奉刘启的同等官员，都没什么两样。于是，有人便疑惑了，这个长安城，到底是刘启的长安城，还是刘武的长安城？

但在窦太后看来，长安城既是刘启的，也应该是刘武的。原因只有一个，刘启当时的皇后薄氏，一直无子，更无太子可立。理所当然的，她渴望将来有一天，刘武也能坐一回皇位。

真的是这样吗？刘启难道就没意见吗？

刘启的回答是：听妈妈的话！

孝景三年（公元前154年），冬天，十月，刘武再次入长安朝觐。

跟以往一样，刘启宴请刘武，由窦太后及一帮皇族外戚陪侍。在宴会上，大家喝得其乐融融时，刘启突然拍着刘武的肩膀大气地说道："兄弟啊，我百年之后，皇帝这个位置就是你的了。"

有必要交代一下，那年刘启实岁三十二。为了说明刘启所说此话并非戏言，亦非酒话，无论是司马迁，或者是班固，甚至是司马光，都保留了刘启说话时的一个关键词，从容。

用现在的话说，刘启说这话时，脑袋是清醒的，那是要负责任的。

当然了，刘武之所以能和一大帮文人混在一起喝酒吟诗作对，说明他脑子好使。在他看来，刘启此话未必全真。就算如此，美丽的谎言总比甜口的佳酿更容易醉人。而恰恰是，窦太后第一个就听得陶醉了。

没得说的，窦太后要的就是刘启这句搔痒的话。

但是，就在窦太后心醉若狂，刘武如坠蜜缸之时，窦婴突然来了一场醒醉的倾盆大雨。

这时，只见窦婴端着一杯酒对刘启说道："陛下说错话了，俺要罚你一杯酒！"

满座的人都被窦婴的异常之举震惊了。

窦婴接着说道："天下者，高祖之天下者，父子相传，汉之约也！你凭什么要把皇位传给你小弟？"

实在太不识抬举了，窦婴你到底是谁家的人。窦太后犹如旱雷炸顶，立即震怒了。

窦婴这就叫多事。皇位在刘启身上，传给谁都与别人无关。退一万步来说，就算刘启临时说了句哄窦太后开心的话，那也是助兴之语。你窦婴，不帮外戚倒不说，反来一席扫兴的酒话，这到底是不是想找死啊？

窦太后把窦婴简直要恨到脖子上了。

果然，宴会结束后，窦婴马上接到通知：请你滚蛋出门，不必到皇宫上班了。同时，窦太后又下令：撤销窦婴进入皇宫和朝请的资格！

完了，捅马蜂窝了。窦婴，你死定了。有我在一天，你窦婴就甭想咸鱼翻身！

我想，这应该是窦太后心里最想告诉窦婴的。

可事实是，窦婴马上就跳起来了。

他不但翻身，简直就是彻底变身。而使窦婴翻身者，正是刘启的智囊大师，晁错是也！

如果说，窦婴是戴着脚镣跳舞的人，那么，晁错简直就是在篝火堆上玩火的人。此时的晁错，简直与以往不可同日而语。刘启登基后，晁错的身价亦随之倍增，一路攀升。他由原先的中级国务官（中大夫）升到了长安特别市长（内史），紧跟着让九卿们刮目相看的是，晁错跟刘启谈公事，多数都是单独进行。

正因为如此，晁错将当朝丞相申屠嘉气得吐血身亡。

申屠嘉，梁人也。早年跟随刘邦出生入死，先当队率，接升都尉，后又迁为关内侯，食邑五百户，再又迁为御史大夫。再后来，丞相灌婴薨，以研究律历闻名天下的御史大夫张苍顶上。再再后来，张苍研究汉得水德的理论，被一个叫公孙臣的鲁人推翻后，刘恒确认汉应得土德，颜色尚黄。因此，张苍在朝中无法混下去，被刘恒免了职。

刘恒想提拔窦广国为丞相，但又怕被人说三道四。后来想想，提拔一个德高望重的开国老臣还是靠谱些。于是，申屠嘉因为资格最老，同时又是御史大夫，被刘恒迁为丞相。

申屠嘉为人廉直，古板顽固，是个典型的保守主义分子。他一上台，首先清理一切他看不顺眼的人，当时的邓通就是其中一个。他想杀邓通这个马屁精，以正视听，可关键时刻又被刘恒派使者持节救了出来。没想到的是，才事隔五年，又冒出一个让他极度不顺眼的人，这个人，就是刘启身边的红人晁错先生。

申屠嘉杀晁错，只有一个理由：碍事，碍路，又碍眼。

这主要就是，刘启眼里只有晁错，没有申屠嘉。晁错提的任何建议，都能被通过；而申屠嘉的所言所书，全被刘启当废话和废纸丢到垃圾堆里去了。

看来，一天不除晁错，申屠嘉一天睡不安了。

终于，申屠嘉还是逮到机会了。

那时，晁错去上班，有两条路。一条从东门出，一条从南门穿。走东门远，走南门近。可问题是，南门建了刘邦祭庙墙，按理，宗庙垣墙不能随意靠近，更不能直接穿越，否则就是犯了大不敬。偏偏是，晁错怕麻烦，就抄近路走南门上班。当申屠嘉闻听此事，立即布置人准备弹劾并诛杀晁错。

可是当他申屠嘉正准备动手时，突然发现，杀人的事，又黄了。

原因是：消息走漏，晁错主动找刘启自首去了。

第二天早朝，申屠嘉仍然照常行事，当着众人面对晁错泼了一大堆弹劾词。可当他累得满头大汗时，只见刘启轻描淡写地对申屠嘉说道："老丞相辛苦了。晁错只是从宗庙墙边走过，并非真穿高祖祭庙。其实，他走南门，也是向我汇报过的，我也是同意过的。"

申屠嘉当即傻了。你以为人家傻，人家早串通好让你当众人的面丢脸！

是啊，这下子，老脸往哪里搁啊。

罢朝后，申屠嘉既沮丧又愤怒。当初就因为对邓通没有及时下手，刘恒才持节来救；现在，他又慢了一拍。早知如此，应该先斩后奏嘛！于是，申屠嘉越想越觉得憋气，回到家里，竟然卧床吐血，气尽而亡。

气死申屠嘉，还不算是玩大的。而晁错真正玩的大火是：削藩！

晁错和已故天才贾谊，在对待诸侯方面，一样有着高瞻远瞩的目光。只有强中央，弱诸侯，国家才会长治久安；否则，一旦诸侯做大，腰板硬起来，欲望的魔鬼就会脱窍而出。那时，天下不乱即伤，有百害而无一利。

所以刘恒生前，贾谊就削侯上书，晁错也不断跟风。可惜的是，刘恒精力有限，没空惹事，也不想惹事。于是，这个地雷阵就留给了刘启。

我们当然知道，这诸侯的地雷，从东到西，从南到北，比比皆是。如果你没有把命系在腰带上的勇气，那是绝不敢踩的。但是，必须指出的是，贾谊的削侯法，跟晁错的则是大相径庭。不同之处就在于，前者主张软着陆，后者主张硬着陆。

贾谊的削侯法就是切蛋糕法。让诸侯一代代切分下去，分到他们个个瘦骨嶙峋，弱不禁风，无力反抗，那样，中央就会坐享其成。

然而晁错却认为：贾谊的出发点是好的，问题就在于速度实在太蜗牛了。要想办成大事，那就得快。求快的办法就是，不管三七二十一，对诸侯来硬的削，并且先从吴王这块最硬的骨头啃起！

如果他们硬要给个理由：那就把他们种种或大或小的犯罪当借口！

晁错啊，晁错，你怎么就一个狠字了得！

然而，对于削吴等诸侯国这等大事，刘启不敢像对晁错的其他建议那样自作主张了。到底行不行得通，必须开会讨论。当然，听证会就免了。刘启要开的是政治委员扩大会议。

参加会议的人员有公卿、列侯、宗室。

窦婴作为外戚成员，也参加了会议。在所有议员中，他是唯一一个反对晁错削侯的人！于是，窦婴在会上跟晁错吵了一架。结果是，吵架无劳，反对无效！大家通过了晁错的削侯方案！

晁错！你等着瞧！

从此，窦婴就和晁错结下了梁子。

二、吴王非善类

晁错之所以想先对吴国下手，原因有二：一是，吴王问题很多，一抓就一大把，好治罪；二是，吴王势力很大，擒贼先擒王，杀猴儆鸡总比杀鸡骇猴来得更实在。

如今这吴王，名叫刘濞，高祖刘邦二哥刘仲之子。我们知道，当年刘仲做代王时，经不住匈奴攻击弃地而逃。于是，刘邦大怒，废他的王，贬其为侯。后来，时任沛侯的刘濞有力气，勇敢能战，破英布有功。于是，刘邦便封刘濞为吴王，王三郡共五十三城。

可是，当刘濞受拜为吴王时，刘邦就后悔了。原因只有一个：相刘濞有反骨！

刘邦早年在沛县混的时候，跟诸位大师学过不少相术。但是《史记》上说刘邦相刘濞有反骨而后悔不迭，实在太过牵强。像刘濞这等有力气的二十出头的小伙子，一下子让他王五十余城，况且楚地民风剽悍，担心他做封国做大，威胁到汉朝中央的安全，我想，这才是刘邦真正担心的原因。

于是，那时刘邦就抚着刘濞的后背叹气说道："汉后五十年东南有乱者，那个人是不是你呀？"

刘邦一席话，让刘濞听得心里害怕，他当即跪拜道："我替您做牛做马还来不及，还哪敢啊！"

刘邦一笑，语重心长地说道："记住！我们刘家永远是一家人，你千万不要造反！"

是啊，韩信可以反，彭越可以反，英布可以反，甚至卢绾可以反，但是你刘濞就不能反。如果是自己人打自己人，这就太不像话了。可刘邦这话一说，四十年就过去了。时过境迁，物是人非。一样的江山，不一样的皇帝；一样的刘濞，不一样的心。

四十年来，刘濞黑白通吃，快速致富，如今成了天下数一数二的富国。刘濞之所以能发财，完全是享受了天时地利人和的成果。

首先，吴地多铜矿。刘恒时期，开放民间铸造钱，于是，脑袋好使的刘濞利用国家的好政策，趁机开发吴国矿山，大量铸钱。结果是，刘濞就像赚钱狂一样，日夜开机印钞票，想不富，鬼神都拦不住。

其次，吴国之地，不但开门见山，亦开门见海。正所谓，靠山吃山，靠海吃海。上天待刘濞真不是一般的厚啊。刘濞为开发沿海资源，广招亡命之徒，煮海水为盐，大发横财。

刘濞手里有钱了，心思也多了。一个才华横溢的文人，他最大的梦想是什么呢？当然是写一篇名传千古的诗章；一个武功盖世的武人，他最大的梦想是什么呢？当然是挑尽天下无敌手，独步江湖；一个富得流油的土财主，他最大的梦想是什么呢？当然不是做天下最抠的守财奴。或许，他最想做的是天下最大的慈善事业！

恰恰是，刘濞就有这样的宏伟梦想。

于是，财大气粗的刘濞挺着缠满钞票的腰杆，这样对吴国人说道："凡是我的人民，田赋我给你们免了；凡是替人从军，或自发服役的人，费用我也替你们交了；除此之外，中秋、端午两节，无论是退休干部，或是平常百姓，国家亦有赏赐。还有啊，那些自别郡或别国躲到吴国的亡命之徒，尽管放心。我们吴国不但不为难你们，还为你们提供避难所，拒绝公捕！"

刘濞大把烧钱，不是因为烧钱好玩。这就叫，收买人心，制造和谐。事实也证明，刘濞广施恩，厚积德，那都不是白干的。他所做的这一切，只为一个目的：造反！

刘濞想造反的苗头，始见于孝文帝时两太子因赌博而杀人的命案。这两个太子，一个是汉朝太子刘启，另外一个则是富豪吴王刘濞的太子刘贤。

情况是这样的：

有一次，吴太子刘贤到长安履行朝觐公事。有富公子自吴国来，不亦乐乎。时任太子的刘启设宴招待刘贤，两人一起吃喝，又聚众赌博。可当这两人在赌桌上斗富时，刘贤态度蛮横，对刘启出言不逊，大耍富国公子脾气。

这个刘启，当然也不是好欺负的家伙。说时迟，那时快，只见他提起赌博工具直接砸向刘贤。刘贤被砸中，倒地，刘启过去一掀，竟然死了！

因赌博而杀人，这等事落在谁身上，都无法断清。反正是，汉朝没有对刘启采取什么处罚，太子照做。刘恒甚至还想大事化小，于是把刘贤的尸体用棺材打包，一声不响地就送回吴国。

刘濞看着躺在棺材里的刘贤，不争，也不跳。然后一转身，叫人再次把棺材抬回长安城。

那时候，没有火车，亦没有飞机。从长安到吴国，又再从吴国折回长安，不花几个月工夫，根本就搞不定。看着再次降落于长安的棺材，刘恒真的郁闷了。

这个刘濞，他到底想怎么样？

吴使者告诉刘恒："吴王说了，既然咱们刘氏是一家人，太子死在哪里就葬哪里，何必多此一举。所以又抬回来了。"

这下子，刘恒明白了，刘濞是准备要跟刘恒抬扛了。

然而，刘恒还是先做让步，让刘贤在长安埋下。可是，自那以后，刘濞眼里再也不认汉朝那个皇帝。每年春秋两次朝觐，再也不来长安。刘恒派人去问其中缘由，只见刘濞使者回话："吴王重病中，请勿扰！"

真是天大的笑话，太子的尸体都快化成土了，吴王竟然还在生病中，骗谁呀。刘恒再也忍不住了，命令有关部门：只要有使者自吴国来，通通关起来审问。

其实，刘濞等的就是刘恒这句话。所谓先礼后兵。如果刘恒胆敢再次出重拳，就别怪我刘濞打你个措手不及了。造反之念，从来没有来得这么猛烈。刘濞捏紧了拳头，准备还击。

那时的刘恒，似乎也闻到了空气里弥漫着一股不祥的气息。

有一次，又到秋请时分。刘濞再次诈病，只派使者入长安问候皇帝。

这次，刘恒没有把吴使者关起来，而是召来和他推心置腹地谈了一席话。最后，刘恒问："你们告诉我，吴王是不是真的病了？"

吴使者是这样回答的："吴王是病了，可那是心病。他身体无恙，他之所以诈病，那是因为陛下您屡屡扣留吴使者，吴王恐，所以才多次诈病。不过，有一点您得注意，做人不要太过聪明，太过聪明，就像看到深水里的鱼，那样就不祥了。唯一的办法是，与吴王尽释前嫌，重归于好。"

吴使者这招就叫：难得糊涂。刘恒当即恍悟：吴王腰杆硬了，动不得了！

那怎么办？当然是安全第一，稳定压倒一切。

于是，刘恒听从吴使者的计策，释放之前扣留的所有吴使者，同时赐吴王茶几及手杖之类的慰问品，并叫人叮嘱吴王多喝茶，多走路，没养好身体之前，就不必亲自入长安朝觐了。

消息传来，刘濞只好暂时松开了握紧的拳头。

中场休息，不等于较量结束。刘濞等待着下一个挑衅者，这个人，当然就是杀死他太子的凶手：刘启！

三、削藩与造反

果然不出所料，刘启行动了。

每一个挑衅者的背后，都有一个强悍的赞助商。现在，晁错的削侯方案就是挑衅，而其背后的刘启，则是无可比拟的支持者。为了先啃掉刘濞这块硬骨头，晁错下了一番苦功夫，搜集的罪证罗列如下：

第一：刘濞诈病不朝已有二十余年，于古法当诛；

第二：文帝德厚，赐之不朝之待遇，仁至义尽。刘濞理应感激涕零，反而益加骄傲，开山铸钱，煮海为盐，搜罗天下亡命之徒，企图作乱。

总结以上两点，就算不削，刘濞亦有反的一天。既然如此，削是反，不削是反，不如真削了。况且早削早解决，忍一时之痛，求百年之安。

我想，当刘启听到晁错这番话时，只有四个字：寒从脚生。

诸侯像手脚，中央像头颅；脑袋指挥手脚，这是人之常情。突然之间，手脚要联合起来干掉你脑袋，这不是全反了吗？

如果真的这样，那怪谁呢？对，应该怪已崩的文帝。如果刘恒不开放民间铸钱，吴王会这么快富起来吗？如果刘恒心狠一点，给诸侯们点颜色看看，刘濞会这么嚣张吗？如果……如果……如果真的有如果，历史还会存在吗？

刘启，请你端正态度，直面残酷现实。如果你真的要埋怨父亲刘恒，他也会这样对你说：我的智慧就只能是用纸包火，所以火要真烧起来，只能由子孙后代去想办法了。

晁错都说了，除了削侯，一时半会儿没有更好的办法了。既然火药都上膛了，既然晁错不怕死，那就狠下心来干一票大的吧。

要削，肯定要先削肥的。晁错已经想好了削吴国的两块地盘：会稽郡和豫鄣郡。

从古到今，无论是泼妇干架，或是国家开战，他们都无一例外地履行以下程序：先跳起来抖出对方一大堆所谓铁证如山的罪状，然后做出一番咬牙切齿的无辜之状，最后抄起真家伙才干起来。如果是大国开战，还要多加一道程序，那就是先打对方一两个手足之国，试探对方有何反应，然后再继续作下步策略。

在两千多年前，晁错就是这么干的。在发书削吴国两郡之前，他首先拿另外三个诸侯国开刀，分别是：楚国、赵国、胶西国。楚国被削去东海郡；赵王被削去河间郡；胶西王被削去六县。

他们被削的理由如下：

楚王刘戊在薄太后崩时，在私宅跟女人上床，败坏风俗，理当诛，天子仁厚诏赦，削去东海郡作为处罚；胶西王刘昂，你曾经卖官舞弊欺诈，削你六县；至于赵王刘遂呢，你也曾有过失，至于什么事，我晁错就不用多讲了，削你河间郡作为处罚。

那么，赵王刘遂到底犯了什么过失？晁错不说，刘启也不说，刘遂更没有投诉，其结果只能是：天知，地知，鬼神知。

而此时，刘启连削三国，刘濞紧张了。汉朝这不仅仅是杀鸡儆猴，他们是既想杀鸡，又想杀猴。如此看来，下一个，该轮到吴国了。

我想，该是我出手的时候了。刘濞重握拳头，心里暗暗地对自己说道。

当然，刘濞不是一个人在战斗。敌人的敌人永远都是我的朋友，至少，他可以把楚、赵、胶西三个诸侯拉伙结成联盟。而胶西王刘昂，是刘濞第一个公关对象。

刘濞之所以首选胶西王作为联盟对象，并非因为胶西国小，需要依靠吴国这棵大树好乘凉。恰恰相反，刘昂勇猛好斗，特爱兵法，诸侯王中无人不让其三分。在刘濞看来，这是一个造反的好人选！

于是，刘濞派遣一个叫作应高的中大夫替他前往游说刘昂。应高见到胶西王后，两人对话如下：

应高："大王有没有听说过一句谚语，狗吃东西，吃完了糠，就要吃大米。"

胶西王："难道你是专程考我古文知识不行？有啥话，请直说。"

应高："大王好爽快。既然如此，我就打开天窗说亮话。您因为一点小小的罪过就被削侯，难道不觉得汉朝中央做得太过分了吗？"

胶西王："那又怎么样？人在屋檐下，不得不低头。"

应高："站在屋檐下低头，那永远是胆小怕死的人才做的事。"

胶西王："你想怎么样？"

应高："既然屋檐伤害了头皮，就得给屋檐点颜色看看！"

胶西王："这话怎么说？"

应高："直接拆了这伤人的屋檐！"

胶西王："莫非，你是想造反？"

应高："没错！我想说的正是这句话！"

胶西王："你怎么敢说这种话。天要下雨，侯要被削，大不了给了就是，干吗要冒着身败名裂的危险去造反？"

应高："大王此言差矣！彗星出，蝗虫起，正是造反的好时机。如果大王愿意与吴王联合，取得天下，咱们各分一半，岂非妙事？"

应高此话极具杀伤力，从去年到今年，即公元前155年到公元前154年，天空前后两次出现彗星。第一次出现在东北空，第二次出现在西边。此两次彗星出现，都象征着战争的灾难即将来临；火星及木星反向运行，则是犯上作乱的征兆。难道说，这都是上天的安排？

刘昂犹豫了。

天下，各分一半。一个东皇帝，一个西皇帝。原来，诸侯王离皇帝，仅仅是一步之遥！

实在有诱惑力啊！

此时，应高注视着刘昂，等待着魔鬼战胜天使。最后，刘昂终于点头，只说了一个字：善！

应高立即返回吴国，将这个"善"字还报刘濞。然而，刘濞听完应高的汇报后，马上下决定：我必须亲自跟这个胶西王面谈一下！

是的，刘濞担心的是，刘昂临时变卦。

于是，刘濞假扮吴使者，秘密前往胶西国，再次与刘昂就造反之事交换了意见和造反方案。然而，天下没有不透风的墙。当胶西国的诸官闻听此事，个个就像热锅上的蚂蚁，提着脑袋和谏书求见刘昂。

他们的劝谏是这样说的："你做这事就不怕让您老娘担心吗？况且，侍奉一主都这么多事，如果天下冒出两个皇帝，那不全乱套了吗？"

面对以上苦谏，刘昂只有一句话："主意已定，请勿多言。"

搞定了胶西王，刘濞终于放下半颗心。接下来，楚国和赵国等诸侯就好办了。果然，吴使者纷纷传回好消息，除了胶西国外，还有以下诸侯王：楚王、赵王、胶东王、菑川王、济南王，总共有七国。另外还有两个有待考验的诸侯：济北王和齐王。

各就各位，就差刘濞一声冲锋的口号了！

果然，汉朝还是点燃了导火线：当刘启削吴国两大郡的文书到达吴国时，刘濞立即行动，诛杀汉吏两千石以下所有官员，向诸侯们发出了围攻汉朝的号令！

此时，楚赵两国群臣谏声迭起。然而，剑已拔出，锣已响起，这注定是一场不可收拾的大戏。谁想挡路，谁先流血。于是，楚赵两个诸侯王刀起头落，杀声一片，把劝谏高官的肥头大脸通通砍将下来。

现在，举目望去，整个中国，反声一片。北边，赵国发兵至西界，以待吴楚两兵，共奋向西；同时，赵国也把塞外匈奴拉将入伙，准备联兵打劫汉朝；南边，刘濞亦发使往闽越，联合发兵；东边，胶西、胶东等四国已兵马鼓出。

可是就在这时，有一个人说，我不干了。

这个人，正是齐王刘将闾。

有必要说一下，齐王国、济北王国、胶东王国、胶西王国、菑川王国、济南王国六国，原属齐国。孝文帝时，刘恒可怜刘肥几个儿子无王可当，便把齐国一划为六，分封刘肥诸子为王。

造反之前，兄弟六人是开过会的，齐王也是点过头的。好了，现在突然反悔，临阵脱逃，什么意思嘛。

如果说，济北王临时没有响应，那是因为他被郎中令劫持，动弹不得，那是可以原谅的。可你刘将闾突然放弃造反，是不是想看我们四兄弟当婊子，你一个人留守齐国立贞节牌坊？

如果是这样的话，那就没有什么好商量的了。攘外必先安内，打！

于是，胶西王刘昂及胶东王刘雄渠等四兄弟开了一个碰头会，最后一起对刘濞说道：吴楚先打前锋，等我们几兄弟清理完后院，再西向与你们同军奋斗！

果然，刘昂自告奋勇地充当兄弟四国联军黑老大，率兵打到了齐国首都临淄。一夜之间，想立牌坊的齐王，被四个婊子王团团困住！

此时，全国造反形势真是一片大好。前方，吴楚两国连破汉朝前哨梁国数城，一路砍杀，锐不可当。但是，刘濞当然不会因为赢了几场战争，就骄傲自得。因为，出征之前，他把所有老本都押上了。如果赢，就赢得天下；如果输，也准备输个精光。

刘濞的全部家当就是：吴国上到六十二岁，下到十四岁，管你会不会打仗，只要走得了路，拿得起枪，必须通通上阵，准备为国捐躯。数了一下，大约有二十余万人。

刘濞，你不能输啊。一输，全国人民也跟着你玩完了。我想，今年六十二岁的刘濞肯定在心里无数次地念起这话，不断地给自己鼓气。

晁错，你真的捅到大马蜂窝了！此时的刘启，早就急成了树上跳脚的猴子。

自汉高祖立国来，尽管诸侯造反不断，可是从来没有这么大的声势，一下子冒出七个牛鬼蛇神，要冲上来跟玉皇大帝较真来了。

听说，人体长期无病，那样未必是好事。反而是，一年半载地感冒风寒，可以增强身体免疫力。刘恒在位时，匈奴就给他闹过三次大风寒，刘兴居及刘长就给他闹过两次小感冒。事实证明，这些风寒和感冒都不是白得了。因为，刘恒从这几次患病中，得到了一贴能解燃眉之急的药方。

这帖良药，当然指的就是周亚夫。

周亚夫的治病功能不是我吹出来的。刘恒临崩前，就叮嘱刘启一句话：小子，你给我记着。有困难，找亚夫，他是个可以肩挑重任的好同学。

于是，当吴楚等七国造反的消息传到长安时，他第一个找到周亚夫，并且马上做出以下部署：第一，拜都尉周亚夫为太尉，将三十六将军迎战吴楚联军；第二，遣天下第一卖友求荣者郦寄率军击赵；第三，派以哭葬彭越闻名天下的栾布为将军，前往东方救齐。最后，刘启还想重新起用一个重要人物。

这个人，就是外戚窦婴。

于是，刘启紧急召窦婴进宫，然而当窦婴听说刘启要拜他为大将军时，只见他两手作拱，叹息般地说道："哎，多谢陛下抬举了。国家危急，我也想为国效命啊。只可惜的是，我身体有病，能力又差，不足担当如此大任啊。"

其实，窦婴心里更想骂刘启的是：早知如此，何必当初。当初是谁叫你不要削侯的，是我窦婴啊。好啦，扁鹊明明告诉蔡桓公说你身体有病，得赶快治，可你就偏不信。现在疾入骨髓，知道回来找我治病了是吧？你以为我是谁呀，挥之则去，招之则来。我告诉你，没有那么好的事。

窦婴一番推辞之话，让刘启一时哭笑不得。这个窦婴，你就别装了。你不就惦记我不听你劝吗？还有啊，当初窦太后修理你的那点阴暗账肯定还记得牢牢实实的。不过，现在是什么时候了，你还把那破事放在心上啊。

于是，刘启对窦婴说道："窦太后削你门籍的事，她已经惭愧了。你呢，这事就小化无吧。再说了，国家危难之际，你一个大侠义之人，怎么能坐视不管呢？"

嗯，这话听起来，还是挺舒服的。窦婴一时无话。此时，刘启见火候已到，立即拜窦婴为大将军，同时赐金千斤。

但是，刘启赐给窦婴的这两样东西，窦婴只拿走了大将军一职。至于千斤黄金，则全部排在办公室的走廊外，并且告诉将士们，缺钱的就自己拿去花吧，千万不要替我心疼。

好一个侠气十足的窦婴！

可对刘启来说，窦婴愿受拜大将军，让他心里终于落了一块石头。窦婴的主要任务是屯守荥阳，防范齐赵两兵越境深入。如此部署，刘启可不是病急乱投医。同样的，他也是拿出了全部家当和刘濞对着干的。

兄弟们，这次就全看你们的了。刘启握紧了拳头，准备还击了。

四、替罪羊

大师李敖说过：弱者，多不好活；强者，多不好死。如果拿此话套在晁错这个强者身上，那是一点不为过的。

抛开国家大义，从私有情绪来论，晁错削藩之计，确有离间帝王骨肉之嫌。凡是挑拨离间，不受天谴，亦受人祸。此中感触，数晁错父亲最能体悟。

此时，晁错父亲从千里之外的老家颍川赶到长安。老人家一见到儿子，就发问："外面闹得沸沸扬扬的，你知道吗？"

晁错："我知道的。"

晁父："你身为人臣，侵削诸侯，疏人骨肉，口语多怨，请问，你这是想干啥呢？"

晁错："你要理解，我这是为了国家。不如此，天子不尊，宗庙不安啊！"

晁父："为了刘氏的安定，却要亡了晁家的种，你认为这样做值得吗？"

晁错："……"

晁父叹息一声道："好吧。国家国家，无国就无家。为了国家，丢了小家。那俺这个当爹的，只好陪你走到黑了。"说完，晁父告别晁错，哀伤离去。

没多久，消息传来，晁父饮药自杀了。他只留下一句话：我真的不想看到灾祸降临的那天，好死总比祸死好。

悲哀，似乎已经不能表达晁错真实的情感。晁错和他父亲这条不可逾越的鸿沟，注定难以填平。古今以来，忠孝总难两全。为国家干革命，当然就不要舍不得小命，父亲可以曲解我，诸侯可以攻打我，但是，我怎么能让历史遗忘我？！

是的，青史留名，是一个政治家最大的梦想。如果没有这个作为驱动力，那么所谓的政治家，不是混混，估计就是国之蛀虫。晁错当然不是混混，亦不想做蛀虫。他现在最想做的，是要怎么搞掉这些肥狼般的诸侯。

哪里有压迫，哪里就有反抗。晁错想打掉刘濞，刘濞也想搞死晁错。此时，刘濞等人打出的造反口号是：清君侧，诛晁错。

既然这样，刘启这个后台老板，也只好奉陪到底了。

刘启再次召来晁错，商讨下一步行动。这次，晁错给刘启出了两招。准确地说，这是实实在在的阴招。

第一招：建议刘启学老爹刘恒，亲自出征讨伐诸侯；晁错本人，则留守长安。

第二招：建议把吴楚两国还没有攻下的徐县、僮县划出来，分给吴国。

当刘启听到晁错放出此话后，只有两个字，失望。他真的不相信传说中的智囊，竟然会想出如此下流无耻的招数。

晁错之无耻下流，想想就可知道：第一，尽管说目前晁错的职位已经被升到了御史大夫的高位，但归根到底，他不过是刘启的一个高级打工仔。既为马仔，就得拼命。别忘了，火是你点起来的，现在烧到眉头了，要灭火也是一起来，凭什么叫我老板打前线，你却大可以坐在后方跷起二郎腿等待消息？当然，刘邦和刘恒曾经多次亲征过，问题是，他们是自愿的。没有消息显示，我刘启要主动上战场呀。

第二，关于割让土地问题，晁错此一时，彼一时，真是让人觉得既好笑又可怜。当初，你晁错可是铁了心也要削诸侯，现在诸侯既然造反，那跟他们干到底就得了，凭什么要把土地割让给吴国？殊不知，这样造成的不良后果是什么？不要说以前从诸侯那抢来的土地有可能被逼还回去，甚至也有可能被诸侯们抬高价码，把中央原有的土地也割了去。这不是亏大本了吗?

兄弟啊，打不赢是能力问题；无端割让国土，那就是态度问题了。就冲你这个态度，就断定你不是什么好的政治家，充其量，你不过是个玩弄权术的胆小鬼。既然如此，我刘启对你还有什么好托付的呢，是不是我可以开口说一句：你真的可以滚蛋了!

其实，刘启心里也就发发牢骚，叫他喊晁错滚蛋，现在还缺一个充分的理由。然而，马上就有人替他找了一个绝佳借口。

此人，正是刘恒旧相好——袁盎。

而袁盎替刘启对晁错喊出的口号更狠，那就是一个字：杀!

袁盎喊杀，绝对不是什么稀奇的事。在袁盎的政治生涯中，他从来就没有什么人权思想。想当初，张苍等人就因为联合启奏斩造反王刘长，后来刘长无端绝食而死，本来丞相张苍做得理直气壮，而且也跟袁盎没怨没仇，袁盎还在后面捅他们一刀。更何况现在这个晁错，是袁盎的死对头，袁盎要杀他，那实在是没什么废话可讲的。

有必要交代一下，袁盎和晁错结怨成仇，也不是一两天的事了。他们之间的恩怨，可以追究到刘恒当政时期。那时候，袁盎是刘恒眼前的红人，晁错则是时为太子刘启好使的人。都说文人相轻，其实政客亦不过如此。两人因为性格及政见不同，所以互相看不上眼。有袁盎在的地方，晁错肯定消失；有晁错讲话的地方，肯定也不见袁盎的身影。此两人就像是好斗的公鸡，从未聚在一堂会晤。

那时，袁盎自知在朝中得罪不少人，日感在朝中难混，便主动向刘恒请调地方工作。刘恒批准了袁盎的请求，先调其为陇西都尉，因为政绩不错，又调到吴国做刘濞的国相。

刘濞之难以伺候，那是地球人都知道的。然而，已经有人教袁盎一招：如果想在吴国生存，就不要多管闲事。反正南方气候四季湿润，你就天天找人喝酒，然后有事没事对吴王旁敲侧击，劝他不要造反。这样，保证你全身返京。

袁盎听从此客建议，到吴国后，只喝酒吹牛，不管事。果然，刘濞待其不薄，于是造反时，独留下袁盎这个两千石的高官不杀。

其实，现在的袁盎和晁错实力相对，那可不是一个档次。七国之乱，袁盎能存一命苟活于世，那就已经谢天谢地了，根本没想到还要去杀什么晁错。可是，现在袁盎不得不奋起反抗。

因为，晁错已经磨刀霍霍冲着他来了。

袁盎和晁错之前的诸多不和，其实都不能构成晁错杀人的全部借口。晁错之所以想对袁盎动刀，唯一合理的推测就是：刘濞是反贼，反贼不杀袁盎，说明袁盎亦是反贼。袁盎是中央派去的人，怎么也成了反贼？刘濞有钱，估计他是被收买了。

既然如此，袁盎就是该死了。

于是，晁错将总监察官（丞）及监察官（史）召来，说道："袁盎多数被吴王刘濞用金钱攻下了，专门替刘濞掩蔽过失。不然，他曾口口声声说吴王不反，怎么现在就突然反了呢？我断定，袁盎肯定是参与了造反队伍，请你们去把他抓起来治罪！"

请注意，晁错给袁盎定造反罪的关键词是：估计、断定。这两个词语，都带有强烈的主观色彩。以个人臆测来判定一个人有罪，只能说明一点，晁错很阴，摆明就是趁机搞掉对手。

晁错之阴暗面，当然不能逃过其属下两位同学的眼光。于是，丞、史联合对晁错说："御史大人，如果吴王没造反之前杀袁盎，似乎还能绝刘濞反心；现在反都反了，你杀袁盎又有什么用呢？再且，刘濞不杀袁盎，不一定就代表袁盎被收买了。说不定，袁盎还有其他什么绝招呢？"

中国历史中，留下太多的诬蔑和栽赃。可是，其前提必须是，主谋人必须有一手遮天之能耐，或者聚集同穿一条裤子的合作伙伴。只可惜，晁错此两者，偏偏缺乏。他当然还不能达到一手遮天的地步，丞、史两人也根本就不想与他合作。没有共同的利益，没有共同的阵营，凭什么两人白搭一场，无故出力？

没人搭伙，晁错一时没辙，他真的犹豫了。

然而此时，晁错想杀袁盎的消息，仿佛像长了翅膀般飞回了吴国，落到了袁盎的耳朵里。

袁盎当即的反应，只能用中国那句特有的俗语来形容：娘的，你晁错敢做初一，我就敢做十五；你对我不仁，休怪我对你不义。

袁盎不仅仅是骂骂过嘴瘾，他真的行动了。

晁错找不到可以整治袁盎的人，但是袁盎马上就找到了可以修理晁错的人。此人，正是被刘启刚刚封为大将军的外戚窦婴同志。

袁盎叫窦婴为一声同志，那是没错的。我们知道，窦婴因为不同意晁错削藩计划，所以和他吵得不可开交。按阶级斗争法则，敌人的敌人，永远是我的朋友。那么，袁盎找到窦婴作为同盟反击晁错，那是理所当然的了。

其实，袁盎和窦婴除了拥有共同的敌人之外，他们一直都是站在同一个战壕战斗。在他们这个同一个阶级的队伍里，当然是窦婴当老大。现在，战友袁盎身陷绝境，窦婴当然不能袖手旁观。

于是，袁盎夜里急见窦婴，窦婴二话不说，带着袁盎直接奔入刘启宫中。然而，当袁盎独自被刘启召到面前时，他发现一个不该出现的人也在现场。

此人，晁错是也。

如果没有记错的话，这应该是他们人生第一次正式同堂聚会。如果袁盎没有猜错的话，这也应该是他们的最后一次正式会面。

刘启首先发话了，他问袁盎道："今吴楚反，于公意何如？"

刘启此言，意思就是说：现在吴楚两国都反了，请问你有什么看法。此话，乍听上去，极是平常。然而，其中却暗藏玄机。这个玄机就是：刘启不但不憎恶袁盎的到来，似乎显得有些欣慰。

这时，只见袁盎从容答道："陛下放心，吴楚反，臣窃以为不足忧！"

袁盎真是站着说话不腰疼，刘启头都大了，他竟然还说吴王不足忧的话。

刘启问袁盎："吴王一个白发老头还要造反，如果没有经过长期的准备，这是不可能发生的事。你怎么说他不足忧呢？"

袁盎答道："吴王之所以乱，正是此亡命之徒及奸诈小人的结果。"

这时，一旁的晁错插话道："没错，袁盎所言是也。"

刘启看了晁错一眼，又问袁盎："那么，你可有摆平吴王的办法？"

办法当然是有的。如果没有，今天也不会急闯皇宫，更不会斗胆在刘启面前说大话，更更不会当着晁错的面，置他于死地而后快。

有时想想，也够悲哀的。人类许多高妙的智慧，都是在个体生死存亡的时刻迸发出来的。袁盎绝杀晁错，并不是他主动所为，而是他被逼急跳墙才想出来的绝招。

袁盎出狠招了。

袁盎对刘启说道："请陛下先屏退左右，摆平吴王的计谋，我只能告诉陛下一人。"

此时只有三个人在谋事，袁盎、刘启、晁错。屏退左右，这个左右，当然指的是晁错。刘启转过头，看看晁错。晁错一脸尴尬和恨意，却又无法发作，只好恨恨地瞅了袁盎一眼，离开了现场。

晁错既出，刘启接着问袁盎计谋。袁盎强忍多日的恐惧，像恶之花，即刻开放在刘启的面前。

袁盎对刘启说道："摆平吴王的办法很简单。吴王造反，不过是因为晁错削了他们的土地。如果陛下杀晁错，向诸侯谢罪，复还诸侯故地。兵刃之灾，立即化解！"

诛晁错？！办法真的管用吗？

刘启沉默了。

沉默，可怕的沉默。

最后，刘启长长地叹息道："我不知道诸侯们的诚意如何，如果可行的话，我想我不会因为爱一个人而得罪了天下所有的人。"

好啊，刘启终究还是动心了。

千等万等，袁盎等的就是这句话。袁盎心里亦长长地舒了一口气，对刘启说道："诛晁错，复故地，以此谢罪天下。这，只能是唯一的办法了。时不我待，请陛下拿定主意。"

其实，刘启一语既出，心中主意已定。一个字，杀！

而且，诛杀晁错，还必须得快。快的好处是，杀晁错个措手不及，避免意外出现，以此尽快消退刘濞进犯。

于是，刘启和袁盎决定分工行动：诛晁错，刘启来办；退刘濞，袁盎来办。

紧跟着，刘启改拜袁盎为太常，整装密行。同时，刘启也秘密行动了。

首先，刘启把丞相、首都警备区司令（中尉）、司法部长（廷尉）三人叫来，让他们出面弹劾晁错；其次，刘启在三人的弹劾书上签字：同意通斩晁错老少一家。

此时，晁错还被蒙在鼓里。没有人给他打招呼，亦没有人给他通风报信。整个长安城，安静得有些空洞，甚至恐怖。晁错不知道，在这座别人的城市里，他不过是只落单的孤雁。

公元前154年，正月二十九日。刘启让中尉去向晁错传话，叫他入朝会见。

圣奥古斯丁说：昨天，是今天的过去；明天，是今天的复制。是的，对晁错来说，昨天，今天，或许明天，似乎都是一样的。那就是，没完没了的上朝、出策、杀人。但他并不知道，这天的日子实在有些异常。因为，今天是袁盎联合刘启使计杀他的最后日子。

这一切都没有征兆，晁错像往常一样，朝服打扮，出门时还特别多整一次衣冠。然后，跟中尉上车去了。没想到的是，悲剧就在长安闹市发生了。

当晁错乘车才入长安街市，就被踢下车去，说时迟，那时快，一武士挥起长刀，腰斩晁错。

五、刘濞的倒掉

晁错被腰斩后不久，袁盎也抵达吴国。

此时，吴楚两军已经开打，他们第一个目标是企图拿下汉朝的前沿堡垒：梁国。梁王，即刘启同胞兄弟刘武是也。

这时，袁盎让随行之人入内告诉刘濞，说中央派他来想和吴王当面好好谈谈。然而，刘濞听到传话，只是得意一笑，拒绝袁盎请求，并且说道："我都当东皇帝了，难道还要接你那个什么西皇帝刘启的诏？"

刘濞就知道袁盎要跟他谈判来了。打都打了，还谈什么判，要谈也要等打得差不多了才谈嘛。

刘濞使人告诉袁盎，反正你到哪里都是混口饭吃，刘启给你的，我一样能给你；过去我刘濞怎么厚待你，今天仍然不改初衷。如果不嫌弃，就留在吴国当将军吧。当然，如果你拒绝，废话我就不多说了，后果是可想而知的。

刘濞这招，就叫软的不行，就来硬的。

袁盎当然也不是个豆腐汉，如果刘濞想收买他，没门，他当即断然拒绝了刘濞的诱骗。

袁盎此个态度，在刘濞看来，那叫自找苦吃。既然不合作，那我也只好采取不合作的办法了。于是，刘濞当即派一都尉率五百人将袁盎包围，准备择日诛杀。

袁盎，如果神仙不佑，就要乖乖地受死啦。

事实是，果然有一神仙主动保佑袁盎。此一神仙，当然是假神仙。他不过是袁盎当吴相时在他手下工作过的从吏。

俗话说，恶人有恶报，不是不报，只是时候未到。其实，此话也可正过来说，好人有好报，不是不报，只是机会不到。这个好心救袁盎的人，目前职务是吴军校尉司马，他恰好是被派来围杀袁盎的。

此校尉司马之所以舍身救袁盎，不为别的，只图报恩。

事情是这样的：首先是，袁盎当刘濞的国相时，他曾在袁盎手下当从吏，偷偷地勾搭上袁盎的婢女。尽管说，婢女是袁盎的私有财产，但是，婢女也是人嘛，只要是人，总想有个感情归宿。于是，袁盎对他们这对狗男女，假装不知道，任其来往。没想到的是，不知何人嘴大多事，悄悄地告诉司马先生，说袁盎已经知道他与自己家的婢女偷情了，这下他死定了。

当时，司马知道大事不妙，立即开溜。更让人想不到的是，袁盎闻听司马逃跑，亲自骑马追赶他回来官复原职，甚至把婢女赐给他当老婆。

好人啊！袁盎这招，让司马先生感激涕零，将此恩牢牢地记在心里。

在司马先生看来，他欠袁盎的那个人情，不要说什么滴水之恩，当涌泉相报的套话，就算真的是有朝一日为袁大人赴汤蹈火，亦在所不辞。果然，他还真的蹈着火来救袁盎来了。

可是，五百个士兵围一个袁盎，他简直就是笼中之鸟，缸中之鱼，插翅难逃了。

此情此景，校尉司马想把袁盎营救出来，无异于水中捞月。

俗话说，世界不缺乏智慧，缺乏的只是发现智慧的脑袋。这个校尉司马，竟然想到一个救人的好办法。

此办法就是：买酒灌醉守护袁盎的士兵，然后踩着他们的身体，撕开一角开溜出营。

天气恰好帮了校尉的大忙。此时，会天大寒，正是喝酒暖和的好时光。于是，校尉司马倾尽所有积蓄，买了两石好酒抬到驻营中吆喝士兵们来喝。校尉司马如此豪放，喝酒的士兵当然也得装出豪放的模样。结果，一帮人喝得横七竖八，全趴在地上一动不动了。

于是，这位校尉司马立即冲进营中，拉起袁盎就往外跑。

此时，袁盎不知道有个好心人从天而降，当即就被校尉唐突的营救弄得一惊一乍，不肯动身。司马先生叹息一声，告诉袁盎："袁大人，你赶快溜吧，吴王明天早上就要拿你开斩了。"

袁盎不相信地盯着司马，因为眼前这个人，似乎没见过，更不知道他居心何在，我袁盎凭什么要相信他呢？

这时，司马先生急得快要跳起来了，又对袁盎说道："恩人啊，你难道忘了我吗？我是曾经盗过你婢女的那个从吏啊。"

袁盎这才记起，原来你小子是个有良心的人啊，还懂得这时候来还我的人情债。这时，只见袁盎叹息一声，对司马说道："你应该是上有老，下有小的人了吧。你这样做，恐怕要连累你的家人了。"

司马说道："恩公尽管放心，我早安排好家人的后路了。请赶快走吧。"

袁盎终于点头同意逃跑了。

于是，司马挥刀割开营帐，两人像踩地雷阵似的，蹑起脚小心地从醉酒士兵横竖叠放的空隙间踩过。最后，两人终于成功逃离了包围圈。再往后，两人分道逃亡，袁盎步行了七八里路，才遇上梁国骑兵，成功地逃回了长安。

刘启闻听袁盎的惊险逃亡记，真是肠子都悔青了。

原来，诛杀晁错，实在是个下策啊。不过，经过此次教训后，刘启终于彻底地认清了刘濞的真面目：他挂名诛晁错，实则是冲着刘启的宝座而来的。刘濞今年已经是六十二岁的人了，现在他已经自称为东皇帝，原来辛苦准备了四十年，只求入土之前过一把皇帝瘾。

就冲着刘濞这个不知天高地厚的东皇帝称号，刘启还真不打不行了。

于是，刘启第一个命令周亚夫，立即率兵迎战刘濞的吴楚联军。

此时，周亚夫率三十六将军，兵力有三十万左右。从数量上来看，兵力与吴楚反兵相当，如果三十万对三十万火并，那是何等壮怀激烈的场面。然而，周亚夫却认为，楚军剽悍灵活，如果中央军和他们火并起来，未必占优势。将军不打无把握之战，既然这样，就要扬长避短。

那么，周亚夫到底要扬什么长，避什么短呢?

他的作战计划是这样的：首先，准备放弃梁国，以梁国拖住吴楚联军，消耗反军力量；其次，轻兵远道奔袭，抄吴楚联军后背，断其粮道。

总结以上两点：梁王刘武只要拖住刘濞两个月，反军必闹粮荒。到时，反军内忧外患，自然崩溃!

于是，周亚夫把作战方案传给刘启。没想到的是，刘启很快就批准了周亚夫的作战方案。

周亚夫终于出兵了。

他的路线是准备穿过函谷关，向荥阳挺进，以待战机。然而，就在他发兵至霸上时，突然跳出一个人，给周亚夫出了一个绝杀的计谋。

这个跳将出来的人，叫赵涉。他是这样对周亚夫说的："刘濞富甲天下，从来都以纳亡命之徒出名。如果中央军西出函谷关，必定要穿过崤山和渑池（河南省渑池县西）等狭窄险要之地。我断定，刘濞肯定在此两地间埋伏杀手，偷袭汉军。咱们不如换条路线，走蓝田，出武关，抵洛阳。然后再在洛阳鸣鼓造势，威慑反军！如此，不是更妙吗？"

很幸运的是，赵涉这番话当即就打动了周亚夫。周亚夫然其计，决定走蓝田，出武关。同时，派一支小分队从函谷关出发，大搜崤山及渑池沿线。

事实证明，这个名不见经传的赵涉具有超人的远谋。果然，周亚夫一路无恙地抵达了洛阳。洛阳，距离荥阳直线距离只有八十公里。大军到洛阳，荥阳也就遥遥可望。这时，搜山的小分队传来消息，刘濞果然在崤山一带埋伏了杀手，他们已经搜到了不少吴国伏兵。

好险啊!

周亚夫又惊又喜，立马拔军向荥阳，一路挺到彭越的老家，昌邑城。昌邑，距离梁国首府睢阳直线距离一百公里左右。

此时，睢阳正在上演着一场火与铁的斗争。吴楚联军三十万大军，向睢阳发起了猛烈攻击。梁王刘武心急如焚，立即向周亚夫发出求救信号："周太尉，请快来救救我！"

然而，一百公里外的周亚夫一动不动，平静地回复道：“不救！”

刘武：“你敢见死不救，难道不怕我告你吗？”

周亚夫：“反正是不救，要告请便。”

刘武没辙了，只好使人飞马入长安告周亚夫见死不救。

亲兄弟被人打得不成样，当哥的心里也挺难受的。刘启决定改变计划，发兵救梁国。

而营救梁国的大任，当然就落在周亚夫的身上。然而，当周亚夫接到刘启的诏书后，表情奇异，什么话都没说，一个小兵也没动。

他还是那句话：不救就不救，皇帝说了也不算。

见过牛将军，却没见过敢于抗诏的不怕死的将军！

其实，周亚夫不奉诏，目的就是不能打乱全盘作战计划。尽管说，战争瞬息万变，计划永远赶不上变化。但是，如果一味地以动制动，就可能被敌人牵着鼻子走。那样的话，就太被动了。

打被动之战，从来不是周家带兵的习惯。

其实，周亚夫不救梁国，不等于没动作。他已经悄悄地行动了。这个行动，就是派出一支轻骑部队，犹如神鼠飞天，神不知鬼不觉地绕过吴楚联军，抄其后路，断绝了吴楚两军的粮道。

周亚夫抄断联军后路的消息，马上传回反军高层，刘濞一时就傻了。

怎么办？如果分兵抄回老家干周亚夫的轻兵，可现在攻梁正缺人手呢？不打嘛，那粮道不通，士兵不是喝西北风了？

最后，刘濞决定继续攻打梁国。只要拿下睢阳，里面的粮食就算是咱家的啦。

刘濞此个方案，赌注实在太大了。

他下这个赌注时，只能有一个念头，那就是：只许赢，不许输。如果在短时间内拿不下梁国，吴楚联军极有可能因为断粮而失去战斗力。

果然，刘濞带着必胜的信心加大火力，猛打梁国。

此时，刘武站在梁城上，远远地眺望着城外密密麻麻的反军，心中之悲壮和绝望不言而喻。周亚夫见死不救，敌人又打得像疯了一样，刘武只能爆发出比刘濞更猛烈的信念指挥战斗：不能输啊！一输，梁国上下真的都要跟着完蛋了。

兵书说，哀兵必胜。此话真不是吹出来的啊！果然，接下来的对战中，刘武因为用人得当，频败吴军。这下子，刘濞急得像一只疯狗般跳了出来。怎么办？打又打不进城，退兵更是扯淡。

突然，刘濞把目光投向了昌邑城的周亚夫。

刘濞总算看破了周亚夫的伎俩：断吴楚粮道的是他，坐观龙虎斗的也是他。这么大的一个人，带着这么庞大的一支军队，静观其变，无非就想等刘濞折腾得没力气了，他再来收渔翁之利。

刘濞一想到这，不由冷笑了。你个周亚夫，想得倒真美。我现在就先搞死你，再回头弄死这个顽强的刘武。于是，刘濞调军北上，向昌邑进发，准备和周亚夫大干一场。

刘濞这招真是又走错了。当周亚夫闻听刘濞要攻来，立即向刘濞迎面移师，两军会在下邑，准备大战。

然而，周亚夫突然向士兵们宣布：无论反军怎么挑战，没有将军的命令，万万不可妄自出战。

果真，刘濞在阵外任是狂吠，周亚夫就是不作理睬。

刘濞又傻了。你个周亚夫，到底想干什么？

突然，刘濞又想明白了。原来，周亚夫打的就是持久消耗战。如果真的要打持久战，那就真的坏了刘濞大事了。因为，刘濞带来的粮食已经开始紧张了。哪怕多拖一天，就多一天的危险！

不行！一定要速战速决。

于是，刘濞再次主动出击了。

首先，他分兵两处，一部分兵力佯攻东南阵地；其精锐部队悄悄挪到汉军西北阵。刘濞的如意算盘是：联军佯攻汉军东南阵地，周亚夫必倾尽精锐守城，然后联军从东北方向撕破汉壁缺口，杀入汉营。

然而，刘濞的算盘再次落空了。因为，狡猾无比的周亚夫已经看破了刘濞的阴招。当刘濞攻打汉军东南阵地时，周亚夫命令，务必坚守东北壁。果然，当刘濞的精锐部队奔到西北方向时，竟然发现，周亚夫已经架起了铜墙铁壁。于是两军僵持不下，搞得刘濞动弹不得。

完了，联军已经缺粮了。

完了，周亚夫的阴谋马上就要得逞了。

果然，缺吃少穿的联军，这时闹起了饥荒。刘濞的部队先饿死了一部分，另外一部分看见造反没奔头了，突然反戈一击叛变了。

刘濞的死期到了。

二月，春暖乍寒。周亚夫仿佛一只沉睡的巨蛇，终于主动出洞了。他的部队犹如西伯利亚的一股寒流直扑刘濞，大破吴楚联军。

此时，刘濞再也无力做他的东皇帝梦了，只得悄悄地把楚王刘戊丢下，趁着寒冷之夜带着几千壮士向东南方向逃跑了。

第二天，楚王醒来，发现刘濞已经开溜，只得一刀挂上脖子了结了自己。

这时，吴楚士兵发现龙首不见了，全都慌了神。此时唯有一条路：投降。于是，他们分成两批人，一批向周亚夫投降了，一批跑回梁国向刘武投降了。

二月三十日，天空出现了日食。

这个不祥的征兆，当然是留给刘濞老贼的。此时，刘濞南渡长江，逃到了丹徒（江苏省镇江市东丹徒镇）。在这里，他又纠集了一万余残兵败将，准备退守东越国。

然而，死神还是追来了。

此死神，换了个陌生人：东越王骆望先生是也。刘濞逃奔东越王时，汉朝早派人贿赂了东越王，同时警告骆望：如果东越王能替汉朝干掉刘濞，大大有赏；如果不识时务，狼狈为奸，那就是自吞苦果了。

骆望只得乖乖地被收买了。

骆望在自己的地盘上干掉刘濞，那不是一件很困难的事。他诱杀刘濞的过程如下：首先，忽悠刘濞说借兵给他继续造反，请他出来劳军；其次，在劳军现场埋伏杀手，只要刘濞一到现场，立即动手。

果然，刘濞听信了骆望的鬼话，出门劳军。没想到，刘濞一到劳军现场，说时迟，那时快，杀手们腾跃而起，砍下了刘濞的头。紧跟着，骆望以快马将刘濞之头速传长安。

好消息不断地传入长安：东边，曾经替彭越哭葬的栾布搞定了胶西王等四个婊子王。北边，赵王顽固，不肯降，郦寄久攻不下。最后，栾布移师北上，匈奴闻声，撤出边境，不助赵王。结果，这个叫刘遂的赵王被栾布引水灌城，城坏，自杀身亡。

结束了。终于，通通结束了。

到此，吴楚联军的造反闹剧，历经三个月，像一场梦般破灭了。

长安城下，刘启就像从噩梦中惊醒的人，他推开窗户，眺望远处的天空。此时，仿佛昨夜下过一场暴雨的天空，今天变得特别辽阔。空气异常清新，灿烂的阳光洒在树上，挂在树叶上的水滴反射出五彩斑斓的光泽。

突然，刘启发现，今天真的是一个好天气啊！

第八章

宫斗

一、命运交响曲

刘濞歇菜了，刘启终于可以歇口气了。

真的无法想象，如果刘濞造反得胜，那他对胶西王许诺的一个东皇帝，一个西皇帝，肯定又是一句不能兑现的屁话。那么结果只能是，辛辛苦苦几十年，一夜回到解放前：汉朝不是回到战国混战时代，就是回到楚汉相争的艰难岁月！

然而，才搞完前线，刘启猛然回头看，后院又在冒烟了。

所谓后院，就是后宫；所谓冒烟，是积了很久的毛病，即太子之争。

我们知道，曾经，薄太后给她的孙子刘启配了一个不会下蛋的薄皇后。当时，薄太后还活着，包括刘启等人在内都觉得，给薄皇后最后的机会，再等等吧。没想到，一直等到薄太后崩，这个薄皇后还是生不出个蛋来。

没办法，立太子这件事不能再等了。刘启决定，必须尽快从他的小老婆群生的儿子群中，挑出一个中意的太子。于是，刘启的目光自然地就锁住了美女栗姬。

先来了解一下汉朝的后宫制度。整个汉朝，后宫总共分有十四等级。但是西汉初期，后宫制度大约只有如下几个档次，等级排列如下：姬（又称夫人）、美人、良人、八子、七子、长使、少使等。

以上这些嫔妃，无论归属哪种档次，其毕生都在以下怪圈里打转：青春时期，靠脸蛋和肉体吃饭；年老的时候，靠儿子撑门面。用一句很通俗的话来说，那就是：子因母贵，母因子贵。无子，当然无贵。

所以，当皇帝的小老婆，此中辛酸，不是一般人所能体会的。然而，不吃得苦中苦，哪能成人上人。在汉朝后宫苦撑多年，有人总算是熬出头了。这个人，就是栗姬了。

栗姬的竞争对手是王美人。可是，根据嫡长原则推理：栗姬等级比王美人高；刘启的十四个儿子中，刘荣是长子。所以说，刘荣得到太子之位，那根本就没有什么悬念。

顺便交代一下，刘启封刘荣为太子时，薄皇后还没有被废。刘启为何十万火急地要封太子，难道他真的等得不耐烦了吗？

这事说来，还有些不好意思。因为，之前刘启就答应窦太后，自己百年之后，将传皇位于胞弟刘武。当初刘启那话一出口，还被窦婴骂了一顿。后来想想，越来越觉得后悔。于是，他干脆出尔反尔，先封了太子，断绝窦太后和刘武的念头。

公元前153年，夏天，四月二十三日。刘启封长子刘荣为太子。同时，封次子刘彻当胶东王。

刘荣既得太子位，满心欢喜。立马就有人主动登门，说是要投资入股。

都说皇帝的女儿不愁嫁，太子一样不愁没老婆。地球人都知道，嫁给太子，等于一只脚迈向了皇后的宝座。但是，给太子提亲，不是想提就能提，想入股就入股的。

首先你必须有两个硬条件：出身够硬，派头够大。恰恰是，前来向刘荣提亲的人能满足这两个条件。

此人，正是刘启的亲姐姐，刘嫖公主。

都说，想在江湖中混，没有点拳脚功夫是不行的。这个刘嫖，小的时候受刘恒宠爱，大的时候受刘启依赖。她之所以能在汉朝如鱼得水，游刃有余，全赖于她有一个好的本领：拍马逢迎，投机取巧。

刘嫖拍马逢迎的技巧就不详说了，关键是后者。曾听说这么一句话，想要抓住男人的心，得先抓住他的胃。两千多年前的刘嫖，就是靠抓住了刘启的胃，从而搞定刘启的。

刘启之胃，装的不是名菜，而是美女。刘嫖天生具有拉皮条的本领，她曾这样对刘启说："兄弟你想要什么样的女人，姐姐给你全包了。"

刘嫖这话，刘启爱听，所谓人有物需，物有所供。从那以后，刘嫖建起一套强大的人际网络，到处捕猎美女，然后分门别类，制成豪华菜单送给刘启。只要刘启点中哪样菜，刘嫖必然极快端上。

一个愿送，一个愿吃；送的不亦乐乎，吃的也不亦忙乎。久而久之，刘启就像吸毒上瘾一样，对这个免费贩卖黄毒的亲姐姐形成了心理依赖。

能依赖就好。刘嫖要的就是这个效果。只要套住了刘启的心，就套住了富贵；套住了富贵，就套住了明天。

这个明天，当然就是渴望攀上一门好姻亲。理所当然地，刘嫖就找到刘荣的大门上来了。

提亲之前，刘嫖的算盘大约如此：我的面子也够大的，向你刘荣提亲，只要你肯娶我女儿为妻，你好我好大家好。天下哪来这般的好生意呢。

刘嫖的算盘打得响亮。然而，没想到，马上就有人将她的算盘，打落到水里去了。

让刘嫖算盘落空的人，正是刘荣的老妈，栗姬是也。

说栗姬是美女，那是没得说的；说栗姬有脑子，那是很值得怀疑的。栗姬之所以拒绝刘嫖，是因为她恨刘嫖。恨的理由只有一个，刘嫖经常替刘启拉皮条，大大降低了她和刘启的约会率。

换句明白话说吧，栗姬吃醋啦。

我想，栗姬憎恨刘嫖，和栗姬爱刘启应该是成正比的。她深恨刘嫖，是因为她深爱刘启。深爱的结果，当然就是渴望刘启一辈子都吊在她这棵树上。

事实上，这个想法不但过分，而且十分离谱。

我们知道，爱情是自私的产物，是绝对的占有。然而，民间爱情和皇宫爱情，根本就不是一码事。在深如魔井的皇宫后院中，嫔妃和皇帝的关系，不是水中鸳鸯，天上双飞鸟。打个比喻，她们就像是树上的椰子，必须死死地巴结那棵共同的男人树——皇帝。

拥有三妻四妾、三宫六院，那是中国古代男人最美的愿望。而且，刘启妻妾成群，那不是潜规则，而是天经地义，日月可鉴的。栗姬想让刘启此生只爱她一个，就别做白日梦了。

嫉妒是一种病。可怕的不是患病，而是无药可治。地狱，从来没有像今天那样离栗姬如此接近。

她的黑夜来了。

刘嫖被栗姬拒绝联姻后，愤怒异常。栗姬这个婆娘，实在太不识抬举了。给你阳光，你就灿烂；才立你儿子为太子，你就翻脸。那太子真的变成皇帝了，你不是连屁股都翘上天了吗？

但是，刘嫖静心想想，突然也害怕了。

不得不害怕啊，世间没有无缘无故的恨，吃醋是栗姬的特长，嫉妒是她的顽疾。有朝一日，万一她真当上皇后或者皇太后，以上两种毛病一起发作，那她刘嫖还有得混吗？

不想不知道，一想还真吓一跳。无边的恐惧像伤风感冒病毒一般流遍刘嫖全身。看来，她只能先下手为强，防患于未然了。

于是，刘嫖行动了。

纵观古今，政治斗争的规律无非如下：首先，找到对手的软肋；其次，找出对手的敌人，即自己的盟友；再次，策划对招。

在刘嫖看来，栗姬的软肋就是，青春容貌与人生智慧严重失衡；但是，栗姬除了恨刘嫖外，似乎没有什么敌人。这点当然难不倒我们的长公主，栗姬没有敌人，就给她创造一个敌人不就得了。

果然，刘嫖马上就给栗姬找到了一个假想敌，并立即变假为真。此人，正是刘彻生母王美人。

刘嫖是这样引诱王美人的：“我想把我女儿陈阿娇，配给你儿子刘彻当媳妇，你看中不中？”

王美人想都不想，直接说道：“中！”

当然中了，打着灯笼还找不到的好亲戚呢，王美人怎么能拒绝呢？

接着，刘嫖又出谋道：“既然如此，咱们一不做，二不休，搞掉刘荣的太子位，换上刘彻。这样，将来咱们老了，也算是有所依靠嘛。”

王美人的回答是：“善！”

在此，我们真不得不说，刘嫖找王美人一起搞阴谋，那可是找对人了。因为，王美人天生就是搞阴谋的高手。而她这方面的天赋，全赖于遗传了其老妈臧儿。

曾记否，当初高祖刘邦定天下时，第一个造反的异姓王就姓臧，名曰臧荼。事隔多年，往事都成烟，但是我们不得不提的是，这个臧儿，恰好就是旧时燕王臧荼的孙女。

真是有其祖父，必有其孙女。此臧儿，隔代遗传相当明显，她竟然把祖父敢想敢做的基因，全部继承到骨子里去了。其人生经典逸事大约如下：

首先，臧儿嫁给槐里（今陕西省兴平市）一个叫王仲的人，生了一个儿子及两个女儿。儿子名曰王信，两个女儿，长女叫王娡，次女叫王息姁。此两女，活脱脱的美人坯。那个王娡，就是现在的王美人，刘彻的生母。

当时，臧儿还没来得及替王仲造出第四胎，王仲就死了。臧儿只好改嫁到长陵（今陕西省咸阳市东北）一个姓田的人家，又生了两子：田蚡和田胜。

尽管说，臧儿命里坎坷，但儿女们运气不差，长女王娡嫁给了一大户人家金王孙为妇，夫妻俩恩恩爱爱，不久也结下了爱情结晶，生了一个女儿，名曰俗。

可是不久，王娡的美好婚姻就被人拆散了。让人想不到的是，此中黑手竟然是她的生母臧儿。

而臧儿之所以拆散女儿的婚姻，理由是她给两个女儿占了一卦：两女皆贵不可言。

所谓贵不可言，实在玄之又玄，那是一点都不靠谱的。问题是，臧儿信了。

在王美人老妈看来，到底是什么样的贵，才是无法言说的呢？其实一想，除了把女儿送进宫中做皇帝的小老婆，请问还有什么比这个更贵的呢？

这样一想，臧儿当然觉得长女嫁给金王孙是亏大本了。然而，就算是亏，也不能亏得彻底嘛。于是，臧儿持着为女儿负责到底的精神，毅然开口让王娡离婚，休掉金王孙。

臧儿此举，当即就把金王孙先生气得肺炸。自古以来，从来只听说男休女，没听说女休男的。况且，金王孙虽不算名门望族，也算是知书达理的殷实之家，多少女人想攀他金王孙这门亲戚，都只能干瞪眼呢。臧儿只凭一句贵不可言之妖言，就要送女进宫求富贵，简直就是卑鄙加无耻。

在此，我们首先对金王孙先生的遭遇表示同情。如果我们能穿越时光隧道回到汉朝，站在旁人的角度来说，臧儿的所作所为，简直不可思议。

臧儿之所作所为，只有两种原因可以解释：要么神鬼附身，未卜先知；要么就是神经错乱，脑袋进水。

神鬼显灵，就算是有，也是千年等一回才有的好事。我想，臧儿之所以果断拆散女儿家庭，只能有一种更好的解释，那就是，她敢赌！

古今以来，无论是帝王，还是将相，敢赌的人太多了，但是能赚得金子满盆的人，实在少得可怜。

然而，我宁愿相信，臧儿之所以最后赚大了，她肯定是对当时皇宫市场的供求系统调查得一清二楚：

首先，当时刘启的薄皇后无子，迟早要被废掉，候选人受宠机会多多；其次，臧儿的两个女儿，应该是两只长得天生丽质、精灵讨巧的绩优股，出头概率相当高，不然她不会把女儿往火坑里推；最后，臧儿作为供货商，肯定有一定的供货渠道，不然，她不会贸然动手。

总结以上三点，只有一句话：谋事在人，成事在天，愿赌服输。

是啊，两千年后的今天，双色球中奖的概率只有数百万分之一，全国上下都赌得不亦乐乎。两千年前的汉朝，皇宫后院三千佳丽，中奖的机会有三千分之一，臧儿两个女儿加起来，中奖机会就提高到一千五百分之一，天降良机，为何就不能赌一把呢？

就算金王孙化鬼缠身，也挡不住臧儿冒险的心。金王孙死活不同意离婚，臧儿干脆绑架女儿，直接送进宫中。

在此，我们不服臧儿，还真的不行。想当初秦末时期，吕公两个女儿，一个嫁给时为流氓的刘邦，一个嫁给时屠狗为生的樊哙，历史事实证明，全嫁对人了。现在，王娡姐妹俩前后进宫，果然被刘启宠爱，全翻本了。

我想，如果吕公再世，他肯定会第一个扑到臧儿面前夸她：谁说生女不如男！后生可畏啊！

曾经的吕雉，其刚毅果断，无不受到其父影响；王美人一样，其动作利落，无不是母亲臧儿深刻影响的结果。果然，王美人得宠后，第一个任务就是加快速度，生儿育女。谢天谢地，在连续生了三个女儿后，最后终于生出一个龙种，刘彻。

王美人怀上刘彻时，就开始为刘彻的将来造势。所谓造势，就是编辑神话。

当初，刘邦老爹说，我看见神龙伏在我老婆身上，于是生出刘邦，当了皇帝；当初，薄姬对刘邦说，我梦见神龙盘在我的小腹上，于是，生出刘恒，当了皇帝。

同样一句漂亮话，第一个说的是天才，第二个是庸才，第三个是蠢材。王美人当然不是蠢材，她是这样忽悠刘启的：“陛下，昨夜我梦见太阳飞进了我的怀里。”

太阳和神龙一样，都是将来要当天子的征兆。当时刘启一听，惊喜一叫，好事嘛。

于是，他也一本正经地对王美人说道：“昨夜，我也做了一个梦。梦见高祖对我说，如果王夫人生子，可命名为彘。”

所谓彘，就是小猪的意思。这个刘启，实在太幽默了。明明是红太阳，怎么高祖在梦里偏认为生出来的会是猪呢？

听说刘启给刘彻取这个彘，也有点吉祥意思的。因为，“彘”通“彻”。

事实证明，刘彻的确一点也不像猪，反而聪颖过人，讨人喜欢。后来，刘启为避免别人产生误会，刘彘七岁那年，决定改名为刘彻。

彻，即聪明洞彻的意思。

然而神日之说，终究不能是刘彻将来登台的理由。王美人要想当上皇太后，必须搬掉挡在她面前的两块巨石：太子刘荣及其母栗姬。

而刘嫖主动提出合作搞掉栗姬，命运的天秤一下子就倾斜到王美人这边来。

天与不取，必受其咎。该是发起攻击的时候了！

二、暗刀

有时，宫廷斗争如斗殴，往往总是人多蛮横的一方赢。吕雉斗戚姬就是一个例子，纵使刘邦居高临下，拿捏诸侯，仍然摆脱不了手下那帮牛鬼蛇神的纠缠。

现在也一样，刘嫖和王美人要联手掐栗姬，那根本就没有什么悬念。更何况是两个有头有脑的女人，掐死一个没头没脑的。

刘嫖和王美人做好分工后，开始分头行动。离间刘启和栗姬夫妻关系，刘嫖来办；在背后煽风点火的事，王美人来安排。

公元前151年，秋，九月。刘启废薄皇后。

此时，离薄太后崩已有四年。刘启等了四年，忍了四年，薄皇后不会打鸣，也不会下蛋。刘启终于下定决心废了她。

薄皇后被废，这是栗姬愿意看到的。这就意味着，她离皇后也就是一张诏书的事了。然而，这是刘嫖和王美人所不愿意看到的，栗姬一旦转正，后果不堪设想。

姐妹们，赶紧努力吧。

刘嫖第一个出马了。鲁迅先生说，世间本无路，只是走的人多了，便成了路。刘嫖也可以这么说，世间本没有坏人，只是坏话说多了，她也就成了坏人。

刘嫖眼中的坏人，当然指的是栗姬。

刘嫖到底在刘启耳边说了多少坏话，无人可知。但是，有一句还是被有眉有眼地记载了下来。

此话是这样的："栗姬这个娘们真不是东西。她和宫中许多贵夫人聚会时，总是秘密使人在她们背后吐口水诅咒，甚至对她们使用妖术施法。"

栗姬有嫉妒心是真的，到底有没有怂恿别人吐口水，却是无据无凭。然而，在刘嫖看来，有没有证据，都无关紧要。重要的是，栗姬有那个妒忌心就行了。

要知道，刘嫖嘴里这些贵夫人，多数是刘嫖替刘启拉皮条找来玩的。栗姬嫉妒刘嫖，就是对她劳动成果的不尊重，再往深处想，更是对刘启的不尊重。那么这个不尊重的结果只能是，报之以更多的不尊重。

刘启听了刘嫖一番话，从此就把栗姬的坏记在心里。

但是，刘启还没有发作。正所谓，冰冻三尺，非一日之寒。搞阴谋，就像熬粥，只要火候一到，立马见效。火候到不到，只有刘启尝了才知道。

于是，刘启就以生病为借口，召来栗姬，以探口实。

刘启装出一副气息奄奄的样子，这样对栗姬说道："夫人，我最近身体不好，你可知否？"

栗姬闭嘴不应，但心里哼了一声："活该！"

刘启接着问道："夫人，皇宫后院我最疼你了，知道不？"

栗姬还是不应，心里冷笑："扯淡！"

刘启继续说道："你是我在世上最可倚重的人，我走后，你能不能替我管好那帮孩子？"

此时，栗姬的脸色像被煎过的番茄，已经黑白不分。终于忍不住破口大骂："你玩女人的时候，知不知道我的心在滴血。好了，你今年才三十八岁，就玩出毛病来了，然后拍拍屁股想走人，留下那一堆孩子让我替你照料是吧？老实告诉你吧，你就死了这条心吧！"

栗姬这番话，刘启听得心都要碎了。刘嫖姐姐说得一点没错，你姓栗的是一个变态的女人。就冲你这个态度，你想转正当皇后根本没戏。如果真让你当皇后了，估计我的那群小老婆不变成人彘，儿子们亦要变成毒酒的冤鬼了。

是啊，吕雉的阴影还在长乐宫里久积不散，栗姬如此恶劣，叫刘启怎么不心寒呢。吕雉让刘邦吃过亏，刘启怎么能在同一个地方再摔倒呢？

哎，这个栗姬，自掘坟墓，真的是让刘启绝望透顶了。

绝望就好，这说明刘嫖和王美人有奔头了，刘嫖再次向刘启贴耳朵。但是，栗姬已不配让刘嫖大动口舌，她换了一个口味，专说某人的好话。

这个某人，正是时值身体生长期的刘彻。

刘嫖经常对刘启说的一句话就是："老弟，王美人替你生的刘彻，真的很聪明哦。"

其实，不用刘嫖多说，刘彻之聪明，宫中无人不知。要不然，刘启也不会替他改名为彻。

认真一想，刘嫖此话也不全是废话。她这亦叫打广告造声势。她之所以造势，是看出栗姬转正为皇后的希望几乎为零。栗姬皇后位不保，刘荣的太子位亦跟着不保。

只要刘启废掉刘荣，刘彻自然是太子的首要人选。这就像今天的广告市场一样。过硬的品牌，再加上铺天盖地的广告效应，那就是无往而不胜了。

到底废不废太子，真让刘启为难了。

没办法，请神容易送神难啊。如果要废掉刘荣，必须得先跟两个人打招呼，一个是刘荣的师傅窦婴，另外一个就是周亚夫。

周亚夫自平反吴楚归来，立即升官，成了丞相。这两个举足轻重的家伙，偏偏都是太子刘荣的死党。

没关系，这个难题就交给王美人来解决吧，也该轮到王美人登场了。

王美人认为，刘启之所以对废太子一事犹豫不决，主要是还缺一个理由充分的借口。借口是活的，人也是活的。只要刘启需要，我王美人就给您造一个十万分充分的踢人阴谋。

阴谋，是智慧的变身。谁也没想到，王美人竟然想到了一个奇招。其具体如下：收买礼宾总监（大行），怂恿其上奏，请刘启封栗姬为皇后。

如果没学过孙子兵法的人，根本看不懂王美人此招之狠毒。事实上，这就叫欲擒故纵，别名为激将法。

果然，大行奏书一交到刘启手里，刘启就看了，然后火了，接着，开始骂人了。

刘启开骂是有道理的。因为封皇后这事，根本就轮不到大行先生操心，然而大行先生之所以甘心出面，只有一种解释：这都是栗姬和他串通好的。

于是，刘启大骂栗姬："老子还没死，你就等得不耐烦了是吧。你想转正，我偏让你永世不得翻身。"

果然，刘启立马斩杀大行，然后叫嚣废掉太子。

可刘启一喊话，马上就有人替太子说情了。此二人，正是太傅窦婴及太尉周亚夫。

可是，一切都已经晚了。刘启决心已定，神仙也拦不住了。刘启大手一挥，对窦婴和周亚夫吼道："你们该干吗就干吗去，就算是老天爷来说情都是假的。"

孝景七年（公元前150年），冬天，十一月。刘启宣布废掉刘荣，贬其为临江王。

消息传出，天下哗然。

窦婴先是力争，力争无果，只能无语，接着称病辞职；周亚夫亦固争，依然自讨无味，还被刘启数落一番，渐渐被疏远。

不久，栗姬含恨抑郁而死。

这个冬季，长安城萧瑟的风，吹落了满地的黄叶。栗姬，就像长安城上那片随风摇落的枯叶，于苦雨中飘荡，最终轻轻落下，被随后的叶子掩埋了青春的容颜和痛楚的声音。

同年，夏季，四月十七日，王美人被封为皇后。

四月二十九日，刘彻被封为太子。

刘嫖和王美人，终于露出了胜利的笑容。

斩草要除根，这是政治斗争最基本的常识。摆平了栗姬，踢了刘荣，封了皇后，立了太子，任务只算完成一半。革命尚未成功，姐妹仍须努力。

接下来，刘嫖和王美人要做的一件缺德事是，搜罗刘荣罪名，把他这颗定时炸弹丢到深海里引爆。

两年后，机会终于来了。

这次，刘嫖和王美人仍然没有自己动手。她们又找到了一个肯卖力的替死鬼。此人，正是汉朝排名第一的酷吏，郅都先生。

郅都，河东大阳（今山西省洪洞县东南）人也。初，郅都以郎事孝文帝；孝景帝时，升至皇家警卫指挥官（中郎将），以敢言直谏、冷酷无情闻名宫中。

有事为凭：郅都曾经跟随刘启入上林苑打猎，其间贾姬如厕，不料有一饿得慌的野猪闻到粪香，拔腿冲来。刘启眼看贾姬就要被野兽侵犯，立即给郅都打眼色，让他去救人。然而郅都一动不动，仿佛瞎了眼。刘启急得只好独操兵器，跳将起来就要去救人。

就在这时，郅都伏身拦住刘启，劝道："亡一姬，复一姬进，天下所少，宁贾姬等乎！陛下纵自轻，奈宗庙、太后何！"

此话翻译过来就是，像贾姬这种女人多的是，死一个大不了再找一个。但是天子只有一个，陛下奋不顾身之前，首先要为国家和窦太后考虑考虑啊。

这就是传说中的拍马高手，毫不利人，专门利己，竟然还振振有词。孟子说，恻隐之心，人皆有之。如无，则与禽兽有何异？是啊，郅都不过是披着人皮的野猪。

恰恰是，刘启就喜欢这种人样的野猪。当时，刘启果然不救贾姬，而野猪从贾姬那里讨到一顿粪饭后，也满足地离开。后来，窦太后闻听此事，赏郅都黄金百斤，郅都自然也得到倚重。

野兽的力量是无穷的。上林苑一事，郅都初露锋芒，刘启认为这个郅都，肯定是驯兽高手。于是他决定派郅都，去盛产披着人皮野兽的地方当驯兽师。此一盛地，正是当时以治安混乱闻名天下的济南郡。

济南郡之所以乱，根源在于地痞流氓。都说了，流氓不可怕，可怕的是流氓有文化。济南郡的这群流氓，不但有文化，而且队伍庞大，已经发展成了宗族犯罪集团，历任郡守甚是头大。

如果你看一个统计数据，郡守先生想不头大都不行。数据是这样显示的：济南郡以宗族为帮派的流氓集团共有三百多家，更可怕的是，这三百多家，家家都是强悍的主。他们不但强，而且猾，黑白通吃，无人可奈何。

所以，要解决郡守治安问题，不仅仅是个麻烦问题，甚至还是个棘手问题。其实，要解决复杂问题，不一定要用复杂的办法。至少，郅都是这样认为的。

郅都的办法就是：化繁为简，一洗而尽，杀无赦！

果然，郅都一到济南郡，不给任何人打一声招呼，也不给任何人一个面子，更不会开会动员。他就只管闷声抓人，然后把罪犯通通像割草一样干掉。

于是，不到一年工夫，济南郡治安脱胎换骨。以往地霸明抢暗诈，横行乡里，无恶不作的济南郡，如今变成路不拾遗，人人皆活雷锋，甚至还成了全国最具安全感和最适合居住的郡县。

殊不知，这些都是郅都用上百个恶霸人头换来的。也正如此，郅都变成了凶神恶煞的代名词。济南郡的流氓怕他，官场同僚怕他，连襁褓婴儿也怕他。

如果婴儿半夜狂哭乱喊，只要说一声：再哭，郅都就来了。没有人相信，这个婴儿还敢哭出第二声来。

其实，郅都能换来这个大名声，着实不易啊。杀人的时候甚痛快，但也要时刻防着别人杀到你头上来啊。郅都的防身之术是，不接私客，不受私礼，公事公办，敢作敢当。

郅都此招，就像今天的电脑系统，敌人就是病毒，防止病毒，就必须安装防火墙。只要郅都坚定守住那道冷酷无私的防火墙，无论是黑道，还是白道，一般的黑客都会拿他没辙。

有郅都如此，他没有理由不升官。不久，刘启就给他换了一个岗位：长安市公安局局长（中尉）。郅都不负刘启所望，从济南郡挟着冷酷杀气扑回长安，整个首都都被震动了。

首先，郅都有法必依，执法必严，该砍头的砍头，甚至该挨大棍的也可以砍头。此种执法，京人赐他两个字：变态。变态还不算什么，郅都还要违法必究，不避皇亲，无论贵戚，除了皇帝，六亲七贵，通通不认。

果然是一条硬汉。

面对这条硬汉，不服也得服。更骇人的是，听说长安的列侯宗室迎面碰见郅都，都不敢抬头正视。看来，郅都之名声，吓唬小孩子，那实在是太小意思啦。

于是，经过这么几轮折腾，郅都名声天下无人不知。全国上下都给他冠了一个绰号：苍鹰。

苍鹰在上，利爪横空，想活得久点，那就安分守己省省吧。我想，这应该是当时长安贵族们最想说的一句心里话。

介绍完郅都的光荣历史，让我们再回到刘嫖和王美人身上。

郅都不认皇戚贵族，不代表他不认王美人。不对，不应该叫王美人了，应该改称王皇后。

皇后王娡认为，要摆平刘荣，必须找一把好刀。郅都就是一把好刀，一把只需划过空气就能让人心寒的利刀。而且，她们也已经替郅都编好了刘荣的罪状：侵占刘恒祭庙墙外余地。

当然，就算刘荣有这些罪状，也不是什么死罪。问题是，郅都不是这样看的。挨打的到他手里都能杀头，霸占皇家土地，在他看来杀两次头都不过分。有苍鹰如此冷酷，刘嫖和皇后真可谓是找对人了。

在这里，我不想诬蔑王皇后和刘嫖，据我手里有限的资料，没有看到她们怎么和郅都搭上线的。可是，当有闲人状告刘荣，说他侵占刘恒宗庙墙外余土扩建王宫，刘启马上就召刘荣进宫对质。

奇怪的是，刘荣才到长安，不容他争辩，郅都也啥话都不问，直接把他关到监狱里去了。

这，难道就没有诈吗？

我只能这样说，囚禁刘荣，刘嫖应该是出过力的，皇后应该是讲过话的，刘启应该是点过头的。所以说，阴谋，这是实实在在的阴谋，这都是太子之争惹的祸啊！

哦，想杀就直接剁了吧，何苦要冤了我。我生是你身上的毛，死是刘家的鬼。拔毛除根，骨肉相背，人生无常，我只能认了这命。然而，生死寻常事，容我道别离。借我一刀笔，一竹简，刻上我的眼泪和绝望。然后，挥一挥衣袖，让我从此忘记，我曾来到这人世间！

那时还没有笔，写字只能用刀刻。所以，刘荣知道死已经是不可避免，只能带着一颗绝望的心，向郅都大人提出借刀笔。

然而，郅都冷冷地告诉刘荣：想借刀笔？没有！

伤痛，从来没有像今天来得这般绝望和无助。然而，就在刘荣举头无望之时，总算有人悄悄地给他送来了刀笔和简。

此人，是那个想救他，而又无能为力的窦婴先生。于是，刘荣果然在简板上痛诉绝望，趁机自杀。

刘荣自杀的消息马上传到了皇宫之内，终于刘嫖放心了，王皇后舒心了，刘启默许了。

唯有一个人极度愤怒和悲哀，这个人就是窦太后。

此时，窦太后之前对郅都的所有好感，通通一笔勾销。这个熟读了一辈子《道德经》的女人，没有什么阴谋能逃过她的眼睛。老子说，上德不德，是以有德；下德不失德，是以无德。她窦太后才是真正的上德，从不标榜自己的德行。然而，郅都之流，口口声声标榜治国有德，实则是借刀杀人的刽子手。

说得更损一点就是，他简直是一个无耻的杀人工具！

愤怒和悲痛的窦太后，转而是对郅都深深地痛恨。这个丑陋的郅都，既然都容不下一个清白无助的灵魂，那么，她的利刃也一样不能容许郅都这般下德失德的无耻者。

于是，窦太后绕过刘启，直接派人去搜集郅都的罪状。当有关部门把郅都所谓犯罪事实呈现到窦太后面前时，窦太后立即召来刘启，把郅都的罪证甩到他面前：杀还是不杀，你看着办吧。如果不杀，你必须叫郅都把孙子还给我。

母老虎发飙，郅都死到临头了。

然而，郅都还是暂时躲过了窦太后的刀。刘启从轻发落郅都，只免他官职。同时，他还特别安慰郅都，说你这段时间辛苦了，先回家休息一下吧。

没办法，郅都也不容易。人家辛辛苦苦替你打了不少工，杀了不少人，不能因为窦太后一句话就把他干掉吧。所以，刘启此招也就是障眼法，他就是想装装样子，让窦太后先消消气。

于是不久，刘启又秘密起用郅都了。

为了躲过窦太后的耳目，刘启派人持节到郅都老家，叫郅都不必回长安报到，直接取便道去上班。

此上班地点，刘启已经打点好了，相当隐蔽可靠，新岗位就是雁门太守！

雁门郡，即今天的山西省右玉县。此处山高皇帝远不说，它还是汉匈边境，是匈奴经常观光旅游，又顺便抢劫的理想地盘。然而，当匈奴闻听郅都赴任雁门太守，先是一愣，接着拔腿吼道：“郅都来了，赶快跑啊！”

一时间，汉匈边境上，只见匈奴骑兵哗啦啦地全部撤兵。此情此景，无不让人感慨万千。只凭一个郅都，还没动一个兵，没动一匹马，匈奴全跑没影了。

天下第一酷吏，还真不是吹出来的啊！

从此，郅都真的像一个守关门的恶神，匈奴全都不敢靠近雁门半步。当然，郅都是人，不是神。既然是人，他和我们一样，可以吃刀子，可以挨利箭。于是，匈奴为了对付郅都，整出了一个郅都木偶像，命令所有战士练习骑马飞箭射杀！

我可以告诉你们结果，很遗憾的是，没有一个人射中。

他们之所以射不中，只有一种解释，心惮而虚，飞箭不稳，当然不中。

然而，悲观的匈奴不久转忧为喜了。

因为，有人终于射杀了郅都。

此射杀高手不是匈奴人，正是远在长安城的窦太后。

此时，窦太后已经知道刘启庇护郅都远调一事。窦太后读《道德经》的时候，小刘启还在地上滚着呢。刘启想跟她玩瞒天过海的阴谋，那简直就是无知。

要知道，窦太后要爱一个人，她肯定爱得惊天地，泣鬼神，比如刘武；如果她恨一个人，就算他远走高飞，也要掘地三尺，整你个稀巴烂方肯罢休。

很不幸，郅都就是这样落在走极端的窦太后手里的。

还是那个老把戏：首先，窦太后秘密派人调查郅都，搜集罪状。因为有了上次受挫的经验，窦太后命令她的马仔，必须搜到足以置郅都于死地的罪状；其次，组织有关人士弹劾，由窦太后撑腰斩杀。

果然，窦太后的人终于凑够了郅都的死罪状。鬼才知道是些什么罪，这些都不重要，重要的是它能整死人就行了。

接着，窦太后召来刘启，然后撂下了一句狠话：“小子，你别再跟我玩了，这次你一定要给我斩了他！”

刘启无奈了，只是无力地争辩道：“郅都是忠臣，吓唬匈奴有功，怎么能杀呢？”

窦太后冷笑：“难道临江王刘荣就不是忠臣吗？”

是啊，你能杀得了我的孙子，我就不能打断你的狗腿子吗？一招还一招，一命还一命，还是扯平吧。

刘启只好点头同意，杀了郅都。

就这样，这个传说中的酷吏，像一颗另类的流星，带着委屈之情消失在汉朝的天空。

悟已往之不谏，知来者之可追。

这个郅都，或许他曾经有过吏治天下的理想；有过撞上南墙不回头的信念；有过气吞山河、惊天地泣鬼神的气魄；有过杀了我郅都，还有后来人的勇气；有过生当作人杰，死亦为鬼雄的壮烈。

但是，我真的不知道，他是否真正地享受过人类的温情，倾听过人间的呼喊，发自内心地悲悯过那些即将消殒的生命？

我想，这个答案只有一个人有，那就是：鬼！

三、宠儿

众所周知，一直以来，梁孝王刘武的日子都过得很爽，很惬意，也很得意。干得好的，不如嫁得好的；嫁得好的，不如享得好的。如果个个都像刘武的好命，至少可以少奋斗一百年。

没办法，谁让人家是窦太后的宠爱呢。

事实上，刘武混得好，不全是因为有个好老妈。回头看看刘濞率领的三十万大军攻打梁国的那一刻，刘武悲绝呼救，周亚夫就是死活不救，刘启想救也只能干瞪眼。还好，本着内心强烈的求生欲望及热烈的爱母情操，刘武还是坚守梁城，拖死刘濞。

俗话说得好，没有最好，只有更好。刘武因为击败吴楚联军有功，所以刘启又提高了他的待遇。最明显的就是：准许刘武出行时用天子才用的旌旗及仪仗队伍。

刘武这就叫，搞特殊。

事实上，他这辈子坏就坏在“特殊”二字。

现代著名心理学大师马斯洛，发明了一个著名的心理学结构。他认为，人类的内心欲望和追求是分层次的。由低到高分别如下：生理需求、安全需求、社交需求、尊重需求、自我实现需求。

关于人类欲望，德国哲学家叔本华也有自己一番深刻见解。他认为，人就像是一个钟摆，永远摇摆于欲望和无聊之间。当某个欲望满足了，他又开始无聊了。为了排除内心的无聊，必须寻找更刺激的欲望；于是一次次的追求，换来的是一次次的满足和无聊，然后又是一次次的追求。直到生命衰竭，或者被毁灭的那天，方可停止。

马斯洛和叔本华关于对人类心理描述的案例，随便翻开中国历史，一抓就是一大把。比如，眼前的这个刘武就是一个典型。

刘武享受了他渴望享受的东西，这个阶段，他应该已经满足了彻底被尊重的需求。欲望满足后，按照叔本华的理论，就是继续向更高的欲望冲刺；按照马斯洛的心理结构，那就是必须向最后一个层次冲刺，追求和实现自我存在的价值。

身为诸侯王，人生最大的梦想是什么呢？当然就是那个诸侯们做梦都想的职位：皇帝。

可是，天子之梦，无论是同姓诸侯，还是异姓诸侯，如果有此爱好，首先得掂量自己的实力。

远的倒不说，看看刘濞的下场就知道了。韬光养晦四十年，还是落下一个：四十余年天子梦，博得千古笑骂名。

刘武当然不是想走刘濞武力夺权的道路，最好的办法就是和平接棒。还必须提及一个问题：关于皇位的继承问题，兄终弟及的时代早就终结几百年了。近几百年来，从来都是子承父位。即使皇帝只剩一个孩子，此孩不管是傻儿，还是痴儿，只要他还有一口气，皇位还得乖乖留给他。

吕雉就是一个典例，刘盈崩后，她是多么渴望当一回女皇帝。可是最后还是畏于男权传统，让位给刘盈那些还不懂事的小不点。于是，她不得不与中国第一女皇的光荣称号擦身而过。

说了那么多，只想总结一句：刘武想当皇帝，于情于理，那实在是很不靠谱的。

可刘武却不这么看。

他认为，一切皆有可能。况且，他有一个宠他的老妈窦太后。还有，他身边纠集着一帮蠢蠢欲动的亡命之徒，他们都时刻准备着为刘武的天子之梦挨刀子，或者俯首甘为铺路石。

万事俱备，只欠东风。刘武差的就只是一个机会。不久，机会还是来了。

此机会，其实就是前面说过的事，刘启怒废刘荣太子职位。

我们知道，刘启废掉刘荣太子职位，这完全是当时刘嫖和王美人的共同劳动成果。然而，刘荣被废后，刘武立即闻风而动，挂名探望母亲，扑回长安。他要做的是，在刘启封新太子之前，抢去刘嫖和王美人的劳动果实。

窦太后再次出面了。老人家摆宴设席，刘启刘武兄弟俩坐左右。一番杯来酒酣之后，她发话了。

窦太后问刘启："你曾经说过百年之后，传位于小武，这事你还没忘吧？"

刘启一愣："这事一直放在儿的心上呢，一点都不敢忘。"

窦太后微笑，说出了一句古文："安车大驾，用梁王为寄。"

所谓安车，是古代一种小车，以其可以坐乘，故名"安车"。但是，此车妇人均可乘坐，这里窦太后是喻指自己。所谓大驾，本指帝王出行的车驾，在这里，窦太后委婉喻称死亡。那么，连起来，窦太后此话的意思是说：我百年之后，就把梁王托付给你了。

换句通俗的话来说：梁王能不能当皇帝，就看你的了。

这下子，刘启彻底傻掉了。

正所谓，说者无心，听者有意。以前不过是一句哄太后开心的话，竟然一再被提起。谁说吹牛不上税。看来，刘启想不交这笔吹牛税，可难熬了。

于是，刘启只得硬着头皮，跪谢窦太后，艰难地吐出一个字："诺！"

诺字说完以后，窦太后和刘武其乐融融，笑开了花。然而，他们并不知道刘启心里有多苦。

明白说吧，太子问题，说小了是换人问题、孝顺母亲问题和心痛问题；说大了，则是国家问题。古往今来，因为争抢太子闹得国家鸡犬不宁的大有人在。所以，皇帝这个接班人，必须慎之又慎。孝子这碗饭，真不好端啊！

然而，关于刘启要不要真把皇帝位传给刘武，刘启说了不算，窦太后说了也不算。只有一个人说了才算。

这个人，就是晁错曾经的死对手：袁盎！

刘启退出宴会后，心里怏怏不乐。他很想找个人发发牢骚。想解闷，袁盎当然是理想对象。

那时，袁盎助刘启平反七国之乱后，被封为楚相。可是他当了两年楚相，上奏无数，刘启却睬都不睬一下，他自觉无趣无味又无聊，干脆称病辞职居家。

尽管说，刘启打心里并不怎么喜欢袁盎，但是关键时刻，这是一个可以召来利用的人，于是他便把袁盎召进长安问筹策。

袁盎等人进宫后，刘启设宴招待，向他简约介绍曾和窦太后吃饭的情况。最后，刘启故作不知地问道：你们说说，太后对我说的那句“安车大驾，用梁王为寄”是什么意思？

窦太后这句话，如果仅从字面上理解，还可以这样翻译：皇帝无论是坐大车或是小车，都要让梁王坐在身边。

皇帝可以装傻，但袁盎就不行了。袁盎明白告诉刘启：“梁王这么一个大男人，太后整天让他跟着你，当然不是想证明你们俩手足情深。明白地说，老人家就是想让陛下把皇位传给梁王。”

嗯，答得不错。

袁盎既开此口，接下来，自然就不用他操心了。这时，刘启故作惊慌，接着问道：“既然这样，那现在怎么办？”

袁盎安慰刘启道：“陛下放心，对付窦太后，臣下自有招儿。”

好样的，就知道你有招！那么，袁盎到底有什么招儿能搞定窦太后？

事实是，袁盎所谓的招根本就不算招。说到底，不过是袁盎有胆。

因为，袁盎要对付窦太后的招儿，不过是劝谏。

袁盎是这样认为的：窦太后是个读书人，凡是读书人，都得讲点道理。而他要讲的，正是只要是读书人都能明白的历史真理。

当然，袁盎不是一个人在战斗，而是一帮人。不久，袁盎纠集十来个大臣，个个端着历史教科书走进了窦太后的寝宫。

来者不善，善者不来。袁盎也不多废话，各就各位后，他首先向窦太后发问：“听说太后想梁王为帝，请问窦太后，梁王百年后，帝位传给谁好呢？”

窦太后：“当然是复立景帝子。”

袁盎就知道窦太后会说出这话。袁盎再问窦太后：“汉朝初立，法周还是法殷？”

窦太后：“当然是法周！”

袁盎：“那么您应该知道周朝立太子的规矩吧？”

窦太后：“周道，太子死，立嫡孙。”

很好，窦太后已经落入了圈套。

接着，袁盎再说道：“窦太后应该听说过，春秋宋宣公不守周朝规矩的下场吧。宋宣公死前，他曾说过一次灾祸的话，父死子继，兄死弟及，天下之通义也。他死后，将皇位不传给亲儿子，留给了亲弟弟宋穆公。宋穆公死后，又把王位传给了宋宣公的儿子。结果，他的儿子却说，父死子继，天经地义；于是，就杀了宋宣公的儿子。最后，今天你杀我，明天我干你，鸡犬不宁，宋室祸乱五世不绝。”

这就叫，小不忍，害大义！历史是一面镜子啊。

窦太后终于明白袁盎一行人此话目的：什么话都好说，什么规矩都可以破。偏偏是，传帝位一事，老规矩是不能破的。

兄终弟及，那是殷朝的规矩；父死子继，那是周朝的规矩。每一个朝代都有自己的规矩，偷换规矩，只有一个结果：国家不安，祸乱横行。

流芳千古，或是遗臭万年，只在一念之间！毁灭规矩的人，有可能被规矩毁灭。

窦太后终于无话可说了。既然这样，那刘武接班的事就算了吧。于是，窦太后决定，不再多提将刘武托付刘启的话。从此，刘武的皇帝美梦，如梦化影，瞬间破灭。

本来，之前袁盎回到家乡后，无官一身轻，闲得逍遥。斗鸡走狗，无人不交；三教九流，来者不拒，多多益善。如果，仅是如果，如果袁盎就此乐得逍遥，他会活到自然死。可是，偏偏他是一个不甘寂寞的人。刘启一句话下来，他就屁颠地乐得跑回中央，帮刘启砸了窦太后心中那个兄终弟嫡的美梦。

殊不知，当他再次返乡时，就有一双眼睛一直仇恨地注视着他。

这双毒眼，正是刘武。

刘武的皇帝梦被袁盎搅黄了，他当然想把袁盎给废了。袁盎一天不从世界上消失，他就一天心情不爽，自然而然地就起了杀机。

想杀袁盎的不只有刘武。有两个人也对袁盎恨得牙咬得咯咯响，而且他们都是有头有脸的人物：一个是羊胜，一个是公孙诡。

此二人都是刘武的智囊团。老实说吧，怂恿刘武要当皇帝的是他们，鼓动刘武干掉袁盎的也是他们。

他们要杀袁盎的理由很简单：袁盎让刘武升不了天，他们这些当鸡做犬的自然也升不了天。让我们升不了天的，也别想在地上混。于是，他们抱团结伙，准备派出刺客暗杀袁盎。

于是，羊胜和公孙诡列出了一张黑名单，包括袁盎在内，总共有十来个。就算地狱风很大，也算有人陪袁盎吹风打战。好，就这样吧。刺客们，请分头上路吧。

刺客，别名杀手。古今中外，杀手都是一个神秘残酷的职业。从香港电影中也可以看到，所谓杀手，认钱不认人。只要钱一到手，二话不说，马上行动，不见血封喉，绝不罢休。

事实上，不全是如此。

曾经有一部电影叫《这个杀手不太冷》，讲述了一个外表冷酷、内心温热的杀手故事。这个杀手，拿别人好处，替天行道；同时，又是一个老好人，路见不平，拔枪相救。

那时，负责刺杀袁盎的杀手，似乎职业使命感不是很强，至少并不急于直奔主题。首先，他在关中逛了一圈，到处打听袁盎的为人。结果得到的答案很一致：袁盎人很好，特讲义气。

接着，无名杀手找到了袁盎，并将事情经过告诉袁盎："臣受梁王金前来刺杀君，君为长者，吾不忍刺君。但后刺君者有十余批，请君备之！"

这话大约意思就是：我拿了梁王的钱，本来是要杀你的。但是，你又太厚道，我于心不忍。所以跑过来告诉你，后面还有十余批人要过来，你最好防着点。

真有梁王一套的，为了刺杀袁盎，竟然安排了十拨人马。不得不说，这个杀手真的不冷。不但不冷，还特厚道，竟然吐出内幕。

我们无法知道，以上这位杀手兄弟有没有被刘武的人追杀。但是，我们知道的是，他的好心只做了一半。他警告完袁盎好自为之后，转头就不见人影了。

可让人吃惊的是，袁盎并没把人家的警告放在心上，斗鸡走狗，照玩不误。

袁盎当然有理由不惧怕别人的警告。因为他不是江湖中的小瘪三，他是经过大风大浪的江湖老手。

事实上，袁盎貌若从容，内心郁闷。他郁闷的不是刘武，害怕的不是杀手，而是冥冥之中的宿命。

是的，宿命。人活一世，徒求什么？建功立业，封侯万户？不，这都不是我袁盎的追求。仗义走天涯，慷慨庙堂上；仁义天下布，名声传江湖。这，似乎才是我袁盎存在的价值。

然而官场江湖，蛇道鼠道，皆是无道。所谓信义理想，皆是屁话。做官就像爬楼梯，你不踩别人，就要被别人踩。于是乎通往前方的路，既要踩别人，又要防人踩。可是，踩得了今天，踩得了明天吗？防得了今天，能防得了明天吗？我昨天踩了刘武，今天轮到被踩了。

这，就是无法逃脱的宿命。

我袁盎和刘武的这笔旧账，该是清算的时候了。生死由命，富贵在天。老天已经注定，我又何必做那吱吱逃路的地老鼠呢？

于是袁盎决定，不报警，不求助，等待第二批杀手的出现。他倒要看看，传说中的杀手，到底有多大的神通。

就在袁盎的等待中，杀手再次出现了。

第二批杀手如鬼般摸黑飘到了袁盎的家乡。当他们来到楚地后，经过一番踩点，最后发现，原来袁盎之所以不报警，自有他的实力。

因为袁盎在当地名声很大，人缘极好。无论是赌棍、淫棍、地痞、流氓、富人、穷人，再加上那些三姑六婆、左邻右舍，这些人天生就是他的保护衣。

换句话说，在人家的地盘上动手，似乎是很不靠谱的。

于是，杀手们立即启动了第二方案：引蛇出洞。

所谓引蛇出洞，就是只要想方设法将袁盎引出他的地盘，即可大胆动手。于是，他们马上找到了具体操作方案：搞怪。

在杀手们看来，闯不进袁盎的家，但是在袁盎家的屋顶上搞些神神鬼鬼的事，还是绰绰有余的。果然，袁盎家里不断发生许多怪事。

比如：家里养的狗，莫名其妙死了；鱼缸里的鱼，莫名跳了出来；家里养的鸡，莫名死得很惨；家里的院子里，莫名溜出几条毒蛇。甚至是，家里的小妾，莫名地被……

袁盎不是傻子，他应该有所警惕。然而，不幸的是，有人对袁盎说，你家里怪事多多，可能是犯什么邪神了，还是问一卦吧。

更不幸的是，袁盎真信这鬼话了。

接下来的故事就很老套了：袁盎出门问卜，还家路上，杀手埋击，杀之于安陵郭门野外。

四、寻凶

袁盎被刺的新闻，以风一样的速度吹向了长安。刘启一听，傻了。

然而，他还没回过神来，又有血案传来：当初与袁盎一起给窦太后讲故事说道理的十来个议臣，也全被干掉了。

突然，刘启一下子明白了：此事如非梁王所为，天打雷劈。

刘启真不傻，此案恰是刘武及手下所谋。问题是，在血案主谋浮出水面前，可不能随便见人就咬。当初，贯高刺杀刘邦时，刘邦还一口咬定是张敖指使的呢。结果呢，张敖被冤枉了。

刘启当然不希望做第二个刘邦，他也不希望刘武成为第二个张敖。再说了，张敖在刘邦眼里根本就不算什么东西。刘武就不同了，手足之情，全都写在窦太后一张肚皮上。

所以擒贼先擒王，用这招来对付刘武，简直就是扯淡。唯一可行的一招是：顺藤摸瓜。

嗯，就这么办了。先抓梁王几个马仔，审出个所以然来再说。

于是，刘启马上派人动手办案。果然，他们从袁盎死尸上找到了一个证据：刺剑。

刺客只顾杀人，竟然没有拔走凶器。于是，这把剑便成了破案的突破口。

经查，刺杀袁盎的是一把新剑。然后，再查长安城中制作刀剑的工匠。有一工匠认得这剑，说出一条重要线索：梁国郎官某人曾来磨过这把剑。

目标，一下子便锁死了梁国！

此事关系重大，必须找一个靠谱的人来惩办。很快地，刘启的目光在汉朝官员的名单上扫了一遍，最后锁定了一个陌生的名字：田叔。

田叔，赵人，好剑术，为人廉直，喜任侠。早年出游四方，踏破诸公大门。后来，幸得赵相赵午引举，在赵王张敖那谋得一个混饭吃的职务：郎中。再后来，赵午和贯高欲刺刘邦，田叔踊跃参加，结果东窗事发，戴罪入朝。

再再后来，刺杀一事水落石出，刘邦召见田叔，谈了一席话，觉得此人挺有才。于是破格录用，任为汉中郡守。不过，好马也有失蹄的时候。田叔在汉中郡守干了十余年，不知何故，坐法失官，闲置在家。

由上看，田叔尽管是新面孔，却是个玩政治的老手了。刘启之所以选定这个不显眼的人物，无非是避重就轻，后发制人。

就是你了，田叔请上路吧。

然而，田叔接到任务后，竟然没有表现出一点再次出山的喜悦之情，更没有拍起胸膛说出不辱使命之类的大话。当然，他也没有摇头说出悲观失望的丧话。反正是，去就去吧，领导的话还是要听的，皇帝的面子还是要给的。

千万别以为田叔装酷，其实他一点都酷不起来。

想想，刘启曾经对袁盎的态度，田叔是知道的，那是时好时坏，捉摸不透；窦太后对刘武的感情，那是全地球的人都知道的，母子俩好得就差没拴在一起了。至于刘启对刘武的态度嘛，就像天上的月亮，月朦胧，鸟朦胧。看上去，他心底也朦胧，啥底子都没有。

带着一颗没底的心，去查一场没有底气的案，只能是这样：活儿照干，但谁都不能得罪。

田叔不是郅都，只认皇帝，不认太子。田叔只能是不但要认皇帝，认窦太后，还要认梁王。只有一个人他不认，那就是他自己。只有一种原则他可以遵守，那就是没原则。

于是，田叔到梁国后，该找的人，他找了；该开的会，他开了。当然，他还没有彻底消极怠工，凶杀案的幕后指使者还是找到了，两个人：羊胜，公孙诡。

那么，凶手在哪里？不知道！

知道他们藏在哪里吗？不知道！

接着，田叔派人回长安城，如实汇报。

没想到的是，刘启较真了，他再次派出使者，督促田叔和梁国有关部门：加大力度，继续查！

可是，第二批人来了之后，不久又传回话，还是没抓到人。来来回回，总共来了十余批使者，还是这个结果。

这时，刘启火气来了。就两个人，梁国就这么点大，竟然抓不到人？就算公孙诡遁地，也要掘地三尺把他挖出来；就算羊胜奔月，你们也要给我把他揪下来。

于是，刘启再下狠诏：你们听好了，抓不到人，梁国二千石及以下的官员，通通做好思想准备。

做好什么思想准备呢？还是不知道。

刘启没有明说。

皇帝着急，田叔反正不着急，可是梁国的高官们，无人不替自己头上那颗人头着急。于是，梁国高官们决定全力以赴，揪出两个主谋。

梁国一方，此案的主要负责人之一是内史韩安国。

韩安国，梁国成安（今河北省成安县）人。精通韩非子法家及杂家学说，早年游说诸公，事梁孝王为中大夫。刘濞的吴楚联军攻打梁城时，韩安国一马当先，运筹机变，为梁国之完壁立下汗马功劳。从此，声名鹊起，得宠于梁王。

抬头打仗，韩安国是能手；低头做官，他更是能手中的能手。为了对付刘启问责，他首先在梁国展开地毯式搜索，结果空空。再搜，还是空空。

真可谓，世上无难事，只怕有心人。这时，韩安国终于悟出一个道理：公孙诡和羊胜不会长翅膀，他们不会飞上天去。他们当然也不会傻到逃到别国去，想跑海南三亚去，还是再等上一千年吧。

那么，两个主谋会藏身在哪里呢？哦，最危险的地方，才是最安全的地方。此二人，必定躲在梁国。

梁国所在，唯有一个地方没有搜到，梁王宫室。

可公孙诡和羊胜真躲在梁王府中，说明受了梁王的庇护。梁工之所以庇护，是因为他才是真正的主谋。这下子，事情就更难搞了。

什么顺藤摸瓜，这下子，可是摸到炸弹了。

事情是死的，脑袋是活的。韩安国认为：皇帝下达的任务，就是抓到公孙诡和羊胜。至于梁王到底有没有插手此事，关韩安国他们屁事呢？目标降小了，问题可就容易多了。

于是乎，韩安国立即想到了一个让梁王交人的好办法。

对，就这样办。

首先，韩安国求见梁王刘武，他一见到刘武，立即跪下磕头撞地，大哭大喊：“大王啊，我没有完成陛下交给我们的任务，请您快快将我赐死吧！”

刘武很平静地看着韩安国，说道："搜不到就继续搜，值得你去死吗？"

韩安国流涕满地，继续说道："臣死事小，但因此连累大王，臣就该死千次万次，也不足弥补罪过啊！"

刘武："连累到我了，有这么严重？"

韩安国："大王端坐宫中，真是两耳不闻宫外事。请问，大王您和临江王刘荣比，哪个对陛下更亲？"

刘武："当然是临江王。"

韩安国："这就对了。临江王只因为太宗庙墙外余土一事，都要被召回长安质问，最后被整死于中尉府中。现在梁国出现凶手一事，按理首先怪罪于大王。而大王之所以无事，源于窦太后宫中哭泣求情。如果大王不醒悟，窦太后百年之后，您还能坐得住梁国吗？"

说的是大实话啊。

既是大实话，又是大狠话。刘武一听，先是一愣，后是一傻，还没等韩安国说完，他的眼泪也流出来了。

梁王的眼泪，那是恐惧的眼泪。死亡是一把尺，无论贵贱，无论贫富，任何人到了它面前，其结果是一个样的。或许，死对刘武来说，还是小事一桩。问题是，在他看来，手足相背，杀祸加身，就算他下地狱，又以何脸面见窦太后呢？

刘武终于认识到了问题的严重性。当然了，残酷的政治是不相信眼泪的。当务之急是，必须找到解决的办法。

刘武脸上淌着泪，无助地看着韩安国，半天说不出话来。这时，韩安国安慰刘武道："大王不要怕，正所谓世间之法，一物降一物，一招解一招。只要咱们团结一致，找到公孙诡和羊胜，大王将无事矣！"

刘武问道："这招管用吗？"

韩安国："绝对管用！"

刘武："谁说的？"

韩安国："我说的！"

刘武："好吧。既然这样，我们就一起找到公孙诡和羊胜。"

刘武此言一出，韩安国心里落下一块石头。

准确地说，公孙诡和羊胜，不是要找到他们，而是要刘武交出。因为，这两个主谋，肯定就藏在梁府。

一想到这，韩安国不由拍拍脖子上的头，心里暗暗地叹了一口气：这下子，保住它不落地，应该是没问题了！

刘武终于交出了公孙诡和羊胜，不过他交出来的是两具死尸。

消息马上传回了长安，刘启一听，极是郁闷。他没想到结局竟是这个样子。两个死人，顶了十余条人命，刘武这个算盘，实在精得很。

可是人都死了，尽管死无对证。不过这个刘武，似乎必须要给他一点教训。至于什么教训合适，还必须等田叔的报告回来。

然而，就在刘启静候田叔的时候，有人捷足先登，主动前来替刘武说情了。

此人，正是王皇后的长兄，王信。

王信当然不是白跑腿的。他之所以要替刘武说话，是有人警告他：如果刘武获罪，你也没好结果。

理由是，刘启治了窦太后的至亲，窦太后肯定也要找刘启的亲信来治罪发泄，而听说王信兄你做了不少不守规矩的事，很容易被窦太后抓住把柄。所以，主动救刘武，等于给自己留了一条后路，赶快行动吧！

然而王信说情，犹如刘启咳嗽时给他喝了碗糖水，气是消了一些，但心底的怨气想一笔勾销，那实在是扯淡。

兄弟之间已经情断恩绝，摊牌是迟早的事。

五、伤心落幕

这个田叔，怎么还没回来呢？真是的。此时，窦太后闻听刘武出事，忧食不进，日夜哭泣。

的确，她也没想到事情会闹成这个样子。刘武之所以落到今天这种地步，毛病都在她身上。女人，天生是情感动物。如果当初冷静从事，小爱让大义，守规行矩，那么结果可能就是皆大欢喜。

哎，读了一辈子的老子，竟然还是没有参透政治的艺术。现在事情都闹大了，埋怨似乎都是没用的了。唯一的办法，就是想尽一切办法，让她这对亲儿子破镜重圆，重归于好。

那么，有没有希望让他们握手言和呢？

窦太后突然想到了一个人，田叔。田叔是刘启派出去的，刘武是死是活，完全系在他的一张嘴上。

于是，刘启等田叔，窦太后也盼田叔。等得他们脖子都伸长了，田叔也终于回来了。

但是没想到，田叔半路上做了一件让他们意想不到的事：田叔把他收集的刘武所有的犯罪事实证据，全烧了。

是真烧，不是假烧。烧完了，田叔还装作若无其事地拍拍手，就回长安见刘启了。

必须说明，田叔没有受到任何人威胁。这一切，都是他自愿的。以前都说过了，他的出镜率不高，但是玩政治还是有两把刷子的。他之所以采取如此计策，理由无非如下：只讨好一边，只能等于送死。讨好一边，不如讨好两边。所谓艺高胆大，田叔自信自己找到了两边都讨好的绝招。

田叔见到刘启时，只有一张嘴巴，两手空空。刘启不由纳闷地问道："梁王有罪吗？"

田叔："有罪，而且是死罪！"

刘启："证据呢，拿出来我看看！"

田叔："证据我已经烧光了。不过陛下，臣建议，您不必过问梁王的事了！"

刘启："为何？"

田叔："制梁王伏法，法律胜利了；但是，窦太后却输了。窦太后食不甘味，睡不安枕，请问，陛下您觉得自己是赢了，还是输了？"

刘启："……"

田叔一看刘启犹豫的样子，心里就有底了。刘启如果希望窦太后多活几天，那就不得不听他的了。

果然，刘启沉思片刻，终于明白，田叔所言是一个两全其美的计谋：法律胜，不算赢；窦太后开颜，那才叫真正的赢啊。正所谓，知刘启者，非田叔者也。

刘启对田叔之计深以为然，让他当即动身进宫谒见窦太后。

此时，窦太后早就等得心急如焚了。

田叔见到窦太后，首先说道：“臣向太后请安来了。”

窦太后：“田叔您别多礼，有话直说。”

田叔：“好，那我就直说了。窦太后想听好消息呢，还是想听坏消息？”

窦太后：“哎呀呀，别绕弯子了。好的坏的一起说。”

田叔：“明白说吧。坏消息没有，好消息倒有一个。暗杀袁盎等人，与梁王无关。这事只是公孙诡和羊胜俩人阴谋行事，梁王根本就不知道。公孙诡和羊胜已经伏法受诛，梁王无恙矣！”

多日以来，窦太后茶饭不思，梦里恍惚，形容枯槁。现在，她听到田叔这番话，只有四个字可以形容：枯木逢春。

窦太后的眼泪又溢了出来。这是苦尽甘来的泪水，悲尽喜来的大欢！这个田叔，实在可爱极了。苍天有眼，高祖不诛田叔，原来是留下来救俺太后一命。

我相信，窦太后此时最渴望的一件事，就是立即见到爱子刘武。最最渴望的是，看到刘武和刘启好若当初，与车同辇，交杯同喜。

说刘武，刘武就真的来了。

那时，梁王刘武上书刘启，允许他朝请。这个要求很及时，太后正等着你呢，刘启批准了。

到刘武朝请之日，与往常一样，刘启派出天子仪仗郊迎梁王。但是，当汉使抵达效外时，左等右等，不见梁王。

最后竟然发现一件相当严重的事：梁王失踪了。

消息传回汉宫，刘启慌了，窦太后傻了。紧跟着，窦太后似乎明白了什么，立即号啕大哭：“天杀的，你们联合起来骗我！皇帝果然杀了我的小儿了。”

窦太后嘹亮的哭声，仿若沸腾的开水，煮得刘启心里一阵阵地难受。梁王明明不是我杀的，他玩失踪了，此等罪过栽到我头上来，老天实在太不讲道理了。

就在刘启和窦太后泪眼相对，彼此埋怨无语时，突然，刘嫖公主传话来，梁王回来了。

窦太后和刘启当即又惊又跳：“真的回来了？”

刘嫖公主说道：“是真的回来了。梁王正在未央宫的北门。”

窦太后和刘启当即奔往北门，果然梁王在也。

原来，梁王自认有罪，不应受刘启之郊迎，更无颜消受刘启的厚待。所以即将入关时，他乘坐布车，潜入刘嫖公主处，来个先抑后扬，背负刀斧和砧板长跪未央宫前，以表谢罪之诚意。

刘武这成功的一幕表演，让窦太后及刘启，包括在场所有内心充满温情的人，全都流泪了。

正所谓风波患难情更深。窦太后终于如愿以偿，看到她所希望看到的一切：刘启兄弟俩，终于破镜重圆了。

窦太后高兴得太早了。眼前这一切，我只能这样说，假相，全都是假相。花落可以重开，酒尽可以重酌，破镜重圆，可是裂痕仍旧在。这是一种永远无法抹去的阴影。

刘武马上发现了他和刘启内在的裂痕：刘启待他再也不像从前那般亲热了，甚至出门打猎，再也不同车共辇了。

终于，两年后，裂隙彻底爆发了。

公元前144年，冬季，十月。

刘武来朝，像以前一样，申请多逗留长安几日。但是，刘启一反常态拒绝了。其理由是：按老规矩办事，够本了就回去吧。

有必要交代一下。按汉朝规定，诸侯王进京朝见，跟皇帝见面的次数是四次。第一次初到，单独进宫拜谒，叙家常，还人礼，皇帝设宴款待，此次谓之“小见”；第二次，正月初一（汉以十月为岁首，正月初一，即十月一日），诸侯王捧璧献上，皇帝谢贺还礼，此次谓之“法见”；再过三天，皇帝为侯王设下酒宴，赐给他们金钱财物；再过两天，诸侯王又入宫“小见”。然后，准备辞别归国，一共不得超过二十天。

曾经，汉朝规定的二十天是不能满足刘武热恋窦太后的感情的。刘启也曾经批准，刘武在长安想玩多少天就玩多少天，不必在意规矩，而刘武曾经逗留长安，最长的纪录是半年。

回首往事，兄弟执手相望，同车载奔，惹得天下引颈直流口水。如今，二十日一到，不打折扣，直遣兄弟，真是凉透了心。

只能这样说，刘启对刘武的心，已经死了。

同年，冬，梁王归国；夏，四月，梁王刘武薨。

死因：抑郁寡欢！

第九章

较量

一、宿命

在太子之争的这场较量中，刘武赔大了，刘嫖赚了不少，而力保刘荣的丞相周亚夫，却极为郁闷。

自击败吴楚联军以来，周亚夫就不断地给别人挖坑，别人也在不停地给他挖坑。一个人挖的坑，根本就敌不过众人替他挖的多，结果还是死在别人的坑里。

周亚夫第一个挖的坑，是刘武。刘濞兵临梁城，周亚夫见死不救，当时刘武恨得就连石头也要被他咬掉。于是，刘武每次进京朝请，总要在刘启面前说周亚夫的短话。

至于周亚夫的长短，刘启心里当然是有底的。所以刘武的话在他看来，就像是风吹树梢一般，风来摇几下，风走树停，仅此而已。

然而，窦太后就不一样了，老人家恨他恨到骨子里了。所以这笔账，迟早是要还的。

周亚夫第二个得罪的人，无疑就是王皇后和刘嫖。刘启废掉刘荣，周亚夫和窦婴力争无果。不过，窦婴以退为进，把握分寸，周亚夫却当仁不让，彻底和人家撕破脸皮。于是，刘嫖和王皇后也狠狠地记住了周亚夫。

这笔账，当然也是迟早要还的。

第三个，周亚夫得罪的人，竟然是两个重量级的人物。一个是窦太后，一个是王信。俗话说，仇恨宜解不宜结，没想到，这个周亚夫竟然踩地雷，踩上瘾了。

周亚夫此次踩雷过程，大约如下：

首先，刘武刺杀袁盎一事暴露后，王皇后长兄王信主动说情，为刘武开脱。

尽管刘武人魂化鬼，但这笔人情债，窦太后一直欠在心里。于是，窦太后逮到一个机会，对刘启说道：王信这个人挺厚道，建议你封他个侯吧。

窦太后难开尊口，要说刘启做个顺水人情，事情也就罢了。然而，刘启却故作推辞道："窦家外戚窦长君等人，先帝在时还不能封侯，是我登基的时候才封的。这个王信，现在要封侯，怎么也轮不上他。"

窦太后说道："规矩是死的，人是活的。窦长君活的时候，没有被封侯。到他死时，儿子窦彭祖才得侯，我心里都觉得很遗憾。现在你就不要多言了，赶快封王信为侯吧。"

刘启点点头，又作推辞，说道："这个事嘛，我还是先跟丞相商量一下吧。"

丞相指的就是周亚夫先生。刘启之所以要说找他商量，不是真商量。这就是作秀，故作姿态，以免天下非议，口水满天飞。

没想到，刘启的算盘就在周亚夫这里卡壳了。

周亚夫自从得罪刘嫖和王皇后之后，脑袋一直还热得发胀。当刘启将他召来，简述了窦太后的意思后，周亚夫竟然这样回答："高皇帝曰，非刘氏不得王，非有功不得侯。今王信虽然及皇后兄，无功，侯之，非约也。"

果然是个死脑筋。王皇后和王信一不欠你周家的钱，二不与你周家结仇，凭什么要阻挡人家的康庄大道?

曾记否，当初吕雉登台，大封吕氏为侯，亦装模作样地要跟陈平丞相商量。可人家陈平是怎么说的：高祖在，高祖说了算；吕后在，吕后说了算。

现在，刘启上台，窦太后撑腰。要怎么说都行，刘启说了算，窦太后说了更是板上钉钉。亚夫先生你竟要坏人家的好事，这，又是何苦呢?

刘启本来是装装样子，走个形式。没想到周亚夫竟玩真的了。哎，他都反对了，王信这个侯要硬封上去，那实在是没意思了。于是，刘启只好默然作罢，不禁惆怅失落。

然而不久，刘启再次召周亚夫来商量封侯之事。

此次要封的不是外戚，而是前来投降汉朝的六个匈奴王。这年头，匈奴不抢汉朝已经相当不错了，难得他们放下屠刀，立地成佛。于是，刘启打算封他们为侯，以此作为政治号召，吸引更多匈奴王加入汉朝的大家庭。

然而，周亚夫此次还是那句话："匈奴王封侯，绝对不行。"

刘启真的奇怪了。如果说王信平时跟你有什么磕磕碰碰，你看他不顺眼，一票否定还是可以理解的。可是人家匈奴王大老远来投汉，人家至少也是个王，封个侯也是保住人家的面子嘛。再说了，人家也没跟你有怨有仇，封他们为侯，也有利于你丞相开展工作，凭什么要反对呢？

于是，刘启不禁问道："请问丞相反对的理由是？"

周亚夫："很简单。这些匈奴背叛祖国，投降汉朝。汉朝如此厚待，那么以后汉朝出现同样的叛徒，您怎么责备人家？"

周亚夫呀周亚夫，你真可谓是只剩一根筋了。你身为丞相，不懂政治，亏你怎么混出头的！

刘启先是不语，冷冷地看了周亚夫片刻。最后，只见他做了一个手势："丞相，非常抱歉，你的意见我不能接受。"

果然，刘启封了六个投汉的匈奴王为侯。

于是，周亚夫大失脸面，当即赌气称病不朝。

周亚夫赌气，皇帝很生气。想跟我玩，老子奉陪到底。缺什么都行，我还缺丞相没人当？笑话。

于是，刘启干脆重新换水，免去周亚夫的丞相。

有时觉得，上天待人很公平，也很残忍。周亚夫玩军事，搞军修，的确是个中高手。然而，南橘北枳，稍微挪了一个位让他玩政治，就分不清东南西北中了。

想当初，周勃曾经牛叉烘烘，不可一世。然而，门客建议他让位陈平，他马上知趣而退，明哲保身。有父如此，周亚夫也不学两招，有事没事养两个门客拿来使使，补充大脑政治智慧营养不良的毛病。

可事实是，他没有如此风雅爱好。于是，周亚夫一赌气归家，没听说有人劝言他返朝，也没见他有所悔过。

一年过去了，两年过去了，三年过了，整整四年过去了，朝中丞相都换了两个了，依然不见他向皇帝请过一次安，上过一次书。

看来，他还真跟皇帝较起真来了。

如果说周亚夫是硬汉，窦婴也算一条吧。此人豪气冲天，敢说敢做。当时，刘启废掉刘荣，他这个当师傅的二话没说，卷起铺盖走人，竟然跑到蓝田南山脚下度长假去了。

可是，窦婴是养门客的，其门客向他建议："能让你富贵的人，是皇帝。你明目张胆地跟皇帝怄气，摆明就是向天下表你的名节，扬皇帝的过错。皇帝有错，自然也容不下你所谓的名臣。那结果只能是，你吃不完，只能兜着走了。"

门客此话，窦婴听得眼皮直跳。最后想想，还是适可而止吧。于是，没有多久，窦婴回朝向皇帝和窦太后请安，一切照旧，无所大碍。

在刘启看来，对大臣照料不周，他们发发脾气是可以理解的。人嘛，都是七情六欲的动物。所以，他以为窦婴知悔了，周亚夫应该是第二个。

于是，他给周亚夫时间，让他主动回朝。没想到，四年过去了，毫无动静，周亚夫似乎有点要跟他这个当皇帝的扛到底的嫌疑。

如果真是这样的话，那实在太让人失望了。不过，刘启倒真的要看看，到底是周亚夫的口气硬，还是他的腰杆硬。

公元前143年的秋天，八月。刘启决定召周亚夫进宫，请他吃饭，试探试探周亚夫的脾气。

这不是一顿鸿门宴，却比鸿门宴还要残酷。当刘启和周亚夫共同进餐时，独赐亚夫先生一块大肉。大肉当然是熟的，但没有切开，也不给他筷子。

考察亚夫同志政治智慧的时候终于到了。

我想，刘启用意大约如下：肉是我给你的，但是筷子在我这里。想吃肉，就得求我。不求我也可以，那你看着办吧。

然而，当时周亚夫郁闷地看着刘启和眼前这块大肉，突然，他招手叫来服务员，说道："给我一双筷子！"

筷子有很多功能，我们可以拿来夹肉搛菜；杀鸡的可以用它穿鸡肠；武林高手甚至可以用它伤人夺命。然而，当周亚夫叫人拿筷子时，刘启就笑了。

他说道："难道我给你肉吃，还不能满足你的要求吗？"

周亚夫一愣，突然明白刘启的用意：他赐给你肉，不一定是让你吃。你想吃，你不求他而亲自动手，就叫知耻而不知礼。

于是，周亚夫马上跪下，知趣地摘下帽子向刘启谢罪。

刘启摆摆手说："算了，起来吧。"

让人想不到的是，周亚夫起身后，突然玩了一个不可思议的动作：二话不说，肉也不吃了，丢下刘启，直接走人了。

哎，牛脾气，果然还是那个牛脾气。我活着的时候，你尚不给我面子。我崩后，那你不是要跟太子闹翻了吗？

与其给太子留个绊脚石，不如我给他扫尽障碍。刘启看着周亚夫怏怏离去的背影，心里突然起了一阵杀意：不为我用者，必杀无疑！！

说杀，杀的机会就来了。

古人都有个爱好，下到平民，上到皇帝，生前都将死后的事提前妥善准备。至于准备什么，都是因人而异的。秦始皇生为天子命，生前修不成仙，只好死后继续做他皇帝的老本行。于是秦俑、兵车、美人、宫殿等全都要给他准备。这等于在地下再修一个人间，地上有的，地下也通通不可缺少。

周亚夫尽管当上丞相，但他是将军世家出身。生前是将军，死后也不能少了这个爱好。于是，他的儿子就去兵器仓库那里购买了五百副作废的盔甲及盾牌，命工人搬运回家。

很简单，这些陪葬品的功用就是，能让周亚夫在地下继续有将军的威风。

按理，这些废弃品就算烂在兵库里，也是不能拉出来当废品卖的。私卖私买，那都是犯法的。但问题不在于盔甲，而在于搬运工人。

因为他们向政府告密说周亚夫儿子私买兵器，用心不祥。

而工人告密的原因，竟然是周亚夫的儿子赖他们的工钱不给。

归根到底，问题还是出在自己身上。

消息马上传到刘启耳朵。刘启只是点点头，什么都没说，将案子递给廷尉。中央这帮打工仔当然不是傻瓜，立即派人下去查。一查就查到周亚夫头上，他们执意要周亚夫承认，到底买这些兵甲想干什么？

周亚夫不说是陪葬品，也不说知罪，依然是一副牛叉烘烘的脾气，咬牙切齿，死活不吐一个字。

于是，消息再传回刘启耳里，他这次真生气了。

皇帝很生气，后果很严重。刘启是这样说的：“吾不用也！”

潜台词就是，周亚夫这种人也配留着用？整死他算了。这下子，负责案件的廷尉先生就好办事了。皇帝叫我整，我就整。不整得你周亚夫家破人亡，我还对不起皇帝的龙颜大怒呢。

接着，刘启下诏，命令周亚夫去司法部交代事情。当司法部长（廷尉）见到周亚夫时，首先就来个下马威：“你为什么要造反？”

这是一句死话。有此话作为前提，一切抗辩辞都将失去功效和意义。周亚夫行军打仗多年，深谙此话的杀伤力。他一听，马上跳起来吼道：“我买的不过是些陪葬品，你凭什么说我要造反？！”

廷尉冷笑：“就算你不在地上反，下地了一样想造反！”

在二十一世纪的今天，我相信，就算是把全世界的核武器加起来，也抵不过这位天才廷尉一句话的杀伤力。不在地上反，亦在地下反。说你反，你就是反了。怎么反，都是死罪。既然是死罪，怎么说，都是成立的。

这是自吕雉发明“人彘”以来，我认为最为天才最为冷酷，亦最为悲哀的发明和创举。

忆往矣，周勃陷落，有公主可以替他作证；如今，刘嫖公主当然也可以替周亚夫作证，不过做的是恶证。过去，薄太后当着刘恒的面向他甩头巾；如今，窦太后却想当着刘启的面向周亚夫砸砖头。

总之，周亚夫把满朝权贵、皇戚、后宫，不该得罪的，通通得罪了。还有谁愿意替他说话呢？

呜呼哀哉！周亚夫，你连跳黄河都可以免了。就直接把脖子洗干净，到地下报到吧。

接下来，所有的叙述都是零了。我还是直接说出结果吧：周亚夫身陷牢狱，绝食五天，最后，吐血身亡。

果然是饿死，天意啊！

二、李广

周亚夫死后，汉朝政坛显得出奇的平静。刘启没看到周家上访，也没看到大臣替他喊冤。原来，有些人死了，比活着还要省事。不如一死了之，一了百了，多干净。

然而，等他忙完周亚夫的事，又有大事等着他来处理：匈奴又来抢了。

自刘启登基以来，尽管匈奴鬼影一直活跃在汉朝边境，但是一直没有出现孝文帝时期大举入边的壮观景象。刘启之所以能享受匈奴如此厚遇，原因有二：一是匈奴一代不如一代，实力今不如昔；二是先帝刘恒替刘启扫除了不少障碍，做了不少募民强边的实际工作。

所以说，尽管刘恒把刘濞等同姓王这个烂摊子丢给刘启，可刘启换得了一个相对稳定的边境，功过相抵，总算扯平了。

其实，认真追究起来，匈奴之所以没有大寇犯边，刘启本人还是做了一定的工作的。首先，他主张和亲，继续与匈奴结好。甚至，他还做了一件前几任国家领导人办不到的事：遣公主嫁匈奴单于。

公主事小，可是诚意事大。自刘邦忽悠匈奴嫁公主以来，刘启总算是送了匈奴单于一个货真价实的公主。除此以外，刘启开放关市，与匈奴互通有无，稍微稳定了匈奴的情绪。

没有大寇，不等于没有小抢。每年冬春之际，向来是匈奴抢劫的旺季。没办法，天气冷，必须找点事活动活动身体，冻死不如战死嘛。

公元前144年，匈奴突然改变传统抢劫季节，六月出动，入雁门，破武泉，直扑上郡，抢劫汉朝战马来了。

众所周知，匈奴之所以敢抢敢闹，是因为他们有着一支让人胆战心寒的骑兵。晁错曾说，以夷制夷。于是，在他思想主导下，汉朝开始大养战马，建立起自己的皇家骑兵部队。汉朝养马场主要分布在西北边境，总共三十六所，马匹总共有三十万，光养马守马的人就有三万。

马，国之利器也。守住战马，就是守住国之根本。要来抢战马，要看守马的人同不同意了。

此时，负责上郡安全防务的人，正是汉朝名将李广。

李广，将军世家出身，陇西成纪（今甘肃临洮县）人也。李广光荣的革命家史及血性汉子的性格，可以追溯到祖先李信那里。

李信，秦国大将，以壮勇敢杀闻名秦军。当年，秦军攻破燕国，燕王退守辽东。然而，李信亲率几千兵，狂追燕王。燕王被逼得只好献上太子丹首级，可是李信依然穷追不舍，最后攻破燕军，为灭掉燕国建立了汗马功劳。

勇猛敢打的背面，则是轻狂妄动。当年李信向秦王嬴政许诺，以二十万大军足以灭楚。结果，大军出动，被项羽的爷爷项燕打得落花流水，前半生积得的战功，一夜之间全被抵消，只换得他英雄轻狂的破名。

马克思说，历史总有惊人的相似之处。多年以后，李信的勇猛，李广和他比，一点都不相形见绌；李信的悲剧，李广却也是演得一点都不比祖宗差。

古往今来，几乎所有的名将都有两把刷子和看家本领。刘邦曾经的三大将军：韩信，善于将兵，他自吹带一百万集团军作战都没问题；彭越，中国游击战争鼻祖，打一枪换一炮，那是他天生具有的本领；英布，敢打硬冲，即使只有三百个人，也敢打五千个人的仗。

李广的本领则是，善射敢打。在他看来，没有不能打的战争，没有射不中的匈奴。

李广出道时，年约十四。孝帝十四年，匈奴犯边，李广以良家子弟应征入伍，随军出击匈奴。那次出征，李广靠着祖宗传下来的射箭本领，斩杀匈奴奇多，风头大出。于是从此一路高升，先被拜为郎中，秩六百石；后又被拜为骑常侍，秩八百石。孝景即位，又拜其为骑郎将，秩千石。吴楚反时，李广再被拜骁骑都尉，秩两千石。

那一年，李广年约二十六。

当时，汉朝最大的官，即丞相，其一年工资封顶就是两千石。贪污受贿不算，工资除外，其他正常收入就是侯爵食邑。所以，李广混到了这个份儿上，下一个目标就是封爵。

然而，终其一生，李广无论多么卖命苦战，他仍然没有被封侯，成了汉朝历史上最值得同情的人物之一。

唐初四杰之一的王勃在《滕王阁序》里喊出一句：冯唐易老，李广难封。从此，李广与同朝的冯唐两个落魄鬼，几乎成了千古失意文人的共同知己和泄愤的历史教训。

刘恒生前，曾经发出如此感叹：可惜李广生不逢时，如果生在高祖时代，万户侯对他来说，根本就不是什么问题。

认真考究刘恒此话，只说对了后半。因为，刘恒说李广生不逢时，实在是胡扯。匈奴当前，正是最需要李广之时。既然如此，为什么李广奋斗了四五十年，竟然连一个小小的侯爵都没捞到呢？李广难封，是不是太没道理了呢？

事实是，老天不讲道理的时候，自然有它讲道理的另一面。李广难封，其实不全都是谜。他封侯梦想的破灭，在他二十六岁参与平反吴楚联军时，就现出不祥之兆！

回头看七国之乱，刘濞之败源于昌邑城一战被周亚夫一脚踩在地上。事实上，那场大战，李广也是踩刘濞最重者之一。李广杀敌夺旗，率军一路打到梁城外，替梁王刘武保家卫国。

当时，李广之不要命，实在让刘武感动。然而，功名显扬的李广，得意忘形之际却忘记了他姓什么。他竟然犯了一个很大的错：私自接受了梁王刘武赐给他的将军印。

李广的上司是谁？周亚夫。周亚夫的上司是谁？皇帝。

这样，情况就很明白了，李广是皇帝的人。梁王还要皇帝封，梁王凭什么给李广将军印？更可恶的是，李广竟然接受了梁王的将军印。难道，他就不知道这是不合规矩的吗？

看来，有些人不把他打回原形，他真还以为自己能飞上天。果然，立功极大的李广回朝后，一点赏赐都没有领到。削夺赏赐权其实就是最大的惩罚。李广，你想当将军都想疯了吧。那你就继续做梦去吧。

于是，刘启只是平级迁其为上谷太守。

刘启欺负李广也就罢了，匈奴却也来凑热闹。李广才任为上谷太守时，匈奴天天跑来门口挑衅。李广二话不说，拉起兄弟直接就跟匈奴干架。要知道，跟匈奴人打架，似乎成了李广最喜欢的体育运动，一天不打，手就痒得不行。

真是不打不相识，跟李广打了这么多次架后，匈奴人突然发现：见过不怕死的，没见过如此不怕死的。曾经，匈奴被郅都吓怕了，现在他们可是被李广打怕了。

李广爱跟敌人打架的故事，马上引起了外交部长（典属国）公孙昆邪的注意。他来到刘启处，哭着奏道：“李广这个家伙，自恃武力高强，跟匈奴打架可是打上瘾了。但是，不怕一万，就怕万一。如果他万一了，那实在就太可惜了。所以，请陛下给他换个岗位，让他歇息一下吧。”

刘启马上批准了公孙昆邪的请求：迁李广为上郡太守。

相对来说，上谷郡是前沿，上郡是后方。后方养战马，李广的主要任务就是保护养马所，防范匈奴来抢。然而，对匈奴人来说，李广是蜂王，战马是蜂蜜。

蜂蜜的诱惑远超过蜂王的威胁。

于是，就出现了前面那一幕：匈奴人出其不意，六月热天大老远长途奔袭，进入李广的地盘，大行抢劫。

此次，匈奴抢夺战马，汉朝损失惨重，仅与之战斗死亡人数就有两千。损兵两千，不是我军无能，而是匈奴太过狡猾。

事实上，对付狡猾的匈奴，可行办法就是，以狡猾对之，在这点上，李广做到了。

李广和匈奴玩狡猾故事的起因是，刘启派遣的一位太监出事了。此位太监，刘启说是派他来向李广学习抗匈军事的。在我看来，学习是假，监督考察是真。行军打仗，那是军人的天职。拍马逢迎，给皇帝端茶送水，那是太监的老本行。一个无论是身体，还是精神上都阳痿的太监，学什么军法？就算是学，也是白学。

事实证明，在下所言没错。

有一天，太监先生玩兴大起，率领几十个随从骑马出猎。不料，他们在半路上碰到三个徒步的匈奴侦察兵，于是与之交手。没想到，几十个随从全被对方的箭当鸟射死，只剩太监一个人逃回李广军营。

人多的，打不过人少的。看来，不仅仅是武侠小说中才有的事。然而，当李广听了太监一番陈述后，说了一句："死了那么多人，正常。"

太监疑惑地看着李广。

只见李广从容道："此三匈奴兵，必是草原上的射雕高手。而真正能对付此高手的，恐怕只有一个人。"

当然，这个人指的就是：李广。

于是，李广马上率一百骑兵追赶三名匈奴射箭高手。追了几十里，终于追上了。然而，李广随即命令随从左右散开，让他一人追杀就得了。所谓艺高胆大，李广非常自信，对付此三人，他一人足矣。

李广射箭，有一个老习惯：就算天快塌下来了，如果他自度不准，绝不放箭。一放箭，对方肯定中箭毙命，绝不失手。

很不幸的是，匈奴的三个草原上的玩箭高手，遇见的是一个独步天下的射箭冠军。接下来，一切都在李广的意料之中：干掉两个，活捉一个。审问了那个活着的，对方也承认他们是射雕高手，前来打探军情的。

听匈奴侦察兵一言，李广料定：刚才被击退的匈奴人，肯定又想打汉朝战马的主意了。既然匈奴侦察兵是徒步而来，那么，大军肯定就藏匿在不远处。

很不幸的是，真叫李广言中了。

当李广绑上俘虏上马，眼前的一座大山上突然冒出一个可怕的情景：大批的匈奴狼来了。一眼望去，约有数千骑。

数千骑对付一百骑，李广部下骑兵的脑袋里马上闪出一个念头：赶快逃命。

然而，李广从容地告诉部下："不要惊慌！既然来了，就玩一把吧。"

部下甚是疑惑："怎么玩？再玩就没命了。"

李广笑了，想不玩？那更容易没命。

其实，李广跟匈奴玩命这么多年，对匈奴是知根知底的。一百号人对数千骑，就算长了翅膀，只要匈奴齐声放箭，那中奖率也是很高的。现在，这数千骑之所以在山头冒起，陈兵列阵，目的只为观望。他们观望只有一种原因可以解释：怀疑李广一百号人是诱兵。

所以，一百号人想逃出圈外，只有唯一一条路可走：将计就计，硬着头皮演到底了。

果然，接下来，李广下了一个令匈奴人都郁闷的命令：继续前进。

于是，李广属下的骑兵都得壮胆前进。走到距离匈奴大约有二里的地方，李广又下了一道命令：全体立即下马解鞍！

部下更不解了，不逃就罢了，还下马解鞍。万一匈奴硬起脾气杀下来，那不是都成肉饼了？

李广又笑了。

只见他说道："他们以为我们会逃，我们偏不逃。我们不但不逃，还要解鞍以示不走。那么，他们就更加肯定其中有鬼了。"

这招就叫，没鬼装鬼，以鬼吓人，玩的就是心跳。

可匈奴也不是吓大的。当李广下马解鞍时，突然，他看见匈奴骑阵中奔出一个骑着白马的将领。

不用多说，这是一个企图打探情况的家伙。

这时，李广立即披鞍跃马，率领十几骑迎面奔袭，咻的一箭，中了。然后，李广再次下马解鞍，仰卧看天，纵马吃草。

李广这貌似洒脱从容的一幕，搞得山上那几千个匈奴兵眼睛都绿了，他们纵然气得头顶冒烟，还是不敢放马过界。

李广简直太欺负人了。匈奴从日出等到日暮，又等到半夜，仍然不见李广有所动静。这时，匈奴断定，李广不是白白欺人的。他之所以能撑到现在，肯定是伏兵给了他壮胆的勇气。

于是，匈奴疑神疑鬼，又不得不郁闷撤兵。

殊不知，匈奴守了半夜，李广等一百号人却失眠了一夜。第二天早上，李广起身，备鞍，上马。他朝远远的山上望去，匈奴已经散去。那边的风景，天很蓝，风很静，鸟儿很安详。

李广笑了。他向初升的太阳得意地挥一挥手，唱着凯歌归军去了！

三、来之不易的幸福指数

李广胜利归队之后，汉匈又中场休息不战。然而，两年之后，匈奴卷土重来。公元前142年，春天，正月，中原地震，一天地动三次。三月，匈奴就像从地下冒出的鬼狼，再次向雁门郡扑来。

曾经，郅都镇守雁门，匈奴视之为鬼门关，逃还来不及。如今，雁门郡守冯敬，似乎也不是吃干饭的，主动迎击匈奴。不料，冯敬力战匈奴丧命。这时汉朝闻兵赶来，紧急调动骑兵和弓箭手屯守雁门。还好，匈奴在雁门关逛了一圈，又回去了。

匈奴撤兵后，刘启终于松了一口气。

殊不知，他已经没有多少精力跟匈奴消磨了。公元前141年，汉朝的天空连续出现反常天象。首先，冬季十月，日食后紧跟着月食，天际一连赤红五天。十二月二十九日，雷声轰响，太阳颜色变紫；更可怕的是，天上行星好像失控的交通发生了事故，纷纷脱离轨道，乱窜于天。

以上一幕幕，按照古人的习惯，地上肯定要出大事。

话刚说完，果然就出事了。

正月二十七日，刘启崩于未央宫，享年四十七岁。

高祖刘邦崩后，我都没有给他写过一个总结报告。但是，刘启崩，我非常有必要给他写一段结束语。因为，刘启逝世，象征着汉朝一个时代的落幕，牵引着另外一个新时代敲锣打鼓地登场。如果我们敷衍刘启，就无法理解后来的刘彻，更无法理解所谓汉朝光荣的传统和伟大的未来。

回眸历史，后人将刘恒父子俩开创的时代，美其名曰：文景之治。司马迁对这个时代美言不多，但是他的同行班固，却将文景之治称为周朝成康之治后的又一个盛大的时代。用现在的话来说，这是一个幸福的时代。

在中国历史上，似乎好人都做不了好皇帝。做好皇帝，似乎又做不了好人。回首刘启的一生，拉起他的双手，就会发现，这也是一双沾满了诸多无辜鲜血的刽子手。

晁错罪不该死，然而他还是被刘启干掉了；周亚夫只不过脾气倔了些，就诬之地下反；至于长子刘荣，提起来更是让人心寒。

然而幸运的是，文景之治，是汉朝一个温暖的春天。

不过，广义的文景之治，不应该只包括两位皇帝的任期。因为，吕雉大妈尽管在政治意识形态上想扶持吕氏这方面走了弯路，但是她的国家政策路线一直没变。所以，在文景之治的勋章上，也有吕雉及刘盈等人的一份功劳。

不过，为了更加清楚地了解文景之治，我们还是从狭义上的时间去说事。

如果按刘恒登基算起，到刘启崩作为结束。那么，文景之治总共有三十八年。孔夫子曰：逝者如斯夫，不舍昼夜。在我看来，文景三十八年，是由蛹化蝶的过程。这对父子俩，仿佛扛鼎的巨人扛起了黑暗的历史大门，让汉朝这只美丽的蝴蝶寻找到黎明，嗅到花香，扑回了春天。

翻开中国历史，要衡量中国古代百姓幸福指数的标准，无非有两个：衣食温饱和政治清明。如果能够让老百姓拥有自己的娱乐时间和场所，那就更加OK了。如果以上面三个标准来评价刘启父子，我们可以亮出这样的分数：满意。

据司马光介绍，文景之治给社会带来了巨大的财富收入。首先，汉朝政府的钱堆在府库里，数都数不清，花都花不完，连穿钱的绳子都烂了。

其次，全国各地粮仓满盈，甚至有的粮食都没地方装了，粮食露天腐烂得都不能吃了。

再次，百姓生活富裕，很多人都买得起真正的宝马。听说，只要在大街上，如果你骑的是雌马，或者是幼马，那你就太掉价了。肯定逛一趟街回来，就再也没人瞧得起你了。

如果一个时代牛到连老百姓都争相拿宝马来攀比，我想，这个时代肯定是真的富了。马克思说，经济基础决定上层建筑。对于老百姓来说，他们关心的上层建筑，无非就是社会福利及养老医疗等制度。

再加一个奢侈的想法，恐怕就是公民话语权。如果汉朝人真正做到哪天突然心情不爽，站在大街上骂皇帝不被抓，那幸福指数恐怕神仙都要嫉恨了。

事实上，彻底开放公民话语权，爱骂谁就骂谁，这不仅仅是汉朝人的奢想，更是两千多年以来，古代中国人最浪漫的遐想。

古代中国，特别是文景之治这么美丽的时代里，为何都不能冒出一点民主气息？我想，这的确是一个值得我们探究的问题。但是这个宏大的历史社会问题，还是留给象牙塔里的老学究去弄吧。现在，我们最关心的是，文景之治的魅力和良心。

在我看来，任何一个皇帝或时代，要想在历史上光耀千古，不仅是解决百姓的温饱问题。还有另外一个重要的课题，一样需要解决。

中国历史上的改革之父管仲曾说过：仓廪实而知礼节，衣食足而知荣辱。通俗地讲，就是物质文明和精神文明两手抓，两手都要硬。

对于汉朝人来说，何为礼节，相信礼学大师叔孙通及其弟子已经给他们解释得相当清楚了。汉朝人所谓的荣辱观，无非就是少受点皮肉之罪。

曾记否，秦始皇焚书坑儒，天下刑罚，犹如枷锁脚镣，天下人无不呼吸维艰，寸步难行。秦朝诸种苛政，不叫良心，而叫黑心。到了嬴胡亥当皇帝时，甚至可以把他骂作狼心狗肺。然而与之相反，自高祖以来，几任皇帝，包括吕雉在内，都在做一个民心工程：减少刑罚。

但是，能够真正将汉朝人从苛刑彻底解放出来的人，正是刘启。

刘启登基初始，曾经认为刘恒对相关刑罚减得不够。于是他规定，罪犯应该打五百鞭的，改打三百鞭；应打三百鞭的，改打二百鞭。

可是，十二年之后，刘启发现，他改得还不够，必须继续改。因为，这些该打三百鞭和二百鞭的，不是被打死，就是被打成残废，这跟活活杀人有何区别？

公元前144年，刘启再下诏：凡是罪该打三百鞭的，减为二百；该打二百鞭的，改为一百。

别以为各少一百就行了，如果刘启只改到这一步的话，汉朝还真不知有多少残废。为什么会这么说呢，因为问题就出在鞭棍和打法上。

之前，汉朝对罪犯都是大棍侍候，而且是直打后背，不打折扣。如此打法，不要说人，就是拉来一头大象，恐怕也要被打成残废。于是乎，刘启重新颁布了一条新法：《鞭棍执行法》。

该法是这样规定的：鞭打只能用竹棍（竹棍比木棍力弱）；竹棍的标准是，一端直径一寸，末梢则薄半寸（直径大，压力肯定大）；鞭打时，只打屁股（打背部伤内脏），一口气打到底，中途不准换人（傻瓜都知道换人力气足，打死人更快）。

什么叫良心？这就是历史的良心和国家的良心！

如果那时的一个汉朝人站在你面前，你要问他：你幸福吗？他或许这样回答：幸福。

如果你再问：你幸福在哪里？他会这样说：有饭吃，有钱花，有房住，失业率低，还有宝马开。犯罪了，还少挨打，忍忍就可以回家了。手痒了，还可以跑去雁门郡参军，保家卫国打匈奴。

我想，仅以上汉朝人一席关于幸福指数的话，足可地道地诠释文景之治的魅力。事实上，文景之治，哺出来的不是一只花翅膀的蝴蝶；而是一只展翅高飞、傲视天下的雄鹰。

这只雄鹰开创的时代，就叫：汉武雄风！

四、天人三策

公元前141年，刘启崩，太子刘彻转正为皇帝。

这一年，刘彻十七周岁。他一上台就雄心勃勃，准备推行人生的第一个皇帝计划：推翻黄老，独尊儒术。

汉朝的老人政治，自曹参定下了黄老治国的路线后，像老牛赖窝似的，几十年从来没挪过屁股。于是一直到现在，窦太后还在孜孜不倦地信奉这套。

然而，在刘彻看来，窦太后已经老了，眼睛也瞎了，汉朝不能再被《道德经》圈住荷尔蒙过剩的身躯了。如果再不开窗放空气进屋，或许第一个被憋坏的，首先是他这个当皇帝的。

老子说，上善若水，水利万物而无争。刘彻还要告诉老子，他不喜欢做低眉的水，他要昂起高贵的头颅活着。这个崇尚有为的皇帝，他是当定了。

有为，就是积极行动。用西方哲学流派的话来说，这叫行动主义。实用主义从来都是行动主义的好兄弟。于是，刘彻登基做的第一件事，不是忙着给老爹评职称，定功德，或者修身养性，而是大张旗鼓地开选贤大会。

曾记否，曹参主政汉朝时，谁向他推荐贤良，他第一个灭的就是他。于是，曹参开创了中国历史上第一个懒人治国时代。口才好的，不如木讷的；干得好的，不如喝得好的。于是，惹得当时的少年皇帝刘盈很是没辙，最后想劝，反而被曹参以萧规要循的借口驳得无话可说。

现在，刘彻准备告诉汉朝的老人们：懒人时代即将结束，让曹参那一套喜喝懒做的国策，通通见鬼去吧。

汉武元年（公元前140年），冬天，十月。刘彻发布文告，广招天下贤良方正直言极谏之士。经过层层推选，全国有一百多位高人被招入京考试。

此次考试，刘彻亲任主考官。那时，汉朝离发明科举制度还遥远得很。所以免去笔试一关，凡是被推荐上来的，直接进入面试。面试的方式，就是面试者和皇帝面对面，一问一答，或以书面材料呈上答案，史称对策。

那次是汉朝立国以来，第一次举办的大型人才招聘会。翻开刘彻手中那张人才名单，有许多人竟然是当时汉朝响当当的人物。他们之中就有：蜀人司马相如，平原人东方朔，赵人董仲舒等。而这张灿烂的名单中，最引人瞩目的，首数董仲舒博士。

董仲舒，广川人（今河北景县）也。早年以治《春秋》闻名于世，孝景时为博士。据司马迁介绍，当时研究经学的国宝级人物屈指可数。然而，那些经学大师，大多都是八九十岁的老古董。如果皇帝要请他们出山，估计只有抬出来讲课了。

董仲舒就不必抬了。因为，他与那帮经学大师齐名时，不过是三十多岁的青年。而且更让那些老家伙佩服的是，正当年壮的董仲舒已经像模像样地广罗门徒，授业解惑了。

数尽天下，包括董仲舒的学生，都没人知道董仲舒心里怀着怎样的学术梦想。这个梦想，不说则罢，一说肯定吓坏一帮老人：一统江湖，独步天下。

武术有江湖，学术也有江湖。在中国历史的学术江湖中，从来就没有停止过对话语权的争夺。而思想学术和国家历史的发展长河中，往往会间断性地呈现出这样不均衡的关系：国家不幸，学术幸。

君不见，春秋战国，诸侯争霸，民不聊生。然而，诸子思想如雨后春笋，纷纷冒出。于是，成就了中国历史上第一个百花齐放、百家争鸣的春天。后来，秦始皇一统天下，焚书坑儒，百家如花凋落，唯有法家横绝于世。

先秦时期的儒家，日子一点都不好过。忆当年，孔子奔波于诸侯之中，举世悲绝，仍然心存梦想，发出悲音道：明知不可为，而为之。从那以后，此话就成了儒者追求理想的座右铭。终于，秦朝一崩，儒者们仿佛在历史的夹缝中看到了希望。儒家各路门派和精英，纷纷打包上路，乘着大风去追逐梦想。

在汉初，那些敢于追求理想的儒者中，代表人物就有叔孙通、贾谊、晁错。然而，在董仲舒看来，叔孙通不过是与时俱进的混饭者，贾谊和晁错不过昙花一现的救世者。他要做，就做永恒的思想者。

任何思想都有源头。董仲舒的思想源头就是五经，五经宴席中，主菜就是《春秋》。如果换用江湖的说法，《春秋》就是董仲舒修炼的主要秘籍。

翻开金庸小说看，我们都能发现，所谓的武功高手，都有一个老套的成功过程：要想成功，首先闭关。

搞学术和练武功也是一样的道理，唯有忍受大孤独和大寂寞，才能修成上乘功夫。跟所有大师一样，董仲舒为练成学术神功，也选择了闭关。

他的闭关纪录是，三年。

三年不窥园，任春来夏又走，草长冬来风又卷。那么，授业解惑的工作怎么办？

董仲舒已经想了一个好办法：教出几个弟子，然后让弟子们替他收徒弟，又替他传道解惑。此中妙法，既不误事业，也不误练功，可谓一举两得。

于是，弟子收弟子，弟子又再收弟子，一收十，十收百，结果是，外面到底有多少弟子，董仲舒不知道；师傅长什么样子，后面的弟子也不清楚。

有弟子挂探师之名，前来窥大师风采，然而当他们来到董仲舒门前，招待他们的却是一道家常闭门羹：练功中，不便见客，勿扰！

勿扰三年，三年转一瞬，一眨眼就过去了。这时，董仲舒终于出山了。

闭关三年，董仲舒写了一部绝世思想著作：《春秋繁露》。

叔本华说，当欲望满足了，人就容易变得无聊了。所以，当一个武功高手练成绝世武功时，或许他毕生只有一种感觉：痛苦。

痛苦，全是因为没有敌手。就像金庸小说中的独孤求败，一生都在痛苦地寻找对手。

然而这一刻，对董仲舒来说没有痛苦，只有斗志。梦想像兴奋剂一样，催发他满怀豪情下山。

他完全有理由相信，属于他的时代，即将来临。

那次考试，董仲舒只对三策，就将刘彻搞定。为了更加了解和清楚他们之间过招的内容，我将他们对策的内容整理如下：

第一策

刘彻：自然界的灾异之变，根缘在于哪里？我要怎么样做，才能让苍天保佑？

董仲舒：陛下想知道答案吗？很遗憾，我也不知道。不过，《春秋》大约知道一二。请允许我引用《春秋》里的观点来回答您的问题。《春秋》认为，天人是可以互相感应的。如果人间发生有悖于常理的事情，苍天会以奇异之象发出警告。如果地上的人死不悔改，那苍天就只好不客气了。

所以，您想得到苍天保佑，最好的办法就是，身为皇帝，先管好自己，再管好百官，百官管好百姓，百姓再管好自己的儿女。相信苍天会看在眼里的，它会让您享受它的灵佑。

第二策

刘彻：听说尧舜打理天下主张无为，整天逍遥自在，国家也没什么大事；周文王却是一天忙到晚，连饭都顾不上吃，国家也管得不错。那么，相对这两者，我到底该学哪个呢？

董仲舒：其实，无论是尧舜，或是周文王，他们的方法都是对的。至于您要效仿哪个，一切须从国情出发。我认为，按咱们国家目前的情况来看，那是非得用力有为才行了。要想有为，就得为国家做点实事。

要做实事，必须从以下几个方面下手：首先，确立治国理念，应以德主刑辅、重德远刑。这点前两位先帝已经做得很好了，请再接再厉；其次，狠抓意识形态建设，确定国家大一统思想。通俗地说就是，罢黜百家，独尊儒术。请注意，是罢黜，不是焚坑；再次，狠抓教育。举目天下，什么东西最贵？人才。人才从哪里来？教育。所以，想兴国家，先兴教育。教育发展不起来，想谋发展，图未来，那是胡扯。

第三策

刘彻：你前面讲的什么天人感应论，似乎有点玄妙，请你再给朕解释一遍。

董仲舒：其实一点都不玄妙。孔子述作《春秋》时，特记载不少灾异之变。就是要告诉我们，我们都是活在苍天的眼皮底下，如果做事不好，那是要受它惩罚的。说得更直白一点，我就是想强调君权神授的光荣传统，结合《春秋》强调的大一统思想，确立人伦关系，君为臣纲，父为子纲，夫为妻纲。

总之，三纲五常，仍是王道。道源于天，天不变，道亦不变。这些就是治理国家必须具有的理论基础啊。

以上三策，归结起来就是：天人感应，大一统，尊儒重教。

好一个绚烂的诱惑。

然而，天人感应，那是阴阳家邹衍的理念；学术垄断，一家做大，那是李斯曾经干过的事；尊儒重教，那是N多年前孟子曾跟梁惠王说过的话；国家大一统，那是孔子作《春秋》的初衷啊。

三年练功，董仲舒不过是发明了新手艺。那就是，他很聪明地将阴阳家和儒家等诸家思想杂糅为一体，合成新产品。

按照市场原理，有求就必须有供，有供未必就有求。当年，孔孟奔走天下，推销儒术失败，原因是产品不合时宜，诸侯们也不相信它能救国救民。而董仲舒之所以推销成功，只能这么说，他有一个好运气。

那就是，他是在一个恰当的时间，一个恰当的地点，碰上了一个急需儒学产品的大顾客刘彻。

老董研发的这套儒家产品，刘彻是满意的。但是出人意料的是，买家刘彻给董仲舒摆出了这么一个价格：拜董仲舒为江都易王国相。

易王刘非，是刘启和一个叫程姬的女人的爱情合成产品。此厮没啥特长，唯一的特长就是全身有使不完的力气。十五岁那年，恰好碰上吴楚大乱，刘非便主动上书出战。没想到，景帝同意了，还赐了刘非一个将军印。

更没想到的是，刘非勇敢善战，立了大功。于是，刘启便给他安排了一个好工作：迁江都，治吴国。

吴国，曾经是吴王刘濞发财致富的好地方啊。后来，刘非听说匈奴举兵入边，又自告奋勇地上书，说愿替国家效劳卖命，将匈奴打回老家去。然而刘启却告诉刘非，好好蹲在你的地盘，不要乱动。匈奴的事，轮不到你来操心。

应该说，刘启还是宠这个小儿子的。果然，刘非后来广招天下豪杰，白天走白道，晚上走黑道。搞得天下诸侯，没有几个不忌惮他的。于是，刘非就越来越骄傲，不可一世，谁都不放在眼里。

正因为刘非不可一世，所以才得派人去治一治他。俗话说，伴君如伴虎。刘非不是虎，却恶于虎数倍，老董能搞得定这只会说话的野兽吗？

这件事，刘彻心里没有底，老董也没有底。

心里没底也得上，路漫漫风沙扬，这注定的人生坎坷路，唯有昂首向天，才能开拓出更光明的未来。

五、罢相之争

招贤大会结束后，刘彻整顿思想，放开手脚，准备大干一场。

有句话说，不要看得太远，而忘记了脚下的石头。此时就有一块老顽石，堵在刘彻的脚下。这块老顽石，就是瞎老婆子，窦太后。

刘彻自以为，他年轻，有魄力，没啥不能干的事，也没啥干不成的事。正所谓，思想有多远，我们就得走多远。

事实证明，光有魄力还不能办成大事。因为年轻，所以容易激进。人一激进，就容易做错事。要想办成大事，还必须拥有智慧。这个智慧，就是政治手腕。在刘彻的政治生涯中，窦太后让他懂得了，什么叫真正的政治，什么叫真正的手腕。

刘彻领教到窦太后的第一招，却是一个颠扑不破的人生至理：前途是光明的，道路是曲折的。

本来窦太后日子也不长了。她也想安心度过晚年，能少折腾就少折腾。能多攒些日子，当然是件好事。可是，她现在不得不放下老庄哲学，腾出手来教训刘彻。

窦太后之所以舍得出手，是因为刘彻太不像话，太不识抬举了。这都是因为，刘彻罢掉了两个重要人物，恰好他们就是窦太后的人；其次，有人怂恿刘彻在太岁头上动土。

刘彻第一个罢掉的人，是丞相卫绾。

卫绾，代国大陵（今山西文水县）人。性格特点：为人忠厚老实，低调处事。特长：臂力过人，驾车有术，甚至还可以驾车表演杂技。

事实证明，人有特长都是能找到好工作的。当年，刘恒在代地挂职锻炼，卫绾凭借高超的驾车技术，获得护驾代王的资格。后来，刘恒回到中央当皇帝，卫绾因为护驾有功，被拜为中郎将。

刘启当太子时，曾多次设宴招待刘恒左右，卫绾也是其中一个。然而，卫绾每听说刘启要召他，总称病不往。

哦，太子请客都不来，是面子太大了，还是瞧不起我呀？刘启从此便将他记住了。

刘恒不知是否看出刘启有什么苗头。他崩前，特意交代刘启：卫绾是个厚道之人，我死后，让他给你开车绝对安全。千万别看我不在了，就踢人家下岗。

如果不是刘恒这句话，刘启还真想马上踢卫绾下岗。不过，先帝有话在先，至少也得给他个面子吧。于是刘恒崩后，刘启没有让卫绾下岗，不升也不降，不冷也不热，就那样过着。

直到刘恒崩掉一年后，刘启对卫绾的看法，才突然来了个一百八十度的大转变。使刘启对卫绾刮目相看的，是因为他工作认真，踏实肯干。

听说赛车手跑车，其功力多表现在对拐弯的处理上。卫绾作为一名优秀的车手，与前辈大有不同。

当年，夏侯婴驾车，如闲云野鹤，那个潇洒劲是没得说的。就算处于天崩地裂，他仍然不紧不慢，从容面对。结果是，他没有一次，不让刘邦逃过对手的追杀。

如果要分流派的话，夏侯婴应当是浪漫派，而卫绾则是现实派。作为一个搞车杂技出身的人，卫绾清楚地知道，花样不是耍出来的，而是练出来的。所以，他非常珍惜那个一分实力赚一分钱的上岗机会。

于是，一年以来，虽然刘启对他不扬不抑，但是他越发地积极小心。牢骚闷在肚里，微笑挂在脸上，轻屁股，多跑腿，一副十足的敬业精神和态度。

刘启是长眼睛的。当他看到卫绾一副劳模的样子，不禁叹了一口气。看来先帝对卫绾的评价还是比较中肯的嘛。哎，过去那些事儿，就算了吧，看看人家也挺不容易的。

于是，趁着一次机会，刘启召卫绾当陪乘，一起去上林苑打猎。

打猎回来，刘启问卫绾："你知道为什么让你当我的陪乘吗？"

卫绾一愣，答道："我只知道当陛下的陪乘，是我中郎将的职责。职责之外的事，那就真的不知道了。"

呵，人不傻，还装起傻来了。刘启又问："我问你，我当太子时，多次请你喝酒，你为什么不来？"

卫绾又一愣，他似乎明白了什么。原来，刘启一年来不和他多说一句废话，心里念着的是这个事儿啊。难道，陛下今天是要揪他出来晾风示威了不成？

一想到这，卫绾的心都凉了。他马上叩首，答道："臣该死，请陛下恕罪，臣不赴陛下之宴，当时实在是生病啊！"

刘启一听，笑也不是，哭也不是。卫绾啊卫绾，亏你是老实人，竟然还好意思说生病不能来。我又不是只请你一两次，多次请你你都不来，难道你真的成了天下唯一可以准时生病的人吗？

但是，刘启还是决定放过卫绾一马。

不为别的，如果这点小事都能大作的话，实在有损天子的度量。再说了，卫绾也认罪了。既然如此，就让他以后多干点活儿，将功赎罪吧。

卫绾人生的马车，就这样绕过了惊险路段，从此跑上高速公路。

后来，卫绾在工作上的表现，越发让刘启觉得他是可造之才。首先，卫绾很廉洁，忠诚无二，这点很重要；其次，卫绾很会做人。属下有过，他主动承担；自己有功，谦让给别人。以助人为乐为荣，以损人肥私为耻，整个一老好人兼道德模范。

如此德才兼备的老好人，最适合做什么工作呢？刘启已经想好了，太傅的工作非他莫属了。

于是，刘启先迁卫绾为河间王太傅。

再后来，卫绾的马车在高速公路狂飙猛进，春风得意：刘濞造反，卫绾率河间王兵击吴楚联军有功，被拜为中尉；同时，因为军功出色，被封为建陵侯。封侯，那可是武将出身的李广一生出生入死，都不能完成的夙愿啊！

更顺畅的还在后面。刘启废太子刘荣时，卫绾因为和栗姬是亲属，按理是要拉出去砍头的。然而，刘启念卫绾做人厚道，不但再次放他一马，不久立刘彻为太子时，竟拜卫绾为太子太傅。又过不久，再次迁为御史大夫。

按汉初的规矩，凡是当上御史大夫的，等于一脚踩上了丞相的高位。果然，刘启将牛脾气的丞相周亚夫踩下地后，随后换了个叫桃侯舍的人为丞相；不久，又将桃侯舍换掉，扶卫绾走上了丞相之位。

刘启相信：卫绾敦厚老实，忠于职守。让他来辅佐太子，只有四个字：安全，可靠。

刘启的眼光是没错的。然而，他却小看了刘彻。

文景两任皇帝，都是规矩守业的人；然而刘彻却不安守本分，小小年纪的他就知道什么叫吃着碗里的，看着锅里的。想让他只守不做，那是扯淡。还有，刘彻好儒喜文，卫绾好道守柔。道不同，则不相谋也。思想和方向不一致，卫绾的结果是可想而知的。

果然，现在就真出事了。

卫绾落水过程大约如下：首先，董仲舒提出做大儒业的思想后，卫绾立即响应，趁机对刘彻上奏道：凡是研究申不害、韩非子、苏秦、张仪言论的，都是论政之徒，请一律罢黜！

申不害和韩非子，法家；苏秦和张仪，纵横家。为什么卫绾偏要选这两家下手？

原因很简单，卫绾是个老子学徒。

法家苛政，纵横家油嘴滑舌，这都是黄老思想所不相容的。所以卫绾此招，无非是乘个顺风车，借刀除草。

刘彻批准了卫绾上奏。

然而半年后，夏天六月，刘彻突然将卫绾罢免。

理由是：先帝刘启卧病在床时，监狱的许多劳改犯竟然多是被冤枉的，卫绾作为丞相失职，所以罢免。

这就叫，城门失火，殃及池鱼。罢了法家和纵横家，凭什么就留着你道家？

可是，刘启崩前，鞭棍法一改再改，连囚犯挨打时都觉得不好意思了。而卫绾为人处世，怎一个贤字了得，怎么监狱里突然冒出那么多被冤枉的劳改犯？这，难道是刘彻无理整人的伎俩吗？

事实上，刘彻想整卫绾，那是没错的；他整卫绾，也是讲道理的。

因为，监狱里实在关了不少被冤枉的劳改犯。这些被冤枉的人，正是前酷吏郅都的继任者整出来的。此继任者，南阳人宁成也。

宁成，初为济南都尉，后调入长安升为中尉。自郅都死后，长安宗室豪杰解除警报，纷纷如蛇鼠出洞，为所欲为。于是，宁成仿效郅都，开出狠药，猛治长安。结果，长安宗室豪杰人人自危，又回到郅都当中尉的恐怖时代。

不消多说，在这些被冤枉的人当中，肯定有长安宗室及豪杰。于是，他们层层告状，告到刘彻这里。最终，刘彻揪住宁成，然后假装问责，就一路问到丞相府，责到了卫绾头上。

就这样，卫绾无为跑腿的政治生涯，就此结束。

刘彻已经替他准备好了继任者，此人，正是外戚窦婴。

刘彻之所以选上窦婴，理由如下：首先，卫绾是窦太后的人，窦婴也是窦太后的人，搞掉卫绾，填上窦婴，这是安抚老人家的良计。

其次，窦婴是儒者兼侠客，他来当丞相，君臣政治理想一致，同心协力，还怕儒家事业不能做大吗？

果然，刘彻挖掉卫绾，贴上窦婴，窦太后一句话都没哼。

然而，不哼，只是暂时默认。窦太后一直在静静地倾听着，她倒想听听这个乳臭未干的牛仔，到底想把汉朝整成什么样子。

其实，刘彻此时最想的，当然是想把装在汉朝这只瓶子里的旧道水倒掉，重新换上新儒水。

儒水中看又中用。这是刘彻说的，这也是窦家外戚窦婴说的，更是王家外戚田蚡说的。

田蚡者，王皇后同母弟也。当年，窦婴已经混上将军之位时，田蚡还是后宫里一个小小的郎官。不过，因为俩人都是外戚，所以经常聚会喝酒。很多时候，田蚡演的角色不过是陪喝。

那时候，喝酒都是要讲究规矩的。身份高低，还可以在酒席上看出。田蚡给窦婴敬酒或行礼，从来都是以小字辈对长辈的方式来侍候。

然而，谁也没想到，俩人的身份，将来竟然互换了位置。

田蚡之所以如此自信能混出头，原因有二：姐姐王美人很受宠；他本人口才好，社交广，拍马也有一手。

果然不久，田蚡出头的日子就来了。在王美人的吹捧下，在刘启的提拔下，他很快就混上了太中大夫，秩千石，掌议论。

手里阔了，架子也开始装起来了。田蚡开始圈养门客，拉拢权贵，积攒人气。生活总是由量变到质变，田蚡正在一步一步地走向权力金字塔的顶峰。

果然，窦婴当上丞相后，同样是外戚的田蚡也乘势而起，被提为太尉。

事实上，如果不是有人阻挡，窦婴和田蚡的位置，那是要互换的。一直以来，他最渴望的就是得到丞相位。卫绾被罢，他以为，丞相非他莫属了。然而关键时刻，他却被家里养的那群门客断了梦想。

门客们是这样对田蚡说的："论后台，您比窦婴硬；论能力，您不比窦婴差；论人气，您就要比窦婴差一截了。窦婴素贵，人气正旺，天下名士素归之，现在还不是扳动他的时候，建议您还是忍忍吧。所以，到时陛下让您当丞相，您一定要谦让给窦婴。窦婴当丞相，您一定会当太尉。太尉和丞相，地位同等尊贵，您大可不必神伤。再说了，您落个谦让之名，以后还怕没有机会当上丞相吗？"

真没白养这群人。门客一席话激起田蚡突然想起一个人，这个人，当然就是窦太后。窦婴有窦太后撑着，又有一堆名士撑着，如果他真的要和窦婴争这个丞相，恐怕又是一场恶斗。

不如，就顺宾客之意，再忍忍吧。

于是，田蚡马上跑去找王皇后，王皇后又给刘彻吹风。结果就变成今天这个样子：丞相，窦婴；太尉，田蚡。

好了，丞相和太尉换水了。那么，御史大夫呢，这个要不要换？

刘彻的回答是：换！赶紧换！

六、窦太后发飙了

想让刘彻不换人，那是不可能的。因为，这个御史大夫，正是直不疑。他，可也是个不思进取的学道之人啊。

直不疑，南阳（今河南南阳）人。直不疑初出道时，为郎官，事文帝。在汉初，想当官，途径有三：一是先当郎官（宫廷禁卫官）。二是在封国政府或郡政府先当“吏”。所谓“吏”，就是基层干部。如果表现优秀，可以被推荐到中央。三是在中央政府部长级干部（三公九卿）官署，先当幕僚或先当“吏”，同样是，如有表现出色，可以向中央推荐。

以上三种途径，当然是第一种升官最快。道理是很显然的，郎官因为直接侍奉皇帝，容易混脸熟，只要被皇帝点名，你想不升官都难。所以说，郎官就成了当时从政之人最向往的职业。

羡慕是应该的。因为要当郎官，首先必须具有经济实力。按当时规定，只要你能交出十万钱，就可以进宫当郎官。

但是，别以为交了十万钱就了事。当时汉朝有规矩，想当郎官，必须自备漂亮的衣服和车马，皇家不会给你出一分钱。没办法，经常在皇帝面前走动，总不能穿得太差，车马的档次也不能太低。所以，如果你家不是富户，那就别想打这个念头了。

如果算有钱，当时的商人有的是钱。别看二十一世纪的今天，商人有牛气。事实上，两千年前，他们真的是穷得只剩下钱。要地位没地位，要名分没名分。国家又规定商人不能从政，所以，商人活一辈子，大约就是挣挣钱，数数钱，然后再花花钱，除此之外，没啥奔头。

于是，当时就出现了这么一种情况：有钱的商人，政府不让他们从政；没钱的读书人，想当官却又没钱。所以，能当上郎官的人，那真是少之又少。

久而久之，问题就出来了。首先，皇宫之中，郎官青黄不接；其次，条件苛刻了，当郎官的人少了，皇宫就少了一笔收入。后来，刘启终于想出一个办法：降低门槛。

此门槛，当然还是没有商人的份儿。刘启为了满足部分清寒知识分子的官瘾，及他们一腔以替皇帝跑腿为荣的理想和抱负，将十万钱降低到四万钱。除商人及品德不端的人外，只要能交出四万钱的人，皇宫随时向你敞开大门。

话说回来。直不疑后来能混上御史大夫，过程大约如下：先当郎官，后被提为太中大夫；刘濞造反时，直不疑以两千石官员的身份将兵出战。因为平反吴楚叛乱有功，被拜为御史大夫，同时被封为塞侯。

在文景之治期间，想往上爬，似乎有一种品格是不能少的。此品格，正是刘恒评卫绾的那句话：长者。

所谓长者，就是厚道老实。毫无疑问，直不疑就属于长者。

直不疑之所以得此名声，缘于一个误会。当时他还是郎官的时候，住的是集体宿舍。有一次，同宿舍一郎官，错将另外一郎官的黄金拿回家。结果，丢黄金的郎官回来以后，就怀疑是直不疑偷了。直不疑没有抗议，重新买了一块黄金交给对方，并道歉：“对不起，黄金的确是我拿去用了，现在还给你。”

然而不久，错拿人家黄金的郎官回来了。他一回来就将黄金还给人家，结果人家才知道，原来直不疑被他冤枉了。

低调做人，甘愿替人背黑锅，这就是长者标志之一。同时，这也是老子所倡导的。

直不疑不仅老实低调，人还长得特帅。在汉初，长得帅直不疑不是第一个。而因为长得帅，就被诬蔑为盗嫂的，陈平是第一个，估计直不疑就是第二个了。

刘濞造反前，直不疑每当上朝，总被人在其后指指点点，甚至有同事就当着大家的面叫道：“长得帅不是你的错，可你为何偏偏盗嫂呢？”

所谓盗嫂，就是和嫂子私通。一个大男人在大庭广众之下，放高声喇叭揭人家伤口，实在缺德。然而，更缺德的是，直不疑盗嫂，竟然是他编出来的。

如果换成是谁，管他个三七二十一，先抡起凳子砸了再说。然而，直不疑脸不红，心不跳，也不跟人家脖子粗。他只是淡淡地说道：“不好意思，我家无兄。”

家里无兄，何来大嫂，没有大嫂，又何来盗嫂之说？

一场莫须有的罪名，就这样被一句轻风淡语的话所消解。直不疑的长者之名，真不是吹出来的。

然而，有时长者也不能当饭吃，低调也不能总不挨刀。刘彻罢掉卫绾后，顺便也打发直不疑下岗了。

他的理由就是：监狱里出现那么多被冤枉的囚犯，你作为御史大夫，这个黑锅你必须来背。

辛辛苦苦奋斗了几十年，竟然不顶皇帝一句话。

这就是政治游戏，实在残酷得过分。不过想想，替别人背黑锅向来不就是直不疑的专长吗？既然这样，那就背吧。正所谓一朝天子一朝臣，或许，该是让位给年轻人的时候了。

清掉直不疑后，刘彻召来窦婴和田蚡，吩咐道：我这里有两个空岗，一个是御史大夫，一个是郎中令，你们给我找找看，推荐两个好同志来接这两个职务。

窦婴和田蚡马上想到了两个人：赵绾和王臧。

赵绾，代郡（今河北省蔚县）人；王臧，兰陵（今山东省苍山县西南兰陵镇）人；俩人都曾拜鲁国儒家大师申公学《诗经》。于是，窦婴和田蚡马上向刘彻提名。

很快地，刘彻批准了。拜赵绾为御史大夫，提王臧为郎中令。

官场文化向来奇特，在通往金字塔顶端的道路上，稳打稳扎者，就算不能善始善终，多少也能明哲保身，全身而退，比如卫绾和直不疑。

而那些坐直升机爬上顶的人，往往是爬得快，跌得也快；爬得越高，跌得也会越惨。诸如眼前的赵绾和王臧。

赵、王两个，我们除了知道他们是大师申公的弟子外，其他一无所知。一个从政履历苍白之人，突然飙上高位，那将是一种什么样的感觉？

我想，对于赵、王这对师兄弟来说，恐怕只有两种感觉，那就是：得意和恐惧。

得意的是，他们拜师学《诗经》，恰逢时世，发了。恐惧的是，如此高位，怎么才能保得位置的长久和牢固呢？

要想干得久，当然是必须博得皇帝的好感；要想博得刘彻的信任，必须先露两手。正所谓，新官上任三把火。露得好不好，就看开头那几把火烧得旺不旺。

事实上，赵王两人的几把火烧得很旺。但是，他们却将自己烧掉了。那么，赵绾的第一把火，到底想搞什么名堂？

其实，赵绾的名堂就是想搞名堂。

请注意，此明堂非彼名堂。所谓搞名堂，就是专门给天子兴建一座大型建筑。此建筑，不是拿来度假，也不是用来喝酒唱歌的，而是专门用来会见诸侯，进行重要祭祀活动，以此来显耀天子威风的场所。

兴建明堂，是儒家极力吹捧建立天子权威的产物。如果说，董仲舒的天人三策为刘彻尊天下提供了理念基础，那么，赵绾建议建立的明堂，就是对董仲舒思想的具体体现。

刘彻初出江湖，锋芒毕露，然而根基尚待扎紧。他太需要这个所谓明堂，能替他建立起少年天子的威望了。对刘彻来说，赵绾这把火真是烧得好，烧得妙。

这简直就是，拿特别的爱，献给了特别的刘彻。

既有明堂，必须有主持人。赵绾已经替刘彻定好人选，此人，正是他的老师兼儒家大师，鲁人申公，时人又称他为申培公。

在当时，以研究儒家五经出名的几个国宝级人物，他们分别是：济南伏生，以研究《尚书》闻名。当初，中央派晁错到齐国留学，学的就是伏生的学问。齐人辕固生，以研究《诗经》闻名。与之齐名的就是方才所言的，申培公先生。此三人者，都是八十岁以上高龄。放到今天，他们都是相当于国学大师季羡林老先生的学术地位的。

吴楚之乱前，申培公曾经侍奉过楚王刘戊。但刘戊不好学，经常弄得申培公里外不是人，于是，申公只好主动下课，回到鲁国，以教书为业。

事实证明，不听老师的教诲，终究是要吃亏的。吴楚之乱，刘戊和刘濞共同谋反，关键时刻被刘濞弃下，于是这个楚王只好自杀身亡，落得个名败涂地的下场。

话说回来，当时不只以上三人是国宝级人物。我之所以重点推出此三位，是因为他们不但学问大，名气大，弟子的事业也做得很大。

申培公这两个得意弟子，如果要排辈分的话，赵绾应该叫王臧一声师兄。原因很简单，王臧拜师比赵绾早。当赵绾和王臧向刘彻提出请申公出山主持明堂时，刘彻同意了。

然而，他们又对刘彻提出一个要求："能不能准备点厚礼送给恩师？"

刘彻："这个厚礼，到底有多厚？"

赵绾："越厚越好！"

刘彻："为何？"

赵绾："陛下有所不知。当初申公侍奉楚王时，曾被羞辱得颜面扫地。于是，自那以后他就发毒誓：此生此世，退居家教，永不出山！"

刘彻："哦，既然这样，为何还要请他出山？"

赵绾："《诗经》乃五经之首，申公不仅以诗学闻名天下，治乱兴世之策，亦举世无敌。您说，不请他出山，那请谁呢？"

刘彻点点头："你能请得动他吗？"

赵绾："我当然请不动。不过，说是您请，那他就没有理由不出山了。"

刘彻笑了。好，就按你说的办。

秋，刘彻准备一堆厚礼，安车驷马以迎申公。必须交代一下，所谓安车驷车，就是有着四匹马的好车。尽管当时汉朝的百姓都在斗谁家的宝马多，但是多数马车，都是一马为主。而能坐上四匹马拉的车，那就不亚于今天的林肯特别加长车了。

果然，当刘彻的林肯特别加长车开到鲁国时，申公答应出山了。

但是，当赵绾等人辛辛苦苦拉着这么一个活宝赶回长安时，没想到，竟然发现这活宝出了点意外。

事情是这样的：当刘彻见到申培公后，张嘴就问治乱之策。然而，申公只用不到三句话就将刘彻打发了。

申公这话就是："你想治好国家吗？其实很简单。只要你少说话，多做事就行了。"

当时只有两个字形容刘彻的表情：惊讶。

辛辛苦苦准备一大堆厚礼和林肯特别加长车，难道就值你这两句话？你看看人家少壮派董仲舒，口沫横飞，洋洋洒洒，天人三策一出口，足可惊天地，泣鬼神。您老人家尽管上了年纪，但是可不可以再具体指点指点呢？

但是，申公的回答却是："还是以上那句话。如果你想多听一会儿，那我可以告诉你，没了。"

真的是没了。申公说完，闭口不再多言。惊讶之余的刘彻，转而是莫名的郁闷。再一转，就是无法收场的尴尬。

刘彻尴尬，赵绾也尴尬。他以前去申公家拜师的时候，可不是这样子说话的。他真的不知道申公这到底是怎么回事，难道这就是传说中的老年痴呆症？

都说学儒好文辞，怎么来了个酷似道家的老古董。可是人都来了，就算是申公得了老年痴呆症，也得先留下来吧。

刘彻心里一叹，真是请神容易，送神难啊。只好腾出一个位置，暂时将申公供奉起来。

这个位置，就是一个中级国务官，太中大夫。

武帝二年（公元前139年），十月，冬天。这是一个不祥的新年。

新年伊始，赵绾开烧第二把火：确立刘彻真正的权威，大事将不必向东宫汇报。

东宫，也就是长乐宫，位于未央宫之东，简称东宫。刘彻住在未央宫，窦太后住在长乐宫。不向东宫汇报，指的就是凡事不必请示窦太后。

此时，窦太后的眼睛是瞎了，但是她的耳朵灵得很。当窦太后听到赵绾那句不知死字怎么写的话时，她马上跳起来了。

是的，我是老了，眼睛也瞎了，但还活着不是？

既然是活着，自有活着的价值和威力。你们这群所谓儒徒，罢掉卫绾，我不哼；罢掉直不疑，我也不哼。我不哼，那是知道你们年轻，想给你们做事的空间。但是，给你空间，不等于就容忍你们爬到太岁头上来动土。

窦太后终于发现，赵绾修明堂的真正目的：修明堂，尊天子，不向东宫汇报大事，不就是想提早将我这个老太婆踢走吗？

原来，这一切阴谋，竟然全都是冲着我来的。好啊，既然想玩，我就跟你玩到底吧。

窦太后怒气难平，开始部署反击。

赵绾和王臧是谁提名的？窦婴和田蚡。要打，当然要一网打尽。

窦太后决定：对窦婴和田蚡两个外戚，严重惩罚。至于赵绾和王臧嘛，曾经的酷吏郅都的下场，就是他们的镜子。

窦太后打击赵绾的招数，还是对付酷吏郅都的那招：秘密搜集罪证。

然后，将罪证交付天子处理。此次和上次一样，窦太后到底搜到什么样的罪证，没人知道，也无法知道。

这下子，刘彻真的无奈了。他只好假装听命立案，交付有关部门审判，同时撤掉兴建明堂计划。

然而，赵绾的案件还没怎么审，就有消息传来：赵绾和王臧自杀了。

紧跟着，窦太后再次出招，逼刘彻罢掉两个外戚的职务。刘彻只好低头认错，罢掉丞相和太尉俩人。还有一个申公。申公今年都八十出头了，这样一个老头子要整死他，还不如送他回去等死算了。

然而，窦太后还没开口，申公早主动称病辞职回家。

刘彻总算尝到了窦太后的厉害。

年轻人，想做事，心急是吃不了热豆腐的。光有激情，也是办不成大事的。我想，这应该是刘彻尝到的人生第一个政治教训。

第十章

皇帝难做

一、苦闷

窦太后和刘彻这场较量，卫绾、直不疑，包括初为中尉，后为内史的宁成在内，刘彻总共挖掉窦太后的人有三个。然而，窦太后一棍子打死对方的就有赵绾和王臧，打成重伤的就有窦婴和田蚡。

算起来，刘彻一方是二死二伤，窦太后不过是一死两伤，还是老人家赢了。又应了武侠小说套路的那句话：人多的，打不过人少的；年轻的，还是打不过年老的。

既然刘彻挖了窦太后的坑，现在，老人家又不得不拉上一些来填坑。

关于丞相和御史大夫两个职务，窦太后心中已有人选。这两人就是：柏至侯许昌和武强侯庄青翟。

许昌，时为祭祀部长（太常），政绩诸多不明；庄青翟，侯位是世袭的，除此之外，也是诸事不明。

既然两人功德平淡，窦太后为什么选中他们？

在我看来，中国古代官场，犹如武林江湖，三教九流，鱼龙混杂。有些人，生来挖坑，有些人，则生来填坑；窦太后之所以看中他们，无非就是拉来填坑，摆摆样子。

接着，窦太后又准备找人填郎中令和内史两个坑。此坑不算大，但是窦太后却拉来一块巨石填上。此巨石，重约万石，人称万石君。

万石君，名奋，姓石，赵国人。关于万石君的光荣事迹，可以追溯到高祖刘邦时代。当时，高祖向东抗击项羽时，石奋乳臭未干，年纪不过十五。尽管生于乱世人心不古的时代，石奋却拥有时人叹为观止的优良品质：为人恭敬，谦卑有礼。

石奋此种优点，用今天的话来说，当属三好学生。当时，刘邦趁着一次机会，与他聊了一席话，心生爱悯之情，准备提用。

于是，刘邦问他："小朋友，你家里还有什么人吗？"

石奋答："家有老母，不幸失明。家里太穷，没钱看病，所以老母这病一直拖着。另外，家里还有老姐一个，长相可以，还能鼓瑟。"

哦。刘邦听了点点头，接着又问："叔叔问你一个问题，你想不想跟叔叔一起混天下呀？"

其实了解刘邦的人都知道，他这招叫顺手牵羊。明明看中的是人家会鼓瑟的姐姐，竟还要装出一副慈悲心肠的样子。

事实上，他最想问的应该是："小朋友，如果你愿意让姐姐嫁给我，叔叔我就认你为小舅子。"

当然，在这个世界上，几乎没有什么女人是刘邦得不到的。再说了，石奋小朋友孝心天地可鉴。一旦姐姐嫁给刘叔叔，不但解决了老妈的医疗费问题，也解决了姐姐的婚姻问题，同时也让他这个小舅子能搭上顺风车，开向未来。一举三得，何乐而不为呢？

果然，刘邦还真娶了石奋的姐姐，还特别宠爱，封其为美人。更让石家老母高兴的是，刘邦将他们全家人接到长安城里居住。不但解决了他们的农转非问题，还解决了房子等诸多生活大问题。

真可谓是，一人嫁好，全家享福啊！

更享受的还在后面。孝文帝时，石奋因为老实可靠，被提为太中大夫。有心的读者都会发现这么一个特点：只要当上太中大夫这个官，前途似乎都很顺畅了。诸如卫绾和田蚡等人。

果然不久，孝文帝刘恒又迁石奋为太子刘启太傅。刘启当上皇帝后，当然不能薄待老师，立即将石奋提上了九卿之位，秩两千石，不久又将他迁为诸侯国相。

更让人惊讶的是：石奋生子四人，长子石建，二子石甲，三子石乙，四子石庆，此四子之性情，简直是石奋用一个模型铸出来的，全都是为人低调，做事认真，彬彬有礼，而且个个都是秩两千石的高官。

现在我们终于知道万石君的称号是怎么来的了吧。石奋官位和四子加起来，就等于一万石。搞得当时刘启都咂舌不止，怎么搞的，咱家亲戚竟然这么能干，一家人竟能做到一万石的境界。

从那以后，刘启就呼石奋为万石君。因为名声太大了，于是后人叫石奋都不叫姓名了，直呼万石君。这个雅称，罩到谁的头上，估计听起来都是很受用的。

窦太后之所以看中万石君，就是因为他本人不通儒术，教子有方。

当然，让万石君一人来兼任郎中令及内史两职已无可能。不要说两职，一职也无可能。原因只有一个，石奋老啦，该让位啦！

说让位，当然指的是让给自家那四个孩子。窦太后从中选了两个，那就是长子石建及少子石庆。迁石建为郎中令，提石庆为内史。

到此为止，几个大坑终于又填回来了。窦太后终于可以歇一口气了。

不过，这只是第一回较量。窦太后既能填，刘彻还能再挖。好戏，当然还在后头。

刘彻少年试剑，本来雄心壮志，想大施拳脚，做一番伟男人的事业。结果，被窦太后当头一棍，打得全无话可说。还有就是，家里那个蛮横无理的陈阿娇和贪得无厌的岳母，整得他天天全没好心情。

陈阿娇之所以蛮横，全赖于有一个蛮横老妈。而长公主之蛮横，原因就在于恃功自傲。

想让她不傲慢都不行。想当初，太子刘荣得宠，如果不是长公主刘嫖倒打一杆，将栗姬和刘荣打到水里去，能有刘彻的今天吗？

的确没错。当初打天下的时候，大家是合股一起努力拼的。现在皇帝生意兴隆，股东对你董事长刘彻指手画脚，这有什么不对呢？

刘彻真是郁闷了。是，在你刘嫖和陈阿娇看来，你们做什么都是成立的。你们别以为在我身上装了一个炸弹，我就怕你了。你好好检查自己的身体吧，看看谁身上的炸弹更危险！

的确，陈阿娇身上也系着一个定时炸弹。如果说，这对母女俩的蛮横是炸弹，那么，只要刘彻处心积虑，总能排除。可是陈阿娇这个就不行了，就算鬼神再世，也帮不了她这个大忙。

因为，陈阿娇此个炸弹就是：不能生育。

皇后无子，命运可想而知。人世间，女人千千万万个，痛苦千千万万种。为何陈阿娇偏偏是千千万万中的那个绝育之人？

如果非用一个合理的解释，只能用一个字：命。

在刘嫖看来，陈阿娇无子，不是她一个人的事。套用现在某个教授曾说过的牛话来形容，那就是它已经上升到国家安全的境地。

于是，为了治陈阿娇的病，刘嫖倾尽所有力量和积蓄。一年又一年，钱就像流水一样哗啦啦地流出去。可是，陈阿娇的肚皮仍然像个死皮球，丝毫看不到半点冒气的希望。

真是痛煞人也！

刘嫖公主真是泄气了。大约算了一下，总共花的钱有九千万钱了。九千万钱是什么概念？我没办法将汉朝的购买力换算成今天的购买力，不过有一个数字可以说明问题。据王立群教授统计，当时汉朝一年总收入是五十三个亿，而陈阿娇仅治病就花掉的九千万钱，相当于当时国民生产总值的千分之十七。

还必须要说清楚，这九千万钱，其中属于国家拨款和公费报销的极少。那么大量的钱，又是从哪里来的呢？

只有一种解释，那就是刘嫖贪来的。

所以，陈阿娇这个不孕之病，如果再治下去，恐怕真的要上升到国家经济安全的境地了。真没想到的是，刘嫖干了一辈子拉皮条生意，以为稳赚不赔，没想到到了最后，投入与产出不成正比，她还是亏了。

如果是亏，当然最亏的是替人做嫁人裳。

这当然是刘嫖不乐意看到的。真不知道，这是不是一种报应。如果真有因果报应，那么这一切都是栗姬在地下搞的鬼了？

别胡思乱想了。地下之事，无能为力；然而人间之事，只要用心对付，相信刘嫖还是能挺过难关。关于这点，刘嫖当然有把握。因为，她手中握有一张王牌，只要她亮出，就足可让刘彻畏惧。

这张王牌，就是王太后。

果然，当刘彻对陈阿娇及岳母刘嫖的感情陷于冷漠时，王太后出场了。

王太后这样警告刘彻：“小子，你最好少给我惹事。你刚刚上位，马步还没站稳，百官的名字还没记完，你就想搞出名堂。现在好啦，啥名堂都没搞出来，还被窦太后整得一鼻子灰回来了。窦太后的气还没完，你又想蹬开你姑妈刘嫖，你是不是想找死啊？”

刘彻莫名地看着母亲大人，心里一万个不服气。

姑妈既然蛮横无理，我凭什么还要装出龟孙子模样？再说了，窦太后是窦太后，刘嫖是刘嫖。我想蹬她就蹬她，那又怎么样？

王太后一叹，又对刘彻说道：“哎，小子，你果然嫩着呢。你知道什么是政治吗？敌人的敌人，永远是你的朋友。如果你一脚将姑妈蹬开了，那她不是要跑去窦太后那里了。两个厉害女人，搞你一对脚跟站不稳的母子，就算不死，也是两败俱伤了。”

这下子，刘彻终于醒悟了。

当初，刘荣是怎么被废的？就因为栗姬不跟刘嫖合作，所以刘嫖才找到王美人合作的。刘彻就是她们合作的成果和产物，如果刘彻翻脸不认人，那么刘嫖有可能另找他人合作。就算不是这样，她也有可能联合窦太后……

越想下去，越觉得寒气袭背。流年不顺，还真的只能是忍忍了。

刘彻只好暂时放弃与刘嫖母女对峙的愚蠢念头。陈阿娇蛮横，就让她横去吧。刘嫖爱贪，就让她贪去吧。

总之，花钱和蛮横的账要记着。还是那句老话，出来混，迟早是要还的。

要算账，还是等以后吧。现在没心情，得出去散散心。要散心，当然得找个好地方。对刘彻来说，此中好地方，非姐姐平阳公主家莫属了。

刘彻之所以不到别的地方，那是因为平阳公主家春色满园，芳草菲菲。所谓春色满园，就是美女多多。当然，这些美女不是平阳公主自家长出来的，而是故意栽培的。平阳公主此招此术，大约是学刘嫖的。

当初刘嫖鞍前马后地替刘启搜罗美女，搞得刘启很是受用。平阳公主当然也不甘落后，极力改良刘家这传统手艺，将自己变为刘彻的美女供货商。

有一次，刘彻去霸上举行除灾仪式，又顺路到平阳公主家听歌喝酒去。此时平阳公主圈养的美女约有十来个，她闻听小弟夫妻生活苦闷，于是将家里的美女化化妆，全部供上。然而没想到的是，这十来个刘彻没有一个看上眼的。

没养眼的，那就先喝酒听歌吧。接着，一排歌女出场。更没想到就在这时，刘彻的眼睛亮了，他瞧上了其中一个能歌善舞的歌女。

哦，能看上咱家的女子，那是我平阳公主的荣耀啊。平阳公主顺刘彻的眼光看去，原来那个被看上的女人，竟是出身低微的卫子夫。

卫子夫，家号卫氏，平阳（今山西临汾）人。皇帝喜欢歌女，并不是什么奇怪的事情。想当初，项羽之虞姬，刘邦之戚姬，都是一等一的舞蹈家。从那之后，有才华的帝王将相喜欢才气横飞的歌女，似乎都成了一个光荣的传统。

那时，卫子夫的出现，犹如天上的彩虹，将刘彻这风雨过后的天空，装饰得闪亮多姿起来。刘彻当即点名，要卫子夫专门侍候他。

结果，俩人在皇帝更衣车里约会一次后，刘彻对卫子夫的服务态度相当满意。当他再次回到平阳公主的宴会上时，神采奕奕，仿佛喝了一道补药汤一般。

平阳公主一看，心满意足。让皇帝这个大顾客满意，是她这个做拉皮条生意的最大光荣，于是平阳公主决定将卫子夫送给刘彻，随其入长安享受富贵。

当然，平阳公主不是白送的，刘彻当场就赐她千金，算是辛苦费了。

这天，当卫子夫准备登车随刘彻入宫时，平阳公主专门送行。临别之际，感慨多多。似乎是，刘彻此趟前来，平阳公主赚了。其实，更赚的当属卫子夫。卫子夫此遇，一旦皇帝真宠，富贵即加身，全家可腾达。

平阳公主心里想着，不禁抚着卫子夫的后背说道："走吧。好好吃饭，好好生活。有朝一日，你富贵了，不要把我忘了就行了。"

说富贵，道富贵。其实，富贵这玩意儿犹如天上之彩虹，水中之明月。貌在眼前，其实咫尺天涯。平阳公主或许没想到，卫子夫这只所谓富贵绩优股，一到长安后，竟然马上跌到了谷底。

这到底是怎么回事?

原来是刘彻一回到长安，将卫子夫打发到后宫后，竟然就将她忘得一干二净。

男人啊，真是不可思议。喝酒交栈相竞欢，车轩侍候鱼水欢。竟然一转身，就仿佛什么事都没发生过似的。

其实，这也没什么奇怪的。这不仅是皇帝的毛病，也是刘家的光荣传统。曾记否，当初刘邦路遇薄太后时，不也一副暖气相加的模样吗？结果行过那事之后，就将人家忘得一干二净。

过了一年多以后，薄太后的姐妹陪侍刘邦喝酒，说起这事，刘邦才忆起世间还有这个人。于是，只好将薄太后召来陪一夜，才陪出一个伟大的成果，那就是后来的刘恒皇帝。

认真比较竟然发现，卫子夫和当初的薄太后命运极其相似。有一年多的时间，卫子夫没看到刘彻再光顾她的床铺。空床空等空遗恨，这是后宫所有佳人的写照。然而，彼此陌生一年多后，刘彻突然要清查后宫，说要打发一部分人下岗。

下岗的原因大约有二：一是新货上市，旧货必须下架；二是后宫编制有限，不能空养闲人，不幸的是，卫子夫也在被打发的名单当中。

本以为，相识恨晚良宵短，春宵一刻值千金；

本以为，花须堪折直须折，莫待无花空折枝；

本以为，身无彩凤双飞翼，心有灵犀一点通。

没想到，闹到最后，竟然是冷冷清清，凄凄惨惨戚戚的下场。

卫子夫哭了。

没有什么可埋怨的，这就是后宫所有女人的命运。既然这样，那就准备上路吧。于是，卫子夫找到刘彻，流涕满脸，自请归家。

我认为，世界上有两件武器最为可怕。一个是核武器，另外一个则是女人的眼泪。关于美女的哭相，古今以来诸多文人妙笔横生留下诸多佳句。比如，梨花带雨，弱柳悲风，等等。无不都是哭出了文学审美的境界。

刘彻是学儒的，文学功底相当深厚。我们有理由相信，在那一刻，卫子夫的眼泪，肯定弹响了他内心深处的某根弦。

于是，刘彻不但没有打发卫子夫回家，反而让她留岗，继续工作。

阴霾的天，乌云终于散尽了；狂跌的股票，终于爬上来了。卫子夫因祸得福，怀孕在身，尊宠日隆。一夜之间，她就像后宫里跳出的明星，让诸多女人眼红了。

当然最眼红的人，就是那个不会下蛋的陈阿娇。

前面已经介绍过两件世界上最可怕的武器。如果再加上一件，恐怕就是女人的忌妒心。为什么后宫红颜总薄命，其中与女人的忌妒心有着莫大关系。

市场竞争残酷，女人无不都拿出最冷酷的绝招，在众多花蝴蝶中，夺取跟皇帝的约会话语权，从而最后摘取摆在金字塔顶上的富贵王冠。正所谓，一女功成万颜枯。优胜劣汰，红颜想不薄命，难了。

那么，陈阿娇有什么办法对付卫子夫呢？下蛋是下不过卫子夫的。唯一的办法就是使用天下女人都会用的那招：一哭二闹三上吊。

如果说，女人偶尔闹情绪，那是可以理解的。但是，如果天天闹，那么这个人就是不可理喻，无可救药了。

果然，陈阿娇天天闹着要死，非但没有得到刘彻的同情，反而已经超出了他能忍受的范围，甚至发出了久闷在心中的气话："这个女人，怎么就这么不讲道理呢？"

这下子，陈阿娇也没辙了。

难道，就这样眼睁睁地看着卫子夫像明月一样爬上天空去吗？

事情当然没这么简单。

这时，阿娇老妈刘嫖出场了。只见她安抚道："你应该像卫子夫一样，多吃饭，多养身体。不要拿别人的得意来惩罚自己，剩下的事，老娘替你办就是了。"

刘嫖到底想干吗？

很简单，她就想找个人开刀疗治女儿的伤痛。

二、风波乍起

刘嫖准备下手的对象，正是卫子夫的同母弟，卫青。

卫青者，字仲卿，平阳人也。其实，卫青最初不姓卫。其小时经历大约如下：初，小卫其父郑氏是一基层干部，专门替平阳公主打工。不料，因为工作关系，认识了卫子夫母亲。两人你情我愿，种下爱情果实，就生下了卫青。

美国作家福克纳有一句经典话语：如果想把一个人培养成作家，只要给他一个不幸的童年就足够了。

福克纳此话可不是吹的。正所谓，天将降大任于斯人也，必先苦其心志，劳其筋骨，饿其体肤，空乏其身，行拂乱其所为。对于大多数穷孩子来说，痛苦悲惨的童年，往往是奋斗成功的驱动力。

但丁也曾说过，想上天堂吗？那先去炼狱吧。卫青小的时候，他从来没想过要上天堂，也没想要当大官。那时，他最奢侈的想法，无非就是想拥有一个幸福的家，一张温暖的床，几个热气腾腾的馒头，能得到周围人的尊重。

然而，奢侈的梦想和残酷的现实，对比得如此鲜明。在生卫青之前，卫母已经生下一男三女。毋庸置疑，这是一个苦命的女人。正所谓，龙生龙，凤生凤，老鼠的孩子会打洞。卫媪的孩子不会打洞，但是离打洞也不远了。因为她是平阳公主家的奴仆，所以孩子也只能是做地上爬的小奴仆。

一个大奴仆，要养大三个小奴仆，的确不容易。于是，卫母只好将卫青物归原主，送回当初跟她偷情的那个男人。那个姓郑的男人，并不是传说中那种提起裤子不认账的男人。他将孩子收下了，并带回老家。

他也很不容易，正式老婆替他制造了几个有标签能出厂的人工智能产物。于是，当孤独的卫青来到郑家时，面对卫青这个三无产品，前母不睬他，兄弟们也不鸟他。

没办法，谁叫你是后娘养的孩子呢？郑氏不是个坏人，但也没人说他是好人。他要做的，不是怎么样让他的妻子和孩子们能接受这个天外之客，而是将卫青安排一个落脚点。

他已经想好了，如果卫青要活下来，唯一的办法就是替他们家牧羊。

牧羊，就是希望羊长大后能卖个好价钱，然后，拿钱去娶一个媳妇，生一箩筐的孩子，最后再将他们带到山上来，一起牧羊。我想，这应该是当时卫青最好的想法和出路。

在那山高高，野茫茫的人迹罕至处，卫青一个人孤独地生活。岁月如羊毛，长了就剪，剪了又长。孤独的孩子，就这样在善良的羊群中长大了。

多年以后，突然有人上山，看到满坡的羊群中，站着一只安静的狮子。再定睛一看，原来是一个伟岸的男人。那个男人，竟然是卫青。

卫青长大了，岁月没有使他变成一头羊，而是一头狮子，一个真正的男人。狮子牧羊，那是一种什么样的可怕的情景呢？

有一天，有个会算命的囚徒和卫青相遇，端详他半天，然后说道：“兄弟，你命中注定是个贵人啊。请相信我，你将来肯定能被封侯的。”

要想封侯，就得当大将军建功立业。先当奴隶，后当将军？似乎没听说过。卫青笑了。

巍巍高山，茫茫山坡，命运如草，生于斯，长于斯，灭于斯。何来封侯？封个猴子王还差不多。

卫青没听说过先奴隶后将军的故事，但是不等于这个非理性命题不能成为现实。命运的游戏规则，原来都是奥运会上经常被人喊出的那句口号：一切皆有可能。

卫青通往将军的路上，向他提供第一个可能的人是平阳公主。

长大后的卫青，不知怎么地被平阳公主看中，将他召来当了骑奴。骑奴也是奴，不过总比牧羊好多了。没有风吹雨打，也没有前不见古人，后不见来者的苍茫感。在这里，卫青不但衣食温暖，而且学会了必需的礼仪。

用鲁迅的话来说就是，以前做奴都做不稳，现在可稳多了。

然而，命运的游戏不过刚刚开始。卫子夫受宠后，卫青改姓不换名，跟随姐姐入宫。刘彻也给这个未来的小舅子安排了一个工作，在建章宫当差。满眼繁华的长安城，不全都是肚脐眼和势利徒。在家靠牧羊，出门靠朋友。在这里，卫青还结交了一个肝胆相照的朋友，公孙敖。

树欲静而风不止。当卫青刚刚告别惨痛，才踏上小康之路时，这时刘嫖公主的恶爪向他伸过来了。真是个苦孩子，卫子夫还有一个同胞的哥哥和两个姐姐，刘嫖偏偏看中了卫青。

于是，刘嫖将卫青抓起来，准备开刀祭血。

然而就在这时，有如放电影一般，时为骑郎的公孙敖出现了。

当时，公孙敖听说刘嫖要对卫青下毒手时，脑中立即闪过一个念头：抢人。因为时势危急，告状和报警，都是无效的。唯有突击抢人，才最为实效。

于是，公孙敖纠集一帮生死朋友。一番密谋踩点后，就以突袭之势冲进囚禁所将卫青解救出来了。

“哥们，太感谢你了。您的大恩大德，俺会记在心里的。”

“哥们，不要客气。这是咱应该做的。以后记住，有困难，找我公孙敖。”

卫青和公孙敖的手紧紧地握到了一起。一旦握紧，卫青就没想过要松掉。他会永远报答眼前这个义气冲天的硬汉。

然而，刘嫖准备诛杀卫青的消息，还是不胫而走了。诛卫青，就是想给卫子夫点颜色看看。教训卫子夫，摆明就是不给刘彻面子。

刘彻怒了。

马上地，他做了一件相当刺激刘嫖的事：将卫青召来，封为建章宫总管，同时兼为皇帝侍从官。再接着，刘彻将卫子夫所有兄弟姐妹通通召来，封的封，赏的赏。连好人公孙敖也沾了光。

更可怕的是，刘彻已经对陈阿娇绝望了。

完了，陈阿娇。你的怨妇梦，就差一句话了！

建元二年（公元前139年），汉朝发生了一件大事。当时，诸多大臣纷纷上书替某人喊冤。这个某人，正是被刘启诛杀的晁错。

当年，刘启诛杀晁错之后，有人曾将得失跟他分析一番，老人家早就肠子都悔青了。不过，死人不能复生，此事又是他和袁盎密室阴谋使出来的，想昭示天下，那脸面实在太难看了。

没想到事隔多年，旧事重提，被大臣们炒得热火朝天。事实上，汉朝臣子并非心血来潮，无聊翻案。

在那帮人看来，晁错代表了汉朝改良的良心。如此忠臣，舍生忘死，救国家社稷于水火之际，竟被暗箭亡命，实属蒙了政治大冤。所以，他们一致认为，诸侯是个祸根。他们既然能做得初一，为什么中央不能做得十五？于是，他们将矛头直接对准了诸侯。

有必要交代一下。此时的诸侯，早不是当初那帮造反的诸侯。刘启平反七国之乱后，早就清理门户，将自己十三个儿子全部封为诸侯王。所以说，杀晁错，全不关他们的事。

但是，中央大臣们就不这样看了。反正你们是诸侯，既然是诸侯，都是一路货色。所以，他们决定好好修理这帮尚不成气候的诸侯，替晁错出出气，同时又替自己解除后顾之忧。

那么，怎么修理呢？这既是个技术问题，又是个艺术问题。很不好下手。

我认为，有些政治斗争，必须是技术和艺术双管齐下；有些时候，根本就不用那么多废话，不要说艺术，甚至连技术含量都一并省了。当然，前者的前提是，两方力量均衡，后者的前提是，必须占有绝对优势。

时过境迁，今天的汉朝中央，和诸侯势力相比，占有绝对优势。过去，晁错是一个人在战斗。现在，他们是一帮人在奋战。汉朝这帮高官决定，将晁错的削弱诸侯方针贯彻到底。

在这里，他们找出两个对付诸侯的办法。一个是晁错使用过的，那就是设法找碴儿；另外一个就是将诸侯属下大臣们抓起来乱殴乱打，逼供佐证其君有不轨迹象。

这下子，诸侯们仿佛过街老鼠，人人自危。他们都不知道，过了今天，明天会不会就有霉运降临到自己头上。

那怎么办，难道就这样束手待毙吗？

当然不是。晁错是冤死的，诸侯是被冤打的。他们都能替晁错申冤，难道我们就不能替自己申冤吗？

要申冤，不能是所有诸侯都带着眼泪一起拥向长安向刘彻哭丧来的。唯一的办法，只能是派代表前往长安向刘彻做个说明。

很快地，他们选出了四个代表，分别是代王刘登，长沙王刘发，中山王刘胜，济川王刘明。四人当中，首席发言人为，中山王刘胜。其中，长沙王刘发和中山王刘胜，分别是刘启和唐夫人及贾夫人的爱情结晶。

建元三年（公元前138年），冬，十月。按惯例，十月是诸侯们集体到长安请朝的日子。一大早，中山王刘胜已经跟其他三个打了招呼，一起进城。当他们四人到达长安后，按惯例，刘彻必须设宴洗尘。

申冤的机会终于来了。在宴会上，歌舞升平，一派其乐融融的样子。然而，当刘彻和四人一番交杯碰盏后，突然地，中山王刘胜流下了眼泪。

尽管说，兄弟难得一见，但也不至于感动得泣不成声了呀。刘彻一看，就觉得气氛不对。于是，刘彻奇怪地问道：兄弟，谁欺负你了吗？何必这么悲伤？

刘胜：肯定是有人欺负我了嘛。不然，大过年的我能哭得这么悲伤吗？

刘彻急切地说道："谁欺负你们了，请直说。"

刘胜："按辈分来说，陛下应该称我为兄。作为兄长，有些话积在我心里很久了，现在不得不发了。老实说吧，不仅仅是我一个人受欺负，在座的几个诸侯，都是受害者。当然，欺负我的人，不是陛下您，而是陛下您身边的那帮大臣。他们抓我臣，虐我情，弱我志，整得我们个个都像飘于尘埃中的鸿毛，连个基本的安宁感都没有。"

刘彻听得心里一颤，吃惊地说道："有这么严重吗？我怎么一点都不知道？"

刘胜叹道："陛下如果不信，可问在座各位诸侯。看看他们是怎么被中央那帮人整得不成样的。"

刘彻似有所解，怜悯之情油然而生。他点点头，说道："不必问了。这事你说了，我就心里有底了。在这里，我可以负责任地告诉你们，下次不会再发生这种事了。"

果然，刘胜等人退朝后，刘彻即将有关部门头头请来，吩咐一番。不久，中央大臣修理诸侯们的势头终于有所收敛。

此事，总算到此告了一个段落。晁错老先生，实在不好意思啊。当初对你发难的人，不是我这批兄弟。反正您你名声也平反了，就这样扯平了吧。

中央大臣和诸侯们的恩怨扯平了，可是有一个人还没跟中央扯完。这个人，就是当初首发作难的刘濞之子，刘驹。

刘濞是怎么死的？被晃错整的。刘濞逃到东越地，是被东越王干掉的。于是，刘驹从此将东越王恨到了骨子里。

现在，该是报仇的时候了。

想报仇，光有一腔激情当然是不够的。然而，刘驹之所以能喊出复仇二字，肯定是找到了靠山。此靠山，正是闽越王。刘驹说服闽越王后，他也同意出兵替刘驹出气，准备攻打东越。于是挨打的东越王，只好向汉天子求救。

该不该救东越王，怎么救，不能是刘彻一个人说了算。于是，刘彻召集了一帮人商讨计策，其中在座的，就有后来被窦太后休掉的太尉田蚡。

刘彻首先问田蚡：你对闽越攻打东越，有什么看法？

田蚡竟然这样回答："越人之间互相殴打，那是习以为常之事。再说了，那一带蛮荒之地，自秦朝以来就属于中央的弃地，我们何必为他们劳兵伤神呢？"

田蚡说完，刘彻保持沉默，等待其他人的意见。马上就有一人站出来，发表了一番反对田蚡见死不救的意见。

此人，严助是也。

严助，本来叫庄助。为避汉明帝刘庄讳，后人只好委屈他，叫他严助。严助是会稽吴人，其父庄忌曾是当初刘武门下，一个辞赋闻名的唱客。严助继承了其父才华，所以两年前刘彻举贤才时，严助成绩名列前茅，第一个受到刘彻重用加官。

严助是这样反驳田蚡的："救不救人，不是看别的什么，而是看自己有没有能力。如果自己有能力救人，凭什么不救？旧秦视越地为弃地，那是他们无能为力。他们连自己的咸阳城还管不住，哪有精力去管别人的事。现在，小国东越向我们求救，我们不救它，那谁来救？如果不救，我们又凭什么德望使万国臣服呢？"

严助这番话，刘彻严重同意。

救人事小，可政治利大。以小利益换大政治前途，这正是刘彻最想做的。再说了，人家东越替汉朝砍了刘濞，这也是它挨打的根本原因啊。所以，发兵救救人家，也算是还人家的人情，同时也是给小弟撑腰打气啊。如是不闻不问，那以后还有谁愿意替你跑腿打杂？

刘彻开始发表看法："田太尉不足与计。我决定，发兵救东越。不过有一点请注意了，我刚刚登基，不想动用虎符调兵。"

我们知道，军队征调必须有虎符。不管你是多大的官，武将是只认虎符不认人的。所以，当初刘邦屡夺韩信之帅时，第一件事就是拿下他的虎符和帅印。现在，刘彻既想发兵，又不想动用虎符，他到底还有什么顾虑？

这个顾虑，当然指的就是窦太后啦。窦太后还没死，国家战争这等事，必须得她点头才行。

可问题是，刘彻现在很不想见到这个老太婆。能少求她一事，就少一事。反正她活不长了，只要她伸腿登天，刘彻就可以解放了。

没有虎符没关系，刘彻还是可以动用节的。他把调兵攻打东越的任务交给了严助。

从道理上讲，有节无符，那也是不符合规矩的。那么，能不能调动得了兵，就要考考严助的政治智慧了。

严助此次要调的是会稽郡的驻军。果然，当他持节来到吴郡后，会稽郡守叫他办理手续，交出虎符。严助告诉对方，皇上刚即位，不想动用虎符，只让我持节前来，请体谅陛下难处，通融一下。

会稽郡守一听，就笑了。什么叫通融？你以为是小孩子玩过家家吗？你以为是跑官卖官吗？这可是战争大事啊，岂能当儿戏？废话少说，没有虎符，休想调走一个兵。

严助就知道会出这等事。

然而，节就摆在郡守面前，郡守不给他面子，就是不给刘彻面子。既然皇帝的面子都不给了，那凭什么皇帝还要给他面子呢?

严助当即抓起一司马就斩首，并且吓唬郡守道："不发兵，司马的下场，就是你的下场！"

会稽郡守一听，两脚就软了，只好发兵渡海去救人。可当汉朝的船还没上岸，就有消息传来，闽越王撤兵了。

架子还没摆好，就让人闻风落跑了。大汉，果然威风啊。

尽管闽越王撤兵，东越王仍然觉得东越之地不安全。于是，他向刘彻上书请求，举全国人民迁往中原。很快地，刘彻同意了。他们被安置在了长江和淮河之间的平原地带。

至此，晁错平反之风波，总算作了一个了结。

三、叛逆

公元前138年，刘彻十九岁。这个年纪，用现在人的话说，就是叛逆的时期。窦太后、刘嫖、陈阿娇，等等，这些人或事像乱麻一样，无休止地缠于一身。于是，就在这一年，郁闷已久的刘彻做出了一个极不寻常的叛逆行为——离家出走。

离家出走是我们百姓的叫法，在他们皇家看来，这叫微服私行。然而，刘彻私服出行，不是探视民情，纯粹就是为了贪玩，过一把自由的瘾。

真的，他这个皇帝当得一点都不爽，心中的苦闷憋得太久了。

刘彻纠集一帮年轻的玩伴，路线怎么走，在哪里集合，以什么名号亮相，他们已经拿出了一套得意的方案。

终于，在一天夜里，刘彻及年轻的侍者约定在殿门外会合，乘夜出发。

刘彻向外打出的名号是：平阳侯。

平阳侯就是刘彻的姐夫，平阳公主的老公大人。跑了一夜，天快亮时，众人抵达南山。年轻真好，一夜的跋涉奔跑，竟然毫无倦怠之意。

刘彻是个儒家学生。儒家学生必须要掌握的有六种基本技能，分别如下：礼，乐，射，御，书，数。礼，即礼节；乐，即音乐；射，即射箭技术；御，即驾驭马车的技术；书，即书法；数，即算法。而在六种基本技能中，我相信，学生们最喜欢的是以下两门功课：射箭和驾驭马车。

对于刘彻这个十九岁的小伙子来说，骑马打猎，不仅是温习功课，更是充分表现一个男人的野性雄姿。

终南山脚下，空气清新，沁人心脾。自由的日子，从来没像今天来得这么惬意。于是，他们就像出笼的野兽，刘彻决定，就在南山脚下进行围猎。

刘彻等人犹如出笼之野兽，呼吼着射鹿，逐狐，赶兔。乱马奔腾，践踏田野庄稼，仿佛那是他们家自己种的一样，全不当回事。然而就在这时，有人有意见了。

这帮有意见的人，当然是南山脚下的农民叔叔伯伯们。

锄禾日当午，汗滴禾下土，谁知盘中餐，粒粒皆辛苦。这满野的庄稼是他们挥汗如雨的劳动果实，竟然一日之间被你们这帮野孩子践踏得不成样子。于是，农民叔叔伯伯们，全跑出来站在田埂上，用恶语问候了刘彻一行人的父母及爷爷奶奶。

农民们的恶骂声，马上传到了县里。有两个县太爷火气冲天，拉了两帮民兵向刘彻扑来。他们已经知道，这个践踏庄稼的人就是平阳侯。平阳侯就能胡作非为吗？于是，两个县令来到刘彻面前时，就大声棒喝。

呵，好大的口气。刘彻那帮兄弟一听就怒了。就算是平阳侯，你也敢骂，太不给皇帝面子了。于是，有几个少年立即持鞭就要抽对方。

赤脚的不怕穿鞋的，穿布的哪怕穿绸的。两位县令一看架势，立即吆喝起来，准备拿下这帮不识好歹的少年。这下子，玩笑开大了。围猎的刘彻，被民兵们团团围住，也成了网中猎物。

当两个县太爷准备拉刘彻一行人回衙门时，刘彻只好亮出了皇帝信物。

啊，原来是陛下亲自打猎来了啊。所有人既吃惊，又兴奋地看着刘彻。

是啊，诸位，实在不好意思啊！我不过是出来透透气，没想到就踩坏这么多庄稼。这样吧，你们报个数，多少钱我们赔就是了。

交了罚单，刘彻只好收马离开终南山。然而，这时刘彻又做出一个让人意外的决定：既然出来了，就让我们一次疯个够。

于是，他们没有折回长安，而是朝长安相反的方向往前奔。

青春的叛逆，从来就是不讲道理的。此次，刘彻率领手下这帮少年离开了陕西境内，向着河南方向漫游而去。在一天夜里，不知不觉地就到了柏谷。

柏谷，就是今天的河南省灵宝县西。此地距离长安航空距离有一百八十公里。

夜已经很深了，刘彻和少年们找了家旅馆，准备在柏谷住下。那时经济不发达，能开得起旅馆的人，实在不多。所以，能开得起旅馆的老板，也算是小有成就了。没想到的是，当刘彻准备投宿时，旅馆老板拒绝纳客。

老板之所以拒绝，是因为凭着多年开店的经验，看出刘彻带的这帮人傲慢无礼，不是什么好鸟，很像是盗贼绑匪。

深更半夜的，人家又不是不给钱，竟然不让投宿，实在太伤尊严了。况且，投宿的人，不是什么江湖浪客，就算看不出是大汉天子，也能看出他们是一帮公子哥呀。

于是，少年们一听说老板不纳客，立即将他包围起来，并且大声喝道：请你给我们老板上茶！

呵，你以为老子是吓大的吗？旅馆老板也装出一副牛叉烘烘的样子，大声叫道：我们这间店没有茶，只有人尿！（无浆，正有溺耳！）

见过抬杠的，但是从来没见过如此抬杠的。牛，实在太牛了。

就在这时，老板娘见形势不对，立即跑上来赔礼道歉：客官请里面坐，茶水来了。老板娘将老板推开，给客人开了房间。

然而，当老板娘侍候好客人后，突然发现，她的老公不见了。

不一会儿，老板回来了。

当然，老板不是一个人回来的，其背后还跟着一帮持棍拿刀的少年。这帮人，是老板到镇上拉回来的。老板决定，等刘彻一行人酣睡之时，趁机向他眼中的这群盗匪发起攻击，为民除害。

老板娘一看，吓出一身冷汗。她对老公说道：“我看这帮客人非同寻常，而且他们戒备森严，不可轻易动手杀人。”

老板一听就怒了。说的什么话？敢到咱的地盘上撒野，谁怕谁呀？杀的就是这帮亡命之徒。于是他决定，今晚一定要替天行道，清除盗匪。

大祸，真的要来了。

如果真出人命，估计不是开不开店的问题了，恐怕全家的人头都不保了。老板娘劝阻不行，又生一计。她立即搬出好酒，招待老公带来的那帮兄弟。她说道："大家既然想行大事，就先喝几碗酒吧。酒是好东西，喝好能壮胆。"

兄弟们一看有好酒，端上来就喝。老板娘负责劝酒，当然主要对象是家里那个男人。反正是几十年难得学一回替天行道的绿林好汉，那就好好表现吧！

于是，老板娘拼命劝酒，男人也拼命喝酒。不知不觉地，家里那个男人竟然被灌醉了。

老板娘马上用绳子绑住自家那个醉酒的男人，向兄弟们宣布道："酒你们也喝够了，谁想杀人，先从老娘身上踩过。"

众人一看没戏，只好作鸟兽散。

店里这杀气腾腾的一幕，早将刘彻一行人惊醒。然而，聪明的老板娘马上放水杀鸡，将刘彻一行人再请出来喝酒道歉，并将内情一一道出。众人一听，后怕不已，如果真干起架来，死伤不定，那真的是惹祸了。

因为差点惹祸，玩兴大减。第二天，刘彻决定打马回京。

回到长安后，刘彻做的第一件事，就是将救他的老板娘召来，赐之千金。同时，也将那个豪气干云的男人召来，拜为羽林郎。

四、发现东方朔

刘彻乘兴出猎，败兴而归。尽管花了千金，拜了一个羽林郎，但是他却长了教训。那就是，猎可以继续打，但是不能再住私人旅馆，那样实在太危险了。不住旅馆，那住哪里?

刘彻是这样设想的：派人沿路秘密设立旅舍。

但是立马刘彻又觉得这个设想不甚理想。第一，路太远，跑一趟实在辛苦。第二，跑得越远，危险系数越高。再者，沿路都是百姓农田，践踏一次，民怨就来一次，背上不体恤民情的罪名，实在是不好受。第三，宫里还住着一个老不死的窦太后和一个厉害的王太后，如果，万一，假如，被她们知道他私自出门打猎了，那麻烦可就大了。

那么，怎么办？

很好办，既想安全，又想惬意，又不必受约束，那就在皇家后花园上林苑打猎吧。

这是个好主意。然而，刘彻又嫌上林苑范围太小，玩得不爽。于是，他又冒出一个念头，不如扩建上林苑，打通沿路阻隔，直通终南山。

这真是一个疯狂而又奢侈的想法。要想连接天然猎场终南山，那必须进行一场浩大的圈地运动和搬迁工作。要完成这么一件吃力不讨好的工程，实在是考人智慧的活儿。

但是，刘彻相信有一个人可以将此事办成，此人，就是吾丘寿王。

吾丘寿王，今河北邯郸人。善于辞赋，曾拜董仲舒为师学过《春秋》，时为太中大夫。

当然，要让吾丘寿王这么一个中级国务官去完成这项巨大工程，那实在是不靠谱的。所以，刘彻将首都长安警备区司令（中尉），北长安市长（左内史），首都长安特别市长（右内史）等人召来打好招呼，让他们配合吾丘寿王的工作，呈报辖区内的农田，动员农民搬迁。

有人配合，吾丘寿王的工作就很好展开了。不久，吾丘寿王将一份调查报告递交上来，认为扩建上林苑可行。刘彻一听，喜上眉头，准备动工。

然而就在这时，有人站出来说话了。

东方朔，字曼倩，平原厌次（今山东惠民）人。特长，博闻强识，诸子杂书，无所不通。当然，如果没有两把刷子，东方朔也是不敢吹的。初，刘彻发出布告，招天下之贤良。于是，东方朔也闻声从齐国赶来参加面试。

既然是来求职抢饭碗，那就得来点奇招。东方朔之奇招，就是写一篇超长的策论。那时候，还没有发明纸，策论只能写在竹简上。据司马迁介绍，东方朔此篇策论约花掉三千片竹简。

三千片竹简，这到底是个什么概念呢？我们不用将它换算成纸张，看看刘彻阅读花费的时间就可了解一二了。你猜这篇策论，刘彻花了多少时间才读完？

足足两个月啊！

就那两个月，刘彻天天读，读到哪儿就做记号，明天接着读。而且，刘彻不是一个人在奋斗，仅靠他一人是无法将策论翻出来的，必须需要两个力气充足的人才能撑起。

写超长超重的策论，还不仅是东方朔的牛特长，东方朔写的那封求职信也是千古奇文。在这里，为了满足部分读者的好奇心，我还是将它搬出来，奇文共赏。此文意思大约如下：

我，东方朔，年幼失亲，由兄嫂抚养成人。我十三岁学书，勤奋好学，三个冬天读的文史，足够一生使用。十岁学击剑，十六岁学《诗》、《书》，读了二十二万字。十九岁学孙吴兵法，熟悉使用各种兵器及阵法，大约此方面的文字有二十二万字，合起来就是四十四万字。除此之外，我性格豪爽，重义守诺，简直就是子路再生。

今年，我二十二岁，身高两米一（九尺三寸）。谁赏我眼，都说我双目有神，灿若明珠；谁看我牙，都说我牙洁白整齐，仿若贝壳。还有，勇若孟贲，捷若庆忌，廉若鲍叔，信若尾生。像我这样的人，够格当您天子的大臣吧。

得了，不要吹了。再吹，恐怕老天都要被吹破了。

然而，世间不缺吹牛人，缺的正是可爱的吹牛人。刘彻一看，哈哈哈，好一个山东吹牛大汉啊，不服还不行啊！于是，刘彻就将东方朔留下了，并且马上给他安排了工作。

你猜人家给东方智圣安排了什么好工作？刘彻给他的职位，不过是公车府中的一个小职员。

公车府到底是干什么？搞接待的。臣民上书，或者皇帝征召的活儿，都是他们单位负责的。东方朔人高马大，牙好能啃，能侃会吹，搞接待，那实在是太对口啦。

然而，东方朔是怎么评价这份工作的？失望，非常的失望。

首先，此活儿都是跑腿活儿。没油水捞就算了，工资还特低。其次，整天没日没夜地干，连皇帝都见不上一面。这种长期见不到领导面孔的工作，还能有什么前途呢？

所以，失望之余，东方朔还相当郁闷。读了这么多圣贤书，竟然还混不饱肚，实在掉价。那个青春啊，就像流水一样东逝不回。难道，我东方朔一辈子就只能当个接待员，像老牛赖窝一样老死在这个岗位上吗？

答案，当然是否定的。

看来等待皇帝涨工资是不可能的了，唯一的捷径就是换工作。伸手要官，似乎是个办法，但绝对不是好办法。好办法就是，让皇帝心甘情愿，心里乐开了花地给你官儿当。

嗯，有个好办法倒是可以试试。好，就这样办。

那时候，侍候皇帝的有两种男人，一种是太监，一种是侏儒。此两种人，恐怕是男人中最不易的人了。有一天，东方朔将几个跑动的侏儒叫到面前，他装出一副沉重的语气说道："兄弟，想告诉你一个不幸的消息。只是，不知该不该说。"

侏儒一听，既莫名其妙，又紧张万分："大哥，俺们天天守职奉公，从未出错，何来不幸？既有不幸，请您实话告诉俺吧。"

东方朔又沉重地叹了口气，拍着侏儒肩膀说道："其实啊，我一说就怕伤你们的心；但是我憋在心里，又要伤了我的良心。既然兄弟想听，那我就实话实说吧。事情是这样的……"

侏儒们都睁大眼睛，看东方朔嘴里到底要吐出什么祸水来。然而，东方朔欲言又止，竟然不说了。大哥，你到底说还是不说啊，急死人了。

这时，东方朔吞了一下口水，终于说道："不过有言在先，我只是听说的，也不知道是不是真的。事情是这样的：听皇帝说你们这些侏儒是一帮废物。说什么种田不如常人，做官又不能胜任，从军又不能杀敌，对国家一点用处都没有，还白白浪费了很多粮食，所以决定将你们通通杀掉。"

侏儒们一听，就傻掉了，全都急得哭了起来。这时，东方朔同情般地又叹了一口气，拍着他们的肩膀说道："兄弟们别哭了，大家都混得不容易。这样吧，看在咱们同病相怜的分儿上，我教你们一个救命的办法吧。"

侏儒们转忧为喜，睁大眼睛看着东方朔。东方朔看看他们，想说，突然又不说了。

大哥，你就说吧，急死人了。

东方朔心里一笑，你们急，我比你们还急呢。他想着，脸上却装出一副神秘兮兮的样子说道："先说好哦，不要说是我教你们的哦。"

这个请放心，大哥请快讲。

于是，东方朔叫他们靠近来，对他们说这样这样。侏儒们一听，乐坏了。办法很简单，也很管用。就按东方大哥说的办。

事实上，侏儒们全被忽悠了。有一天，刘彻出门，被侏儒们拦驾哭诉，请求赦免死罪，放他们一条生路。

刘彻一听，莫名其妙地说道："你们好好的，赦什么罪？"

侏儒说道："陛下不是嫌弃我们没用，要杀了我们吗？"

刘彻："我什么时候说过你们无用，又什么时候说过要杀了你们？"

侏儒："这是东方朔说的。"

刘彻一听，只好将东方朔召来问话。东方朔早就等得不耐烦了，他一肚子牢骚，等的就是这个召见的机会。

东方朔终于见到了刘彻，刘彻很不客气地骂道："你是吃饱撑着了吗，干吗拿侏儒开涮？"

东方朔从容应道："陛下大大错矣，臣恰恰是没吃饱而硬撑的。"

刘彻："你不是吃饱了撑的吗，我怎么会说错了？"

东方朔应声答道："陛下您用心想想就知道了。侏儒们只长三尺余，俸禄就有一袋米，二百四十钱。我身长九尺余，是他的三倍，竟然也是一袋米，二百四十钱。要说饱撑，那是侏儒们才能有的好事。这些粮和钱，根本就不够我吃，能不被饿死就不错了。这话我很早就想对陛下言说了，只是一直没逮上好机会。既然今天来了，我们就打开天窗说亮话。陛下您如果觉得我能为您所用，请替我涨工资，不然就让我离开长安，免得浪费您那点粮食。"

刘彻哈哈大笑。

皇宫森严，连表情都被模式化了，而东方朔犹如僵死的湖泊中跳跃的小鱼，让刘彻看到了湖面的一丝生机和乐趣。刘彻重新给他换了一份工作，调其到金马门上班。

金马门，官署名。门旁有铜马，故因此得名。此岗位，正是学士待诏处，跟皇帝直接打交道的概率很高。对这个岗位，东方朔没有说特别满意，也没有说不满意。只能说，还凑合吧。

东方朔绞尽脑汁，拼死拼活，不就是为了亲近皇帝吗？亲近皇帝，不就是想升官发财当个富贵奴吗？

事实上，此话只说对一半。

东方朔亲近皇帝，要的就是富贵。富贵和升官是两码事。他没想过要当大官，像那些高高在上的公卿们，只要板一板脸，同僚都要退避三舍的那种。如果真是那样，他将不是真实的东方朔。

那么，真实的东方朔是什么样的人呢？说得不好听，只有四个字：玩世不恭；说得好听，三个字：乐逍遥。

人生不枉来一回，何不放歌逍遥游。读过庄子或陶渊明的都知道，所谓逍遥游，就是逃避俗世，归隐江湖山泽。以青山为伴，以绿水为友，以苍野为床，以蓝天为被，喝酒纵歌，任意飘摇。

然而，在东方朔看来，庄子之逍遥，不是上档次的隐者生活。小隐隐于野，中隐隐于市，大隐隐于朝。

他要做，就做庙堂之上那个放荡不羁的大隐者。

一个人，来到这个世界上为了什么？或许就是为理想而奋斗，实现心中的梦想。所有的梦想，都必定在一个圈子里实现。

就像实现富人之梦，就得进商场；实现当官之梦，就得进官场。所谓场，就是圈子。

当你进入这个圈子时，会猛然发现，圈子的力量是无穷大的，而个人的力量简直是无法比拟的。这时你还会发现，只要你进了圈子中，不亚于被套上了金箍的孙悟空。碰上唐僧这样的领导，只要他一念经，你就只有翻滚的份了。

这就回到了卢梭的哲学命题上：人生而自由，却无处不在枷锁当中。说自由，是因为那个圈子是你自己选的。当你选上了，你就不自由了。

庄子在《逍遥游》中曾表达了一种对绝对自由的向往和追求。事实上，那只是个人意淫而已。在所有相对自由当中，官场恐怕是最不自由的圈子。陶渊明就是因为不适合官场，觉得违背个人意志，所以才打包回家的。庄子更是因为如此，从而拒绝被收去当官。

事实上，人在田野之中，也是不自由的。因为，你的肉体就被它装在其中。然而，在这不自由的空间中，总能自由地歌唱，呼喊，吹笛子，晒太阳，临风作赋。但是，你人在官场，你能想唱就唱吗？就算是想唱就唱，也未必唱得响亮。

说了这么多，就想说明一个问题。所谓大隐者，那可不是一般人能当的。没有高技术的人生本领，想戴这个高帽，那你最好打消此念。官场每一步，都是荆棘和地雷；每一步，都是鲜花遮眼的牛屎。你不知道什么时候被人拦腰绊倒，你也不能保证百分之百没踩上牛屎或地雷。

但是，东方朔自诩有这个能耐，也有这个胆魄。

所谓艺高人胆大，而他之所以选了大隐之路，那是因为他深刻地洞穿了时代和个人的命运。

这个时代，不是春秋战国，不需要苏秦张仪。这个时代，是歌舞升平的时代，大家吃饱没事干就想找点乐子玩。平民是这样想的，当官的是这样想的，皇帝也是这样想的。

东方朔天生放达，不拘小节，叫他跑腿打杂，不合他性子。如果叫他戴上高官之帽，替天地立命，为百姓谋生，似乎，他也没那个兴趣。

时代注定，他只能是一个替人找乐子玩的人。当然是高级别的那种，专替皇帝找乐子，然后蹭点肉，磨点钱财，拿些帛，以此养家糊口，逍遥度日。

我想，这，应该是东方朔来到世间的人生宿命。

五、狂生难懂

自从东方朔那次开涮侏儒后，刘彻对东方朔刮目相看了。

怎么说呢，东方朔这人很诡，很逗，也很滑。他能出诡逗滑，那是因为他有智慧。刘彻喜欢幽默，更喜欢有智慧的幽默。从此，他经常召东方朔一起喝酒。东方朔的任务是，每次喝酒，必须逗皇帝开心。

司马迁说，刘彻和东方朔喝那么多酒，没有一次不开心的。刘彻一开心，就会随手赏赐。皇帝有赏，东方朔从来不会拒绝。非但不拒，反而能多蹭就多蹭。

比如，刘彻请他吃饭。饭饱酒足，段子也听够了。那么，东方朔就会告诉刘彻说，我该走了，剩下的肉就让我打包回家吧。

二米一高的大男人打包，似乎很少见。既然你爱蹭这个便宜，那就打吧。东方朔一不害羞，二不含糊，三不犹豫。每次打包，都是直接将衣服裹起大肉就走人，从不回头，也不猥琐。

坦荡自如，仿若无人。衣带尽裹终不悔，为肉消得人衣秽。此等境界，世人几人能达到？

吃肉打包，那对皇帝来说，都是小意思。除此之外，刘彻还常赐东方朔钱和帛。

赏钱，用现在的话来说，那叫外快。

那时候，没有基金，也没有股票，更没有理财公司。尽管说，东方朔取财有道，但也没有将外快进行再投资的打算。而是身体一转，低头一溜，就拿这些外快跑到长安街上泡妞去了。

对东方朔来说，打包有准则，赚钱有门道，泡妞也有要求。长安女子，无论长相，不管贤良，只要愿意跟他玩的，也不管你是否爱他爱得死去活来，没有他你一天都过不下去的，他会很明白地告诉你，你跟我在一起的时间，只能是一年。

为什么是一年？成本是不是太大了呢？成本大，无所谓。只要我喜欢就行。不就是个钱嘛，刘彻就是我的银行，荤段子和谜语就是我的密码。想取多少，都是拍拍脑袋之间的事。

东方朔吃饭打包，爱玩女人，终于混出个娱乐明星的名声。如果那时候有娱记，那么东方朔将天天都上八卦新闻头条。娱乐记者只要收买被东方朔抛弃的一两个女人，随便都能编出一部《我和东方朔不得不说的故事》或者是《我和东方朔的幸福往事》等。

都说，人怕出名，猪怕壮。我认为，此话只对一半。猪怕壮，理所当然。因为壮了就要被拉出去宰。但是人怕出名，似乎不合实情。

东方朔知道，在一个正统的社会里搞怪，那是很容易出风头的。此风头，人人都不想自己出，但是人人都想别人出。因为，人人都想看别人的娱乐新闻。此风头，别人不想，东方朔却乐在其中。

因为，这样大可以独领风骚，笑傲江湖。

于是，天天成为长安人茶余饭后、八卦新闻头条的东方朔，不久就被喻为疯子。此疯子，有一半是贬义。不是疯子，至少也是半个疯子的意思。

的确也是，东方朔博古通今，而且还是国家公务员，至少也得注意点形象啊。再者，看他也不像是读书落魄的样子呀。

读不懂，那就慢慢读。反正，东方朔也不在乎这一天两天。因为，他的任务是，天天疯，月月疯，年年疯。此病，举目长安，唯有一个人能读懂他。

这个人，当然就是刘彻。

那时，刘彻身边的郎官天天说东方朔神经病。然而，刘彻一笑，他这样替东方朔圆场道："如果东方朔不搞怪，你们哪个能比得上他呢？"

老实说，刘彻的评价是中肯的。如果东方朔一本正经，整天衣冠整齐，工作认真，按时上班下班，那么，刘彻身边那些郎官，早就低头叫他一声大人了，还能像今天这般有事没事扯他一段八卦来逗乐吗？

郎官们不知刘彻为何竟如此宽容东方朔。事实上，要想探究这个问题，一点都不难。

在刘彻看来，皇宫就像一桌菜，桌上有主菜，也有主食和水果。主食是必需的，主菜和水果是开胃的。如果天天吃主食，没有开胃的上桌，这日子还能挨得下去吗？

东方朔爱打包，就随他去吧；爱玩女人，就随他去吧。但是，有一个底线，彼此是必须坚守的。那就是，女人可以玩，皇帝不能玩。只要不玩我皇帝，其他的事，永远都是小事。

这个底线，只有两个人知道：刘彻知，东方朔知。

有一天，东方朔走过行宫。有一郎官走上前去，和他聊了起来，不知不觉地就扯到东方朔的娱乐新闻上。郎官问东方朔："请教先生，您知道外面的人都在沸沸扬扬地议论您吗？"

东方朔眯着眼，微笑："不知。"

郎官说道："他们都说先生您是神经病呢。"

东方朔又微微一笑。世人笑我太疯癫，我笑世人看不懂，良久，只见东方朔终于向此郎官，说了一段知心的话："古之人，为避世都跑到深山老林；而像我东方朔这般，则是避世于朝廷间。正所谓，大隐是也！"

大隐两个字，从此成了解读东方朔疯狂的绝密钥匙。东方朔自己也有酒歌为证：陆沈于俗，避世金马门。宫殿中可以避世全身，何必深山之中，蒿庐之下。

认真观察：另类的东方朔，并非就是一个真实的东方朔。因为，遮蔽一只蝴蝶的，往往是一个丑陋的蛹壳；让人们误解东方朔的，往往是因为他那玩世不恭的活法。

那时，除了打猎外，猜谜也是刘彻喜欢的娱乐活动之一。有一天，刘彻和数位方术大师一起玩猜谜。刘彻将一只壁虎反扣，让这些所谓跟鬼神沟通的方术大师们猜，猜中有赏。可惜，没有一个人能猜中。

皇帝的赏赐，还真是不好拿的。让人猜中盆子装着什么东西，除非神鬼附身，要么就是孙悟空再世。然而，东方朔来了。

他兴趣勃然地对刘彻说道："我学过《易》，让我先占一卦，再猜吧。"

占卦，那当然是个幌子。幌子的好处就是，如果猜不中，东方朔可以说他占卦不准，与他脑袋有没有水无关。说罢，占过一卦。

然后，就按卦辞解释：这不是一只壁虎，就是一只蜥蜴。

果然猜中了。

如果不是班固将此事写下来，还真不能让人相信。东方朔到底凭着什么判断，那就是一只壁虎？去除作弊的可能性，只能惊叹，他脑袋的确非同寻常。

东方朔传奇一猜，马上传遍宫中。于是，有人忌妒了。此人，有姓不留名，人称郭舍人。

算起来，郭舍人也是东方朔的同行。能搞怪，会逗乐，也是他的老本行。而且，他出名比东方朔早。现在，东方朔突然冒出来，似乎有抢他饭碗的趋势，他当然心里一万个不舒服。

此处冒出叫阵的人，叫他郭舍人，那是客气的叫法。如果不客气的话，可以叫他倡优。所谓倡优，古代称以音乐歌舞或杂技戏谑娱人的艺人。郭舍人属于后者，靠杂技戏谑吃饭。此等身份，用现在的话来说，活脱脱的寄生虫。如果将他跟那些门客比，那可是差好多截的。

听说东方朔有如神助，猜中壁虎，郭舍人偏说不信邪。他这样跟刘彻说道："东方朔有什么好狂的，他不过是幸运猜中罢了。让我来考考他，看他还能不能猜中。如果猜中，请打我一百棍；如果猜不中，不好意思，陛下的帛就赐给我了。"

刘彻想了想，觉得郭舍人说得很有道理。于是，将东方朔召来，让郭舍人考考。

比赛现场很热闹，当然也很无聊。郭舍人技不如人，被东方朔猜中，挨了一百大棍，被打得嗷嗷大叫。

说了很多东方朔另类往事，现在我们可以回到现场，还原他严肃的另外一面形象。

东方朔闻听刘彻要扩建上林苑，主动站出来阻拦。

我们知道，就只一个招贤对策，东方朔足可让刘彻两个月除了吃喝就只看他的文章。像刘彻这样不顾国情，为一己之欲而劳民伤财，东方朔完全可以发挥他的特长，再作一篇劝谏之策，不累刘彻个两三月绝不罢休。

此次，东方朔没有恶搞。因为，皇帝圈地扩建猎场，这是一件很严肃的事。所以他一反常态，一本正经陈述了反对理由。话语不长，也不算很短。用几句话概括，意思大约如下：终南山盛产各种野生动物及农作物，是百姓生活的依赖，国家税收的来源之一。陛下为满足个人私欲而占为己有，于情于理，都说不通。

刘彻一听，笑着说此话极有道理，升了东方朔的官，又赏了他一百斤黄金。

封赏完毕，刘彻转头就对负责上林苑的吾丘寿王说道："上林苑的事，就按你的方案去做吧。"

此情此景，东方朔看得半天说不出话来。

他终于明白，在刘彻的眼里，他永远都是个小丑。所谓劝谏，在别人听来，纯属娱乐。

第十一章

权杖

一、内斗

建元六年（公元前135年），五月二十六日，窦太后崩。

唐僧死了，孙悟空的春天来了。对刘彻来说，这个以念咒为生的唐僧般的老太婆，早该走了。再不走，孙悟空想翻跟斗都要看唐僧的眼色，那是一件多么痛苦的事啊。

六月三日，压抑已久的刘彻，动手清理窦太后的遗物。他第一个要清掉的，当然是窦太后拿来碍他路的巨石。

此巨石，正是窦太后的傀儡，丞相许昌和御史大夫庄青翟。

刘彻踢他们下台的理由很可笑：治窦太后丧事不周。

什么不周，摆明就是秋后算账。此时，刘彻已经选好了新丞相。此人不是曾经被窦太后罢掉的窦婴，而是另外一个外戚新贵，田蚡。

那么窦婴呢，怎么办？刘彻已经替他安排好后路了。

此后路就是：凉拌。

刘彻个个安排，适他的情，合王太后的心。之前，田蚡之所以让丞相之位于窦婴，是因为窦太后未崩，时机未到。现在，窦太后都崩了，还怕窦婴个球呀。政治生态圈，也得讲更新换代，新陈代谢。

窦太后生前太欺负人，刘彻也得找个窦家的亲戚来欺负泻火。所以窦婴失势，不但符合政治阶级斗争的规矩，也符合其个人性格命运的发展轨迹。

正所谓，长江后浪推前浪，前浪死在沙滩上。在险恶的宦海中，窦婴，犹如那一卷无力的波浪，正在被风卷向远方的沙滩。

回首窦婴这辈子，犹如夹在钢板里的豌豆。身为窦太后的外戚，却独钟儒术，处处跟窦太后对着干，搞得窦太后都不知道窦婴他爹到底贵姓。好了，好不容易站到刘彻这边，人家王太后又认为你不是人家亲戚，凭什么接纳你。

一边是海水，一边是火焰。在命运的夹层中，忍受烈火和凉水的冷泼，这就是窦婴的生命写照。

如果只看自己的变化，窦婴是无法看透这世态炎凉的。看看人家田蚡，窦婴当大将军的时候，他还是一个郎官，向窦婴敬酒的时候，都要跪着来。那时，窦婴养着一大群门客，现在他们看窦婴混不开了，掉头一转，全像苍蝇一般冲着田蚡这块猪肉去了。

说田蚡是块生猪肉，并不过分。他身材短小，四肢粗短，其貌丑陋。用当今诸多美女的眼光来看，这是一个三等残废男人。身材残废，可是家势雄厚，奈你美女来了汉朝，还得向他投怀送抱。

窦婴，你的时代已经结束了。一切皆流云，一切皆无常。认了这死理，罢了这富贵吧，守住这余后身吧！

窦婴得势之时，多次忘记自己究竟姓啥。然而田蚡上台，似乎也犯了窦婴这个老毛病。

首先，以皇帝贵戚及丞相身份，整顿王侯贵族，搞得人人自危，不得不向皇帝这个贵戚俯首称臣。

其次，入宫奏事，刘彻对他言听计从。田蚡趁此打劫，大封门客。有的昨天姓什么，都没人知道，今天摇身一变，就成了丞相属下的两千石官员。

最后，疯狂圈地，修筑豪宅。派往全国各地替他购物的人，塞满道路，阻断河流，天下犹如烈火煮海，大鱼小虾，全无安宁之地。

这一年，刘彻二十二岁。他以为，窦太后死了，窦婴下台了，属于他的时代就要来了。事实上并非如此。他终于看清，外戚就像附在皇室身上的吸血鬼，打死一只，又来一只。

只要不扼制住吸血鬼，国无宁日，连皇帝做的也不爽快。

难道不是吗？请回头看，田蚡整顿诸侯贵族，是为树立皇帝及丞相府的权威。这点，刘彻是接受的。然而，田蚡大肆封官，连个招呼都不跟皇帝打，搞得刘彻极其郁闷。

有一天，刘彻终于忍不住朝田蚡大吼一声，你到底封够了没有。如果封够了，就留几个名额给我，我也要给我的兄弟们封几个。

这也就罢了。最让刘彻受不了的是，田蚡为圈地修宅，竟然打算将兵工厂（考工）的土地占为己有。刘彻马上跟他翻脸，又吼道：你干脆把武库也搬到你家算了。

吃皇帝的俸禄，却一心夺皇帝的权力，抢皇帝的土地。请问田蚡，你妈到底贵姓？

田蚡他妈姓臧，是造反之王臧荼的孙女。他的同母异父姐姐，就是皇帝老妈。

我身为一天贵戚，就得趁机利用一天贵戚的权力。有权不用，过期作废。如果你看我田蚡不顺眼，等于看你老妈半边脸不顺眼。如果真是这样，那你就看着办吧。

上帝要毁灭一个人，首先使其疯狂。我认为，此话很多时候说得一点没错。有一句话是这样说的：童年，我们总以为什么都不懂；少年，我们总以为自己什么都懂；青年，我们又以为什么都不懂；中年，我们又以为什么都懂；老年，其实我们什么都不懂。

此人生五境界论，揭示了人生的秘密：那就是，我们在生活面前，永远都是无知的孩子。我们之所以无知，是因为眼睛总被生活的表象遮蔽。用佛家的话来说，这就叫红尘障眼。

富贵红尘，犹如满天大雾，遮住了田蚡的眼。他身在其中，只看明处之甜蜜，不见暗处之阴沟。

然而，对窦婴来说，这富贵红尘从眼前散去，他反而将这人世间看个通透。他终于明白了，人一生必须具有三种认识：

首先，认识自己不是什么；

其次，认识自己是什么；

最后，认识自己什么都不是。

现在的窦婴，就属于什么都不是。过去的窦婴，不是现在的窦婴，现在的窦婴，也不是将来的窦婴。窦婴两个字，不过是他父亲注册的一个账号，密码不在自己手里，全在老天那里。

佛家说，悟佛分小彻悟和大彻悟。窦婴当然只有小彻悟，还没有大彻悟。之所以如此，是因为他心中还有纠葛。

此纠葛，就是失去的富贵，总在梦里缠绕。

梦里恍惚，醒来戚戚。窦婴突然发现，得富贵时是不自由的，失富贵时也是不自由的。富贵在手时，宾客们犹如包养的二奶，个个争宠受爱，仿佛鲜花向阳光开放。

然而那时，他欢乐过吗？似乎有，似乎没。在他的内心深处，他是如此孤独。

似乎，他还缺一个可以互相取暖的朋友。

窦婴失宠落水，并非所有门客都弃他而去。有一个人，自始至终保持着友好的姿势，让窦婴极为感动。此人，文化修养不高，脾气甚不如人，智商马马虎虎，做事说话，经常短路。

这就是一代莽人灌夫将军。

灌夫，颍阴人也，名将灌婴老乡。灌夫本不姓灌，而姓张。其父张孟，曾是灌婴一门客，因为祖坟冒烟，受宠于灌婴，被推荐当上了二千石的高官。

门客一职本是以傍人为生，张孟干脆将灌婴傍个彻底，改姓为灌，从此叫作灌孟。

灌婴死后，其子灌何继承爵位，得袭颍阴侯。当年，吴楚七国作乱时，周亚夫调兵出战，灌何任大将军，归属周亚夫，拜灌孟为校尉。那时，灌孟已经老矣，杀敌之心却如火焚身，自请要报国效命。灌何见他如此，勉强答应让他上战场，并让灌夫跟从照应老人家。

老将策马阵前，被人低瞧，那难受的心，人皆有同感。于是，灌孟为了争一口气，每当汉军发起冲锋时，他总第一个冲在前，毫不畏死。

不畏死，不等于不会死。常在河边走，哪有不湿鞋。何况灌孟年老，力不敌众，终于有一天冲锋战死于刘濞乱兵手下。

按当时的规矩，父子上战场，父死，子则送丧与归，不必参与战事。但是，脑袋充血的灌夫绝不肯陪丧归去，在阵前对领导义愤冲天地叫道：我不杀吴王刘濞，不报杀父之仇，绝不回去。

灌夫叫完之后，转头对属下的兄弟吼道，不怕死的，跟我来。

吼完，有几十个不怕死的站了出来，表示愿效死替灌夫报仇。灌夫当即披甲上马，跑出军门，冲向吴军。

二三十个人，就要冲向千军万马，果然是脑热充血了！

然而，壮士们既出军门，突然有人打退堂鼓。一个喊停，另外的人也心虚得不行。大家在军门外徘徊一番，原先那些喊得超响亮的，最后都决定不蹚这趟浑水了。

灌夫抬眼一看，只有两个兄弟和他自家的十来个骑奴愿意送死。

怕死的就留下吧，这事也不勉强大家。灌夫率着这十来个人一路狂奔，直指吴王刘濞的军帐。吴军似乎也被灌夫搞蒙了，只好被动地拿起兵器和对方叮当叮当地打起来。

交战的结果是，灌夫用他属下的十来条命，换了对方几十条命，只剩下他一个喊杀乱冲，最后见冲不得，只得复还汉营。

灌夫回到军中时，浑身重伤。幸好军医留有良药，替他包扎，总算捡回一条命。然而，灌夫伤口还没好，又要向灌何请命，说要去干掉刘濞报杀父之仇。

灌夫已经起死回生过一回，算是奇迹。如果再冲出去，真的是竖着出去，横着被抬回来了。

见过不怕死的，没见过这么不怕死的。灌何也挡不住灌夫，只好向周亚夫汇报。周亚夫将灌夫唤去训了一顿，灌夫才作罢休战。可从此，他却声名鹊起，天下无人不知灌家出了个猛将。

汉军打败吴楚联军后，灌何给景帝打了个报告，说灌夫英勇杀敌，应该封官。景帝看过报告，立即提灌夫为中郎将。

其实，考察灌夫的性格，英勇二字是正面标签，翻过来一看，就变成鲁莽了。事实也是如此，当官没多久，灌夫又惹事丢官，闲居长安。闲居不久，中央再次起任灌夫，封他为代相。

景帝崩，刘彻登基，认为淮阳地处劲兵之处，应该派猛人灌夫去镇守。于是，灌夫被迁为淮阳太守。又过一年，刘彻将他调回长安，任为交通部长（太仆）。

好景不长，灌夫和长乐宫卫尉喝酒时，大发酒疯，将人家殴打一顿。很不巧的是，灌夫殴打的这个卫尉叫窦甫，是窦太后的亲戚。

当时，刘彻一听，这还得了。如果被窦太后听到了，十个灌夫都不够她老人家宰。于是，刘彻紧急将灌夫调出长安，迁为燕相。没想到，灌夫在燕地又没待多久，再次惹事丢官，只好回长安闲居。

综上所述，我们可以看出，灌夫这厮，简直就是为惹祸而生的。

灌夫爱惹是生非，跟他的猛人性格有着莫大的关系。当时长安人都知道，灌夫性格刚直，不好拍马屁。正因为如此，还落下一个毛病。

此毛病就是：对待长安皇亲贵戚，就像秋风扫落叶，寒冬冻霜枝，任意凌辱，天不怕地不怕。对待地位低下的士子，犹如春天般的温暖，夏天般的甘泉，恭敬照顾，无微不至。

终于看明白了吧，这就是灌夫悲剧的根源。很不幸的是，窦婴孤不择友，竟然将灌夫这个祸种傍上，也被捆绑着送上一条不归之路。

尽管灌夫屡屡丢官，却不愁吃穿。原因很简单，他很富有，是个千万富翁。仅家里养的食客，就有数百，与他来往的都是天下豪杰及大奸大滑之徒。正因为他黑白通吃，所以他之前一直都很混得开。其老家颍川的宗族兄弟趁机赖他名声，横行乡下，霸田占地，收保护费，大发横财。

因此，灌氏家族在颍川的人气指数跌到谷底。有一儿歌为证：颍水清，灌氏宁；颍水浊，灌氏族。

这歌的意思就是：颍水清清，灌氏家族就安宁无事。如果颍水浑浊，灌氏家族恐怕就要被灭族了。

颍水清浊，朝夕不同。一轮太阳，可将颍水晒清；一场大雨，可将颍水搞浑。所以，灌氏祸福，只在瞬间。老百姓还是相信那句话，恶有恶报，善有善果；不是不报，时间未到。

在人生的战场上，灌夫似乎都是屡战屡败，屡败屡战。然而，他最后这次丢掉燕相一职后，再也爬不起来了。

有钱无官，权贵巴结的心思渐渐冷却。门庭冷落鞍马稀，牛叉一去不复返。就在这时，得意的灌夫，被失意的窦婴撞上门来了。

窦婴之所以看上灌夫，是看上他的暴力价值，认为他能为己所用；灌夫看上的是，窦婴的外戚关系和丞相旧名。于是，两人遇上，一拍即合，大叫相识恨晚，结成抱团。

那时，失意的窦婴和失意的灌夫，这对同病相怜的朋友，都找到了共同的娱乐爱好：出门打猎，游山玩水，互为知己。

后来的事实证明，窦婴找灌夫为知己，的确找错人了。确切地说，灌夫不是什么好知己，也不是一棵好乘凉的大树，而是一颗不定时炸弹。

就差一个可以拉响炸弹的人了。

二、难题

公元前135年，秋季，八月。东方孛星出现，星光长久不衰。

按天文学家的看法，东方肯定要出事了。果然，这年秋天，闽越王骆郢率军攻打南越。南越王赵佗曾经是东方的地头蛇，如今赵佗在地下朽矣，儿子赵胡接班，轮到骆郢来欺负他了。

赵胡不敢动兵，立即派人向汉朝呼救。刘彻一看，不得了，又是这个闽越王。赵佗死前，已拜汉朝为大哥。闽越欺负南越，就等于欺负大哥的小弟。

于是，刘彻牙齿一咬，狠狠地说出一个字：打！

汉朝兵分两路：一路是由外籍官民接待总监（大行）王恢，从豫章郡（今江西省南昌市）出发；另外一路是由农林部长（大农令）韩安国，由会稽郡（今江苏省苏州市）出兵，准备两路夹攻闽越。

大队人马已经出发，这时刘彻收到一封长书。翻开一看，长如裹脚布，臭味扑鼻，连蚊子都要惧它三分。此书作者，正是淮南王刘安。刘安者，刘长之子也。他上书的目的就是反对刘彻南征。其根本理由大约如下：

第一：陛下君临天下，应该推行仁政，主张和平。自汉朝开国以来，两越互相殴打，已不下百次。然而，汉朝从未真正派军队深入作战。这是为什么？主要是南方地湿山深，瘴气满林，猛兽出没，汉军不适应异地作战，肯定吃亏。曾记否，南越王曾经背叛过汉朝，我老爹刘长派兵想深入作战。结果，当时时逢夏季，霍乱横行，咱们的兵，上吐下泻，被迫还军。

第二：闽越有数十万军队，我们要拿下它，必须有五倍以上的兵力。伤兵损将、劳民伤财倒不说，就算我们拿下了闽越，俘虏全国，那也是一件得不偿失的买卖啊。我听说闽越王骆郢已被他的亲弟骆甲干掉，陛下不如像对待东越国一样，将他们全国迁往中原得了。当然，如果您觉得麻烦，可以另扶持亲汉之王，分封王爵，令其永世为汉藩属。

从辈分来说，刘彻应该叫刘安一声叔叔。当初，刘长本来和刘恒亲如手足，可刘长为人太过嚣张，甚至愚蠢到要起来造反，所以被刘恒废掉。这个刘安，人还算好，还特有才。刘彻很欣赏他的才，但就此书而论，刘彻实在不敢苟合。

世界上，有不死人的战争吗？搞定闽越，下一步就是匈奴。这是一个国家大方略。就算南方天天闹霍乱，这场战争也是必须打过去的。于是，刘彻将刘安的长书丢下，暂时不给刘安回复，大军继续向南推进。

然而，好消息马上传来：闽越内部自己先打起来了。

此内讧正如刘安书里所言，闽越王骆郢被其弟骆甲砍下头颅，正火速送往王恢处。同时，骆甲代表闽越王国向汉朝道歉，愿意撤兵，愿拜汉朝为大哥，自己甘居小弟之位。

这个结果实在出人意料。王恢一看，心花怒放，要的就是这个结果。行了，既然都认输了，咱们就不打了。于是，王恢立即停止前进，飞书告知韩安国，不必费神前往了。同时，王恢将骆郢人头飞送长安，请刘彻定夺。

既然人家都服输了，再打就没意思了。于是，刘彻即刻下诏撤军，同时，派严助安抚南越王赵胡。

其实，安抚是假的，讲条件是真的。汉朝帮了你这个大忙，南越王国至少得有个表示。

汉朝的条件很简单：赵胡你的南越王照做不误，但你必须派太子到长安当人质，发誓对汉朝永无二心。

赵胡一听，这个条件不算苛刻啊。他当即感动得鼻涕都要流出来了，马上对严助说道：“您放心，我不但要派太子前往，我本人也要走长安一趟，当面向天子说声感谢。”

于是，赵胡打发严助先走一步，等他的官服做好了，马上动身。

但是，赵胡还是没去成长安。

原因很简单，他害怕了。他不敢断定，刘彻是狗还是狼；但是他敢断定，他就是那软绵绵的肉包子。万一这肉包子打出去，有去无回，怎么办？

对刘彻来说，其实赵胡来不来，都无所谓了。赵胡心里害怕了，有事必求汉朝。只要达到这个效果，皇帝的政治任务，也算完成了。

然而，汉朝搞定了闽越，一直跟汉朝过不去的匈奴也想歇歇菜了。同年，匈奴风闻汉朝对闽越不战而胜的消息，后腿一抬，主动跑来汉朝，说要和亲。

刘彻一听，心里不由冷笑。

以前，从来都是汉朝主动和亲。现在汉朝的腰板子硬了，你也知道主动来和亲了是吧。好嘛，既然你提了，那我就找人来议一下。

于是，刘彻开了一个朝会，就匈奴和亲一事来议。

自高祖以来，和亲这个规矩定了这么多年，从来没有人再敢喊打。和亲，和亲，再和亲，从此成了汉朝对匈奴的基本国策。如果有谁发出异音，简直就是挨骂遭扁。没想到的是，事隔多年，又跳出一个喊打的人来。

此喊打的，正是大行王恢。

王恢，燕人也，自诩了解匈奴。他对匈奴喊打的理由是，自汉朝开国以来，匈汉两国和亲，蜜月不过数年，总是匈奴先反。所以，每次吃亏的总是我们。老虎不发威，他还以为是病猫。不如，今日咱们就牛叉一次，拒绝和亲，打回匈奴老家去。

王恢一说完，马上就有人跳出来反对。此人，就是新任御史大夫，韩安国。

韩安国的意见是，和亲。

他的理由大约如下：匈奴人，向来都是像候鸟一样，没有固定场所。再加上大漠地域广阔，我们追打他，实在很难。如果我们出兵，有劲都没地方使，搞得兵困马乏的，匈奴就会趁机反扑。最后，吃亏的只能是我们。再说了，自古以来，我们都不将匈奴视为人来看（自上古不属为人），跟鸟人过不去，有啥意思，还是和亲好。

每当我读到韩安国这段话，总不禁黯然一笑。和亲就和亲了，干吗还要骂匈奴为鸟人。看来，咱们的阿Q精神真是源远流长，不愧为中华一大文化特产啊。

一边说要打，一边说要和亲。到底该打，还是该和亲，刘彻一时心里也没有底。

首先看王恢，他说得没错，匈奴欠汉朝这笔旧账，该是让他还的时候了。可是韩安国说得也很有道理，汉朝没有飞机，又没有卫星定位，而匈奴总是打一枪换一炮，挪窝比兔子还频繁。这，也实在叫人难整。

既然这样，那就看大家的意见，举手表决吧。

表决的结果是，多数人站在韩安国这边，和亲占为上风。

刘彻无语了。

好吧，那就暂时和亲吧。

韩安国反对攻打匈奴后，王恢并未丧志。在对待匈奴的立场上，他是一个不折不扣的铁腕派。一年后，王恢找到一个同伙，再次对刘彻提出对匈作战计划。

王恢此同伙人，谓雁门马邑土豪聂壹。聂壹写了一份计划书，由王恢负责递交刘彻。计划书突出四个字：诱敌，伏击。

我认为，年轻气盛的刘彻，肯定很想跟匈奴干一架。忍辱负重也是要讲个限度的，都忍了好几十年了，为什么还要忍下去呢。

所以，王恢的作战计划，刘彻看得不由心动。还是老办法，开会讨论。可是，和一年前一样，韩安国的立场丝毫不动，第一个提出反对意见。

王恢就知道韩安国会拦道，不过没关系，他已经找到了对付韩安国的招。于是，讨论会就变成了辩论会。王恢是正方，韩安国是反方，刘彻是主席兼评委。

首先由正方发言，王恢陈辞如下：

战国时代，代国北有匈奴，南方和东方有晋国和燕国牵制。然而，代国国小势不弱，他们仍然务实强边，连匈奴都不敢冒犯。现在，陛下统一天下，汉朝国强势大，竟然还能容忍匈奴南下侵略，实在匪夷所思，莫名其妙。所以，我方认为，汉匈之间，必有一战。早晚要打，不如现在就打。

王恢话语刚落，韩安国迫不及待地站起来。只听他慷慨陈词道：

对方辩友既然喜欢讲历史，我也给你讲个历史。曾记否，当年高祖挥鞭北上，三十万大军气势如山。可结果又如何，高祖身陷平城七天七夜，差点没命。高祖突围之后，对匈奴没有记恨，也没有下一步报复行动。这是为何？这是因为高祖想到两点。

首先，治理国家，必须以天下为重，个人恩怨和耻辱必须让位于国家安全。什么是胸怀，这就是胸怀。其次，和亲政策节约国家成本，符合百姓根本利益，有利于国家发展生产力。到目前为止，和亲历经五世，国富民安，和亲之务实，甚得民心。

综上所述，我方认为，汉匈之间，可以止战，继续和亲。

这时，王恢再次站起，亦是气势激昂。他继续说道：

对方辩友口口声声说和亲务实，但是却犯了一个僵硬的教条主义错误。当年，高祖刘邦不是没有能力报复匈奴，而是高祖和项羽八年争锋，天下需要安养休息。然而，七十余年都过去了，韬光养晦的任务已经完成。现在，该是我们出手为捍卫大汉天威，为边地流离失所的百姓和士兵们出气的时候了。这就叫，该出手时就出手。所以，我方坚持认为，对匈之战，势在必打。

王恢退下，轮到韩安国反驳。韩安国陈辞道：

对方辩友的意思是说，我方犯了右倾保守主义错误？那么，我也顺便告诉对方辩友，如果开战，您也是犯了“左”倾激进主义错误。想想就可知道：战争不是儿戏，如果我们跟匈奴撕破脸皮，就必须一打到底。可是，大漠广阔，我军长驱直入，长线作战，后勤供应不能保障，这就可能被敌军拖垮。就算不垮，也是效果不大，得不偿失，这又是何必！所以，我方坚持认为，不战，才是上上之策。

韩安国以上一席话，跟一年前说得差不离。这就是和亲派为何一直理直气壮的原因，对匈作战，当时汉朝没有天时地利，作战相当不利。既然打了，等于白打，那不如不打。

但是，这一年来，王恢不是白干。一直以来，他一直寻找可以拆和亲派的非天时地利论。现在，他可以告诉所有人，他已经找到了。

王恢再次从容陈辞：

对方辩友，谁说开战，我们就非得深入腹地才能将敌人消灭。在辩论之前，我方已将计划提交主席，请你研究一下我们的方案，再来辩论好不好。在此，请允许我再重复一下我方的前提。

我们主张对匈开战，但前提是诱敌前来，集中歼灭。如何诱敌，我们已经在方案里写得一清二楚。对方辩友如有兴趣，可以向主席申请阅读权利。

双方陈辞完毕，刘彻做总结性陈述，只见他这样说道：“我认为正方陈辞有理。他提交的诱敌集中歼灭方案，我也认真看了，并且研究了，相当不错。”

最后，我只说四个字：

同意开战！

公元前133年，夏天，六月。刘彻开始部署对匈作战，各路将领名单如下：

拜御史大夫韩安国为护军将军；

命太中大夫李息为步兵将军；

命卫尉李广为骁骑将军；

命太仆公孙贺为轻车将军；

命大行王恢为将屯将军。

汉朝之步兵、骑兵、战车等部队共三十万人，全部埋伏在马邑附近山谷，等待匈奴大单于率狼群进圈，而诱狼工作则交给了马邑土豪聂壹先生。

这是汉朝自高祖刘邦之后，又一次规模壮大的军事行动。七十余年等一战，汉朝人的心都揪得紧紧的，这是伟大战争带给人类的共感：紧张，激动，又刺激。

接下来，就看聂壹的表演了。

汉朝诱狼过程，大约如下：

首先，使聂壹假装大间谍，逃往匈奴。并且忽悠匈奴大单于说，如果您相信我，咱们可以做一笔大交易，即我遣入马邑，干掉县令及县丞两位大人，举全城人投降，到时马邑之财物，算我一份就成了。

军臣单于一听，好买卖，接了。

紧跟着，土豪聂壹回到马邑，砍了两个犯人的头，悬挂城上，使人告诉匈奴使节，人我已搞定，要想抢劫，那就快点来。

奇怪的是，匈奴凭什么相信聂壹呢？

理由只有一个，他是土豪。土豪两字，说得不好听，就是地头蛇般的土匪。土匪请外援，干这一票大的，可以吃好多年了。

所以，军臣单于接到土匪聂壹信号后，立即出发。此次，他出骑兵十万，向马邑城一路奔来。

但是，军臣单于不是傻瓜。他来的路上发现了一个可怕的情景：沿线路上，行人及牛羊寥寥无几，一眼望去，是一片可怕的沉寂。

防线松懈，这可不是汉朝一向的风格啊？

军臣单于心儿一紧，两眼贼溜溜地转。突然，他眼前出现了多年前的一幕：冒顿隐肥牛壮马，示汉朝以老人弱子，一次次骗过汉使，最后终于将刘邦那只超级大狼诱进了匈奴的圈套。

难道，多年之后，汉朝人也要以匈奴之道，还匈奴之身吗？

军臣单于心里一嘀咕，不由紧张起来了。当匈奴大军扑到武州塞时，军臣突然悬崖勒马，命令全军停止进军。

武州塞，即今天山西省左云县，距离马邑城航空距离只有七十公里。如果匈奴一发狠的话，瞬间就可空降马邑城。可是，马邑城外静悄悄的一片。凭着多年跟汉朝打交道的经验，军臣单于断定，这里肯定有问题。

想引大鱼咬钩，那要看我这大鱼愿不愿当傻瓜了。军臣马头一转，突然发出一声号令，全军改道撤退，进攻雁门郡。

真是计划赶不上变化，谁也没料到军臣会杀个回头枪，他们很轻易地，就拿下了雁门郡两座小城堡。

很快地，匈奴抓到了一个汉朝的尉史。对汉朝来说，这真是个不幸的消息。因为尉史不是个硬脖子。当军臣准备砍他头时，他突然全部供认，说汉朝在马邑附近埋有大量兵马。

军臣一听，魂魄都要飞上天了。

好险啊，如果不多留一手，被聂壹卖了还要替他数钱，到死了还不知道是怎么回事呢。

军臣当即命令撤军，一刻也不能停留。

匈奴骑兵一路无阻，有惊无险地退出了长城塞外。这时，只见军臣仰天长叹，叫道："吾得尉史，天也！"

这话意思就是说，老子得到汉朝的尉史，全都是上天安排的啊！军臣激动过后，马上拜汉朝这位大汉奸为天王，一路高歌朝大漠飘去。

匈奴十万大军兜了这么一个大圈，难道汉朝真有所不知吗？

事实是，匈奴从头至尾，都在汉朝的监视下。负责断后的是王恢，当他看到军臣在武州塞掉头那一幕时，他也傻了。

他想打，但是不能打。理由有二：第一，兵力悬殊，寡不敌众；第二，军臣掉头北归，防备之心加强，真干起来，损失肯定惨重。

于是，王恢只有按兵不动，传话各路。可是各路闻声而来，匈奴早跑得没影了。

汉朝忍了将近百年，难得主动撒网出击，却眼睁睁地看着猎物从眼皮底下溜走，这实在叫人窝火。

最恼怒的算是刘彻。王恢就知道，他保住了三万汉兵，但是恐怕保不住他颈上那颗人头了。主战的是他，就算是一比十，也要拼他一场再说嘛。

说不通，实在说不通啊。

说不通，那也得说。王恢马上给刘彻上书一封，交代了他放弃攻击的理由，最后还加上一句话："我知道我罪当一死，但我用自己一颗人头，保住了三万颗人头，值了。"

刘彻一看，大骂一声："简直是放狗屁！"然后大手一挥，叫廷尉立即去抓人。

廷尉给王恢定的罪是：观望渎职，当斩。

王恢当然不甘心就此被斩，他使人送千金贿赂丞相田蚡。田蚡收下钱，却不敢办事，只得跑到后宫托王太后求情。

很好，没收钱的王太后，却替收钱的田蚡向刘彻传话，说："王恢是主战派，杀了他，等于替匈奴报仇，不如免王恢一死吧！"

你道刘彻是怎么答的？

刘彻竟然是这样对王太后说的："三十万人马难得出手一次，如此空手而归，如果不杀王恢，那谁来平天下人这怨恨之心？"

够了。我已经明白了。王恢一听，只好自杀了结。

然而，汉匈恩怨，浪涌再起。剑已拔出，不见鲜血，此恨难休。

还是那句老话：

汉匈之间，还欠一场大战！

三、非对称性博弈

话说窦婴结识灌夫后，俩人犹如寂寞的鱼，在失落的河流里，找到了可以搭伙的伴。然而，浪漫总是太短，残酷总是太快。貌似快乐的旅途，似乎就要走到尽头。最终，在政治的悬崖上，两人前后被推下山谷，以陪葬作结。

是哪只黑手将这对失意权贵推下地狱？新丞相田蚡。

田蚡怎么跟他们过不去了？这事不能怪田蚡太狠，要怪，就怪那个灌夫太不识抬举。

事情经过是这样的：

初，灌夫姐姐亡，他服孝在身。有一天，灌夫寂寞难耐，出门拜访田蚡。纵观灌夫，他不是一只好鸟，当然也不是一只恶鸟，只能算是一只浑鸟。此鸟造访田蚡，目标无非有二：一是跟田蚡混混脸熟；二是顺便替窦婴穿线，免得田蚡当了大官，忘了旧交。

灌夫在田蚡府上，唠了一圈无关痛痒之话，然后说窦婴最近很寂寞，门庭冷落，哪堪一个凉字了得。哎，这是什么世道啊，过去得意的时候，一堆人攀着他往上爬，现在树干枝枯，别人也做落叶纷纷落亡。

田蚡听了半天，总算看出灌夫的来意，不就是嫌我冷落了窦王孙嘛。于是，田蚡双手一拱，态度诚恳地说道：哎呀呀，我一直都想约上仲儒一起去拜访一下窦王孙，可是恰逢你仲儒身服孝丧，所以这事就一直拖着，没有去成。

仲儒是灌夫的字，古人办事盖章，写的都是自己的姓名。如果是朋友之间交往，写信，都得呼字。因为呼字，比呼名来得更加亲热。

田蚡这声仲儒一叫，灌夫的血都要沸腾起来了。他也双手作拱，作兴奋状道：田丞相如果肯赏脸，仲儒哪敢因为服丧拒绝呢？不如这样吧，我今天回去就告诉魏其侯准备准备，咱们明早一起去他家做客，您意下如何？

田蚡小脸一绷，两眼眯成一条线，嘴上咧成一条笑缝。当然，那是假笑。只见他点头说道，好吧。就按你说的，咱们明早不见不散。

灌夫一听，脸上溢笑，心里乐开了花。

马上地，他两腿生风，像抹了金龙油即刻作别田蚡，直奔窦婴家去了。

那时，窦婴听到灌夫传话，冷冻多年的表情如春风破冰，心头仿佛起了一堆暖冬的火。当所有人都作鸟兽散的时候，突然来一个名声响亮的人物，折身回来瞄你一下，哪怕只有一眼，那也是一件极欣慰的事啊！

于是，窦婴当天顾不上忙别的，立即和夫人上街买肉。当晚，窦府像要过年似的打扫房屋，准备明天迎接领导光临寒舍指导。

那个激动人心的夜晚，窦婴一夜未眠。时光仿佛被万能胶粘住似的，每走一秒都如愚公移山。窦府门仆，也是跟着主人一夜忙活。只不过，前者忙着数星星，后者忙着烧火搬柴，杀鸡宰畜，一片繁忙状。

除了皇帝，人臣之下，丞相就是最大的领导。为领导而忙乎，有什么不值得的呢。蜗牛爬的夜，终于起了亮光。

太阳出来了，窦婴命令门仆整装待束，门外伺候。这时，灌夫来了。

然而，田蚡还没来。不用多说，看官也了解当领导的风格。如果提早来，那会影响注目礼。必须等所有人都到齐，然后迟到个五到十分钟，在众人千呼万唤般的掌声雷动中，他才款款地迈着猫步进场。

既然这样，那就等吧。谁叫田蚡现在是大领导呢。夜晚爬得像蜗牛，太阳却跳得超快。不知不觉地，太阳就跳到了天空正中，嘲弄般地俯视着窦府。

这时，田蚡还是没来。

窦婴纳闷了。他问灌夫："怎么回事，难道田蚡是晕了头，不记得今天是约会的日子了吗？"

这下子灌夫颜面失大了。他满脸不悦，只见他说道："我连服丧都不顾了，他应该知道的呀，估计他有事缠身，晚点会来的。"

窦婴哦了一声，抹了抹脸上的汗珠，这时他发现，脖子很酸，双腿僵硬。如果再站半个时辰，估计他不成木偶，也要成长颈鹿了。

这时灌夫又说道："王孙稍等，仲儒这就去请田丞相来。"

说完，灌夫坐着马车前往田府。

当他来到田府前时，门仆告诉灌夫："田丞相还在睡梦当中。"

灌夫简直要抓狂了。

他终于看清楚了，原来昨日造访一席话，田蚡根本就是玩忽悠的。人家丞相大人，根本就没有想过要去拜访窦婴。亏窦王孙忙活了一夜，望穿了秋水，得来的竟是这等伤心欲绝的相思烂果。

灌夫紧呼吸，冲进田府，叫人唤起田蚡。他不管三七二十一劈头盖脸地叫道："田丞相昨天答应我要一起去拜访魏其侯，害人家魏其侯夫妇俩忙活一整夜，等了大半天，你还好意思在家里睡大觉？"

田蚡如梦初醒。

他那惺忪睡眼，仿佛刚刚在猪圈里，被猪兄弟乱脚践踩一般，极是难看。只见他假装惭愧，赔罪地说道："实在不好意思啊。昨晚应酬大醉，没想到这一觉睡得不知道醒。我现在就跟你一起去。"

田蚡终于出门了。然而田蚡的一个小动作，惹得灌夫又要抓狂了。

因为田蚡坐上专车后，不是加速马力，狂奔赶场，而是像许久不出门似的，一路慢慢晃着看风景。

灌夫彻底看透了这个田蚡：摆着一副大领导架子，摆明就是故意刺激人的。

你让我一时不舒服，我可以让你一辈子都像得了疱疹一样坐立不安。

灌夫心里冷笑。他倒要看看田蚡，怎么在他面前被羞辱。

田蚡终于到了窦婴家门口。此时，魏其侯双腿麻木，笑容犹如霜花，很想装出盛情，却笑得很难看。田蚡对窦婴说了一大堆道歉话，两人握手言欢，一起走进宴会。

灌夫一声不响地跟着他们走了进去。当一只爱吠的狗，突然变得安静了，它只有两种可能：要么病了，要么就是准备咬人了。

根据窦婴观察，灌夫属于后者。

宴会开始，气氛还相当不错。窦婴两边讨好，两边敬酒，忙得不亦乐乎。都说，喝酒有以下几境界：宾客入席，和风细雨，为一境界；酒到酣处，豪言壮语，为二境界；举杯乱灌，胡言乱语，为三境界；喝趴在地，不言不语，为四境界也。

当然，就喝酒境界论，不是一定非要循序渐进，万事总有个特殊的时候。喝着喝着，灌夫直接省略第二境界。只见他拿起酒来乱灌，开始大发酒疯，大声数落田蚡装逼，算什么东西之类云云。

窦婴一看不得了，热身运动还没完呢，他怎么就胡言乱语了。于是，他连忙扶起灌夫，说道："仲儒，你喝多了。"

说完，扶着灌夫离开宴席，叫人送回家安歇了。

办完这事，窦婴折身回来向田蚡赔罪，田蚡一脸肉笑，没事没事，咱接着喝。任侠人士魏其侯陪着丞相田蚡，两人敬酒尽欢，从中午一直喝到夜里。

喝得两个外戚情意绵绵，明月千里；

喝得窦婴看着田蚡，就像泪眼婆娑的怨妇，看见了回心转意的薄情郎；

喝得豪言壮语忆起当年战友旧情，海誓山盟犹似在，曾经沧海难为水，除却巫山不是云。

俩人的假话、壮语、醉话、胡话等通通放完，夜不知不觉地深了。天下没有不散的宴席，最后，田蚡一副意犹未尽的样子作别窦婴，极乐而归。

窦婴看着矮瓜田蚡离去的背影，他笑了。

尽管灌夫醉了，然而看着丞相满意的样子，这顿酒就没有白忙活。

事实上，窦婴错了。

没过两天，田蚡派人前来窦府。派来的人，是田蚡圈养的食客。此食客，名唤藉福，此人深得田蚡信赖。当年，刘彻罢掉卫绾后，田蚡就想坐丞相之位。可是藉福给田蚡进一言，劝他让位于窦婴，等时机成熟再说。田蚡听来有理，只好当了太尉。现在，田蚡终于当上了丞相，藉福成了田蚡身边的红人。

你猜藉福来窦府干吗来了？

首先，他不是来鸣谢的；其次，也不是来送礼的；最后，更不是求人来的。

此趟目的，他是刁难窦婴来的。

藉福告诉窦婴："田丞相说，他看中你在渭南城外一块地，希望你赏个脸将它当礼物送给他。"

窦婴一听两眼都绿了。见过无耻的，还没见过如此无耻的，喝了我的酒，玩了我的感情，竟然还敢大胆派人来索贿。

他终于看破了田蚡那张丑恶的嘴脸，这是一个皮厚心黑的恶人。恶人，十足的狗仗人势的恶人！

窦婴板起青脸，对着藉福将话一口说绝："你回去告诉田丞相，我窦婴尽管失势，多少还有人叫我魏其侯。现在，田家新贵，以势欺人，诈我田地，没门！"

窦婴用没门俩字，将藉福打发。然而，藉福前脚则出，灌夫闻风赶来。灌夫一把将藉福拦住，吧啦吧啦地骂了一顿，藉福只好夹着尾巴灰溜溜地回去了。

走出窦府大门，藉福突然发现，他今天做的是一件吃力不讨好的事情。被夹在两个外戚之间，替谁说话，都是一身屎尿。

这下怎么办，难道回去点火煽风不成？这，当然都不是好办法。两虎相斗，无论谁死，小角色都是陪葬的。这等赔本的生意，他当然不能做。

藉福想到了一个妙法，决定将计就计。

此中妙计，就是稳住两头，拖一天算一天。藉福回到丞相府，就对田蚡说道："丞相想土地的事，就先放着吧。窦婴现在老了，只要您再辛苦等两年，他一脚登天，没有你办不成的事。"

藉福这话，早两年说，田蚡是相信的。因为，窦太后像只瞎眼妖怪护着窦婴，谁要动窦家亲戚，谁先将自己脑袋洗净准备挨刀。可是现在不一样了。现在是田家的天下，王太后撑腰，我田蚡还坐丞相大位，斗他两个窦婴也不在话下，怕他个球呀。

所以，藉福话音刚落，田蚡心里就打嘀咕了：这个藉福，要么被收买了，要么就是当和事佬。干食客这行出身的，都不是傻瓜，他们懂得市场行情走势。所以，被收买的可能性较小，最大的可能性是明哲保身。

嗯，田蚡只是点点头，他知道该怎么做了。

很简单，田蚡再派个人去打听。果然，城南那块地，不但窦婴不肯给，连灌夫也参与阻拦。

这下子，田蚡火大了。他隔着空气骂窦婴道："你魏其侯儿子杀人，老子替你保住人头。还有，当年老子侍候你的时候，无事不让着你，连丞相位都让你先坐了。今天老子就叫你给块地，都要给老子叽叽歪歪。"

田蚡骂完窦婴，又接着骂灌夫："老子俩外戚角斗，关你灌夫鸟事，你也来插一脚。以后就算你叫窦婴将土地求我收，我都不要了。"

田蚡之所以能将灌夫骂绝，将话说死，是因为他心底对灌夫有数了。

要搞掉窦婴，必须先搞掉灌夫。要搞掉灌夫，手段很简单。灌夫老家颍川不是有一帮宗亲横行霸道嘛，搞死他们，再抓灌夫的把柄，肯定能一网打尽。

嗯，就这么办。有他姓窦的和姓灌的，就不能有我姓田的。一朝不容两派，今天不是你死，就是我活。

果然，田蚡开始清算了。

首先，他给刘彻上书慷慨陈辞，说灌夫老家宗族横行霸道，简直就是黑社会，当地百姓无不怨苦连天，请陛下立案查办。

刘彻看了，只批了一句话：这是属于丞相府的事，干吗还要请奏？

嗯，田蚡的小脑袋点了点，微微地笑了。

有刘彻这句话，他就放心了。他要告诉全世界，他不是公报私仇，而是替天行道，秉公执法，替民申冤。

然而，正当田蚡准备对灌夫下手时，灌夫突然闯进了田蚡的家。

灌夫此趟来，既不是来砸场闹事，也不是来行贿讨好，而是出人意料一改暴躁脾气，阴冷冷地跟田蚡说了一句话，然后扭头走人。

灌夫一走，田蚡仿佛被武林高手点中穴位，一动不动地坐在椅子上，半天喘不过一口气来。良久，只见他传话下去：赶快，将查办灌夫的案子撤了！

这到底是怎么回事？

还是那句老话，要想抹黑别人，首先看看自己屁股是黑的还是白的。田蚡之所以被灌夫一语点中哑穴，那是因为他手中握有一个绝杀的利器。

那就是，田蚡陈年的一件臭事不知如何被灌夫掌握内情了。

那件臭事，如果真被抖出来，不仅仅是失官的问题，恐怕连田家三族的小命都不保。

田蚡这个臭事，与淮南王刘安有关。事情是这样的：田蚡任太尉时，对刘安极为巴结，每当刘安入朝，田蚡总得亲自到霸上迎接。有次，田蚡不知是否脑袋充血，对刘安说了这样一句话：陈阿娇无子，陛下无太子可立，大王您是高皇帝的孙子，仁义尽施，天下无人不知。有朝一日，陛下驾崩，试问天下，不立您还能立谁呢？

只要稍用大脑想想，就会发现田蚡此话是一句浑话。从辈分来说，刘彻叫刘安为叔叔。从年纪来说，刘安大刘彻22岁。当年，刘恒将刘长封地一划为三，分封刘长诸子，刘安世袭为淮南王，时年16岁。

刘安当淮南王的时候，刘彻还不知道在地球哪个山旮旯。而刘彻当上皇帝后，尽管很敬仰刘安叔叔，但是，刘彻并非是个爱纵欲的家伙，他除了喜欢美女，还喜欢读书，更喜欢打猎。其无论是身体素质，或是心理素质，再或是文化素质，天下无与之匹敌。

这么一个头脑强健、身体强壮的皇帝在位，田蚡却说刘彻会驾崩，让刘安继位，那不是咒人吗？

当然，世间之道从来如此，真话未必是真理，也未必受用。假话绝对不是真理，但常常管用。所以，当刘安听田蚡一席话后，乐得魂儿都要飞起来了，立即对这位外戚极是推崇，对他贿赂了大量银子。

从那之后，刘安更加卖命治国，就等着天赐良机，过一把皇帝瘾。

建元六年（公元前135年），天空出现彗星，刘安以为他的机会来了。

彗星，不过是宇宙的某种特殊的运行现象。然而，那个被古代阴阳学毒害的刘安则不是这样看的。彗星不是吉祥星，彗星出，天下必有纷争。于是他突然想到，刘彻无太子可立，是不是天下有变，诸侯又要准备火拼了？

事实上，建元六年天下的确有变。

不过有变的不是刘彻，而是前面所讲的闽越王骆郢攻打南越王国，刘彻出兵收拾闽越，没想到还没打，闽越就主动请降了。没想到那一打，刘彻不但没有皇位不稳，反而屁股越坐越牢，南征成功，为他北伐充实了信心。

刘彻吃香喝好睡好，那是刘安所不愿看到的。可是老天不帮忙，那只有暂时认命了。此事已经过去三年有余了。没想到，灌夫消息灵通，竟然将刘安的伎俩和田蚡的马屁话记得那么有眉有眼。

这下子，田蚡不但搞不定灌夫，还要提防着灌夫来搞他了。

紧跟着，田蚡就给淮南王写信，将灌夫威胁他一事说了。真是牵一发而动全身，刘安一听，这还得了。

于是，淮南王立即派人去贿赂灌夫，千金送出，好话说尽。还有一大堆宾客，整天拉灌夫喝酒周旋。

最后，灌夫满意地点点头，说道："我没事了，你们可以放心回去向淮南王请安了。"

田蚡终于歇了一口气。娘的，老子怎么就这么浑，没搞掉人家，还差点被人家将死。

到这里，第一回合，谁都没赚到。怨气既出，但大事已化小。谁都以为，事情就这么过去了，没啥挑头了。刘安是这样以为的，窦婴也是这样以为的。

但是，还有一个人却不是这样以为。

这人，就是当局者灌夫。

灌夫以为，他和田蚡之间的恩怨，永远都是个死结。

四、脖子硬不过屠刀

江湖有话，欠钱还钱，血债血还。灌夫和田蚡的第二回合，又要开打了。这场恶斗，源于一件喜事。

好事也能变坏事，地雷由灌夫主动引爆。

那时，丞相田蚡娶燕王女为夫人，王太后为其弟张罗喜事，召列侯宗室前来祝贺。窦婴也在被邀请名单中，但他形单影孤，决定拉上灌夫做伴参加田蚡婚礼。

然而，灌夫一口拒绝了窦婴。

灌夫拒绝窦婴，那是有理由的。首先，人家新郎官又不请灌夫，他没有义务去蹭那个热闹；其次，俩人心里有隙，就算见面，也是心照不宣。

但是，窦婴仍然拉着灌夫，说道："你和田丞相的结已经解了，别多心啦。"

于是，灌夫经不住窦婴死缠烂打，只得硬着头皮给那个矮仔祝婚去。

宴席上，众人坐毕，首先是新郎田蚡祝酒。田蚡举杯，众客人纷纷避席伏地，还田蚡之大礼。

之后，就是客人之间互相敬酒。

轮到窦婴敬酒时，灌夫发现，只有窦婴的旧属避席伏地，其余至少半数以上的人，像尊佛一样坐在原地，稍稍欠身，就算是给窦婴面子了。

一股无名火蹿上灌夫心头。什么东西，都是些势利狗。这时，灌夫脑中闪出一个可怕的兆头：今天，可能又要发酒疯了。

轮到灌夫行酒，灌夫提起酒杯，直奔田蚡。灌夫对田蚡敬酒，发现田蚡杯里没有满酒，叫他倒满。田蚡却说道，不能倒满，我只能喝这么多了。

中国酒文化，是个奇怪的人情文化。谁对谁好，谁尊谁卑，在酒桌上都能表现得淋漓尽致。感情好，一口闷，感情差，意思意思。田蚡和灌夫的感情，永远都不能喝满酒。可是逢场作戏，也是可以的，不就一杯酒嘛。

然而，今天身为新郎官的田蚡也是奇怪地固执，他偏不和灌夫喝满酒。最后，灌夫也强求不了他，就真的只有意思一下了。

干完这杯酒，灌夫又闷了一肚火。

窦婴说，他和田矮子的事了结了。现在看来这是个屁话。只用半杯酒就将我推搪了，早知如此，何必来自取其辱？

可是现在，只有拉起脸皮将这轮酒敬完。灌夫将酒敬下去，正当他敬酒时，对方仿佛瞎了眼，低头跟旁边另外一个人咬起耳朵。

灌夫当即火大了。

如果说，田蚡不给灌夫面子，那是因为他们有过节，而且田蚡还是丞相，是新郎官。人家老姐是当今王太后，势如中日，狗屁冲天，当然谁都看不入眼。可是，眼前这个人，啥都不是，竟然还敢怠慢灌大爷来了。

这个人是谁？灌贤。灌贤又是谁？曾经以骑军纵横天下的灌婴之孙。

灌夫和灌贤的父亲同辈，论辈分，灌贤还要叫灌夫一声叔。今天叔心情很不爽，被田蚡欺负，竖子不来捧劝，竟然还顺脚踩了爷的背。

此时，和灌贤窃窃私语的人，是东宫卫尉程不识将军。时西宫卫尉为李广将军，尽管程不识和李广都是职业军人，俩人治军却大不相同。

程不识治军严厉，将士皆喊苦；李广治军宽松，将士皆死附。然而，程不识对李广治军却不以为然。他这样含蓄地评价李广：李广治军简易，将士皆为之死；我治军烦劳，但匈奴也不敢动我全身。

然而在灌夫看来，程不识和李广不在一个档次，因为程不识看上去简直就是个怕死将军。所以他推崇李广，轻程不识。如今灌家子弟和程不识咬在一块，就仿佛一条蛇咬到了灌夫心上。

愤怒是魔鬼。魔鬼的怒火破口而出，灌夫指着灌贤骂道："你平时不是瞧不起程不识吗？你不是骂他不值几个钱吗？怎么今天我这个长者给你敬酒，你竟然像个娘们儿似的跟人家咬得那么热乎！"

灌夫声如悍雷，一声声骂出去，宴会一下被炸开了。

这时，田蚡走过来了。

其实，田蚡此时心里已经憋着一肚子火了。今天是什么日子，你灌夫吼那么大声干吗，想砸我场子，还是想跟程不识过不去？

田蚡强装和气，站到灌夫面前，说道："仲儒，请你说话注意分寸。程将军和李将军，同为东西卫尉。你不顾程将军，也要替你向来尊敬的李将军着想一下嘛。”

灌夫转头对着田蚡，就像一只红眼狼，对着一只单眼蛤蟆。就算灌夫醉酒，他还能分得清，谁给过他面子，谁没给过他面子。都说了，你田蚡让我一时不舒服，我就让你一辈子都做噩梦。

于是，灌夫张口冲着田蚡吼道：“今天你就是砍了我的头，扒了我的皮，老子也不怕了，还在乎什么程将军和李将军！”

众宾客顿然醒悟：原来灌夫醉酒之意，不在程不识，而在田蚡。

灌夫一语轰完，就上厕所去了。灌夫前脚出宴席，窦婴后脚跟上。田蚡看着灌夫的背影，好呀，竟然是合伙砸我场子来的。既然你不给面子，老子今天就搞定你了。

顿然，一股莫名之火喷胸而出，只见新郎官大人怒吼一声，叫道：“来人，将灌夫给我拦回来。”

灌夫才到门口，窦婴本来护着他开溜。然而，警卫将他们拦住，将发酒疯的灌夫拉到田蚡面前。

就在这时，一个和事佬出现了。

此和事佬，即田蚡先生的大食客藉福先生。藉福上来，先替灌夫向田蚡请罪，然后回身告诉灌夫，太不懂事了，赶紧给田丞相认个错。

此时的灌夫火气攻心，红眼獠牙，整个就是一个逼急的讨债鬼，他还记得认错二字几笔几画吗？只见灌夫昂起高贵的头颅，蔑视地看着田蚡。

他用眼神告诉对方，今天就将脸皮撕破到底了，看你怎么收场。

藉福真替灌夫捏了一把汗，他跳起来按住灌夫的头，叫道：“不知死活的家伙，赶快认错啊！”

见过倔牛吗？见过强压老牛喝水，老牛硬不低头的情景吗？如果没见过，现在灌夫就可以告诉你，什么叫真正的倔牛。

藉福游说有术，但是驾驭灌夫这头脱缰之牛，还真是一点辙都没有。藉福越是叫他低头，灌夫越是愤怒，跳起来大吼大叫，好好的宴会好像都变成驯牛会了。

这时，田蚡发话了。好嘛，牛可以不吃草，也可以不喝水。但是，以后你想吃汉朝草，喝长安的水，门都没有了。

来人，将他拿下，关起来。

田蚡将灌夫送进监狱后，随后将丞相府秘书叫来，只说了一句话："今天来参加我婚礼的宗室，都是有诏而来的。"

秘书一听，心领神会地频频点头。今天到场的宾客，都是王太后请来的。灌夫不给田蚡面子，等于不给王太后面子。所以灌夫婚宴闹场，说小了是发酒疯，说大了是犯罪。

此罪名，田蚡都替他想好了，就叫犯大不敬罪！

而且，灌夫既然都将脸面撕破，那他田蚡还给他留什么后路呢。好吧，新账旧账一起算。咱俩的恩怨，早该做个了结了。

不用田蚡吩咐，丞相府一帮高级打工仔立即行动，弹劾灌夫。同时，将灌夫旧账全翻出来晒光，准备将颍川那帮横行乡里的灌氏宗族，也全抓起来论罪。

灌夫你不是想吓唬我嘛，此次我姓田的就要告诉你，什么叫竖着进去，横着出来。

此时，田蚡要整灌夫的事传出后，窦婴着急了。

他就知道，田蚡此次是准备玩狠的了，无论如何，必须先救人。灌夫一天不出监狱，就离死亡越近。但是，举目长安，窦婴孤零零一个人，他找谁诉苦去?

这时，他想到了某些人。

这些人，就是曾经在他将军府上混过，现在全跑去田蚡府上继续混日子的门客。于是，窦婴将这些旧属召来，呈出黄金，开门见山地说道："如果你们还记得我这个过气的将军，请将这些钱收下。我就只有一个要求，替我解救灌夫，事成之后，绝不亏待诸位大侠。"

众旧属尴尬相视，各自收下自己那一份，诺诺而退。

不久，有消息反馈给窦婴："灌夫估计是救不了了。现在要救的只能是灌氏宗族，田丞相马上就要对他们动手了，还是叫他们赶快跑吧！"

丢了西瓜，不能连芝麻也丢了。窦婴派人急告颍川灌氏兄弟，众人一听，四脚并用，一夜之间全跑不见影了。

乖乖，此时被关在牢中的灌夫终于醒悟了。他以为手握田蚡权柄，谅他也不敢怎样。现在他突然发现，手中的权柄竟然不能用了。因为，田蚡彻底将他关死，谁都不能前去探望，连捎个信，放个鸽子的机会都没有了。

有枪不能打，有屎只能拉在裤子里。灌夫，你就认命了吧。

五、都是老狐狸

灌夫当然不能轻易认命，因为他相信，就算全世界都将他抛弃，至少窦婴不会抛弃他。

窦婴当然不能抛弃灌夫。往事历历在目：曾经，我们醉眼相对，情邀江游，牵手月下；曾经，纵横天下之旧事，都化成这满天星辰，一起共守天明。这就是男人之间的友谊。海誓山盟依犹在，海枯石烂欲有尽。只要承诺在，心就不会变。无论天涯或海角，无论豪门或牢门。

总之，窦婴就算是砸锅卖铁，灌夫这个朋友，他是救定了。

这时，窦婴的夫人却对窦婴侠义行为提出异议。她这样警告窦婴："灌夫得罪的不仅是田丞相一个，还有王太后呀。仅靠你的力量，你怎么能救得了他。依我看，尽力就行，不要死拼，不然连你也一起赔进去。"

窦婴一听，心里凄然。

古来贞节烈女，阴阳两界，生死隔离，仍然不改心中痴情。于是便有首惊天地泣鬼神的葬夫诗：山无棱，江水为竭；冬雷震震，夏雨雪，天地合，乃敢与君绝。

然而，夫妻有爱情，难道朋友之间就没有友情吗？对男人来说，有时友情比爱情更重要。

于是，窦婴对夫人说道："你此言差矣。侯位是我谋来的，如果因为灌夫将侯位丢掉，也无所顾惜。如果灌夫一个人死了，我又怎么还能一个人活在这世上？"

窦婴不是吹的。夫人并不知道，就算他救不出灌夫，自己也不会搭进去。

因为，他身上还藏有一张神秘的护身符！

窦婴决定瞒着夫人秘密营救灌夫。

首先，他给刘彻上书，陈述灌夫醉酒闹事过程。同时强调，灌夫不过借酒发疯，还没有到可诛杀的地步。所以，请陛下宽宏大量，恕他一次。

刘彻收到书后，看了，没表态。

他将窦婴召到宫里来，和这个老外戚当面谈了一席话。

最后，刘彻终于说话了。

刘彻说，窦外戚上书有理，不过灌夫惹到王太后头上去了，王太后这关你务必先拿下，灌夫才能有救。

刘彻这是真话，也是大实话。群臣向皇帝敬礼，皇帝回到东宫，还得向太后敬礼。所以救灌夫，皇帝不能一个人说了算。唯一的办法就是，请窦婴和田蚡辩论，让群臣发表意见，借此向王太后施压。后面的工作，也就是皇帝一句话的问题了。

窦婴一听，当即答应，他可以走东宫一趟。

然而，稍微用脑想想，古之官场，从来都是墙头草多。田蚡权上塔顶，属下替他摇旗呐喊无数。窦婴呢，屈指数数，几个替他说话，都数得出来。

窦婴不是傻瓜，他这一趟肯定凶多吉少。然而，不入虎穴，焉得虎子。就算败诉，灌夫亦牢中有知。如果田蚡不肯放人，那好，咱就清算到底。

到辩论会这天，该来的都来了，大家各就各位，辩论就开始了。

首先，窦婴陈辞。

窦婴说道："吴楚之乱时，灌夫披孝报国，勇冠三军，天下皆知。然而他在田蚡婚宴上醉酒闹事，不过是小事一桩。田丞相没就事论事，却用其他事来将他论罪，实属防卫不当。"

窦婴话语刚落，田蚡反驳窦婴道："灌夫为人如何，不需要魏其侯多言，相信在座诸位在我婚宴上已有目共睹。他蛮横无理，羞辱宾客，弄得大家不欢而散，此是罪一；颍川灌氏，与灌夫同出一辙，横行乡里，怨声载道，此是罪二。所以抓灌夫，治灌氏，皆是依法从事，我并没有公报私仇之意，请魏其侯睁大眼睛，看清事实再来辩论。"

田蚡陈辞完毕，窦婴先是震惊，次是愤怒。

治灌氏一事，当初刘安出面讲和，双方已经谈妥。现在，田蚡既然都能揭灌夫之短，窦婴是不是也可以揭田蚡的丑呢？

果然，窦婴作义愤状，将田蚡派藉福向他索城南之地的过程，全部说出来了。

事实上，田蚡对窦婴当庭揭他短处，既是意料之外，又在情理之中。但是，他并不心慌。

在这个地球上，贪污受贿田蚡不是第一个，也不是最后一个。人人都讨厌别人贪污受贿，那是因为他们没有机会。你窦婴骂我田蚡贪婪，我贪的不过是一块地、几个女人及一些珠宝。然而反观你呢，看看你贪的是啥东西。

田蚡是这样反驳窦婴的："魏其侯说得一点没错，我就是一个贪财的货色。然而，我贪来贪去，不就是趁机会还在的时候，多多享受一下而已。但你魏其侯可不一般啊。你曾经不吝财力，圈养豪杰，结识壮士。那时你每天干的工作，不是刺探东西两宫的情报，就是抬头观天象，低头伏谋，等待天下有变。你说，此举此谋，你到底想干什么呢？"

按田蚡的思路想，窦婴好像走的是造反路线。

田蚡此招可谓生猛，地球人都知道，贪污要钱，造反要命。要命的当然比要钱的可怕。

不过，田蚡此话却是个鬼话。豪杰在哪里，壮士在哪里，谋划在哪里？不要说豪杰和壮士，就是食客也多跑丞相府上去了。自从窦太后崩后，他就丢魂落魄，说他想反，那说话的人肯定是欠扁的。

还有，窦婴到底是不是造反的种，刘彻当然心里有底。这事本来是俩外戚就灌夫辩论的，可是现在辩论双方都进行人身攻击，喷出了阶级斗争论。如果再闹下去，肯定没完没了。

于是，刘彻还没等窦婴开口，就说道："今天咱们就讨论灌夫一事，请大家发表意见。"

第一个站出来说话的人，是御史大夫韩安国。

大家可能不知，韩安国有个特长。那就是，他混在官场，玩政治犹如玩魔术，总是奇象环出，让人咂舌。

韩安国是这样说的："魏其侯说得没错，灌夫当年为报父仇，只身冲杀无数，此属壮士一个。现在，却因发一次酒疯就要砍头，实在有些过分了。"

田蚡一听，眼珠子都睁圆了。好你个韩安国，你到底是谁的人，估计现场有狗，田蚡立马就要放狗冲上去，咬断韩安国那根不怕死的舌头。

接着，只见韩安国继续说道："但是呢，丞相说灌夫与奸商勾结，发黑心财有千万钱。同时灌夫横行乡里，罪大不赦。所以，我认为魏其侯有理，田蚡也没错。至于结果怎么样，看来只有陛下才能英明决断了。”

玩了一圈，又将皮球踢回刘彻那里。

田蚡对着韩安国眯了一眼，轻呼吸，稍收腹，表情放轻松。下一个发言的，会是谁呢？

第二个准备发言的，是牛人汲黯。

汲黯，字长孺，濮阳（今河南省濮阳市西南）人。其祖上因受宠，世代为职业官僚，到汲黯一代，总共有十世都是卿大夫级别的高官。

孝景帝时，汲黯老爹就替他谋到一个好差事，陪太子读书（太子洗马）。太子就是刘彻。刘彻好儒，汲黯好黄老之道。一个好读道家逍遥哲学的人，去教一个好儒喜文的学生，那会是什么样的一幅情景呢？

如果换到今天，师徒俩人可能要天天抬扛。然而，刘彻却和汲黯相安无事，也没见他惹出什么祸。

事实上，不是刘彻不想惹祸，而是他碰上了一个牛逼老师。汲黯教书育人，以严厉闻名天下。这么一个火药级人物，他不惹你就行了，你还要去捅马蜂窝？

孝景帝崩后，刘彻接位，汲黯也由太子侍从官升为皇家礼宾官（谒者）。那段时间，汲黯作为皇帝的特使，被刘彻派出过两次。那时候没有飞机和火车，也没有大奔。特使要跑一趟长途，如果身体素质不过关，只要一个来回，足将你折腾得不成样。

恰恰是，汲黯心理素质相当高，身体素质却差得一塌糊涂。他长期生病，而且一病就是三月不朝，生病养病，简直成了他另外一个伟大的事业。或许是与汲黯身体有关，刘彻两次派他外出，两次都没有完成任务。他回来，都是找借口敷衍了事。

第一次以特使身份出差，是因为东越相攻。汲黯只是晃悠着来到吴县，然后又晃悠着折身而回。刘彻问他情况如何，他只是淡淡地说道：越人之间打群架，那是他们的风俗习惯，怎么能劳驾天子的使者呢？

那一次，刘彻忍了。因为东越路途遥远，他理解汲黯为什么要偷懒。

第二次，河内（今河南省武陟县）失火，烧千余家，刘彻再次派汲黯前往了解情况。这次，汲黯去了，人也回来了。但是，他告诉刘彻，他没有到火灾现场了解情况。

刘彻几乎要抓狂了。老师，这次你又准备以什么借口敷衍我？如果你身体不好，你为什么还要领命？

但是，汲黯却告诉刘彻："借口当然还是有的。民宅相连，火烧连营，没什么奇怪的。但是，我在路上却完成了一件你料想不到的任务。我在河内郡内发现旱情严重，波及万余人家，甚至达到了父子相食的地步。所以，我持节命令河内郡守开仓济民。现在我人回来了，符节交还陛下。至于陛下怎么处罚，请便吧。"

刘彻真是哭笑不得。处罚当然是不对的，因为他替皇帝做了一件善事。给他发奖金更是不对的，因为他从来没当皇帝的差事是差事。

最后，刘彻恕汲黯无罪，对汲黯采取敬而远之之法，将他踢出长安城，贬为荥阳县令。

汲黯被贬官，当然不高兴了。汲家祖宗九代，从来都是高官，什么时候当过小县令。现在，刘彻将他打发到荥阳来，这不是羞辱我汲家祖宗吗？于是，汲黯接到调令，马上称病不往，辞职归家歇凉去了。

刘彻接到汲黯报告后，摇头叹息。他想想，又将汲黯召回长安，迁为中大夫。

然而，没多久，汲黯又在长安待不住了。

这次，汲黯不是消极怠工，而是得罪了某些人。汲黯之所以得罪人，主要还是性格问题。他脾气倨傲，心直口快，不容人之处。于是，因为工作上的磕磕碰碰，大家都到刘彻那里告状。刘彻只好又将汲黯打发出长安，迁为东海郡（今山东省郯城县）太守。

太守一职，秩两千石，这是一个和九卿相当的高官。那次离京，汲黯没有说自己身体不好，而是勇往赴职。

汲黯是个懒人。但是，懒人自有懒人的绝招。想当初，曹参治国，奇懒无比。但是结果怎么样，齐国不照样政治清明；后来调回中央，整天喝酒不治事，搞得很多人都替他着急。结果最后大家发现，没有曹参这个懒人，汉朝还不知道早被折腾成什么样了。

现在，汲黯就想做曹参第二。

他精选了几个得力干部，然后吩咐他们该做什么事，然后就回住所疗他的病去了。

一年过去了，汲黯几乎都是卧在床上度过的。结果，东海郡非但没出现乱政，反而奇迹般地再现当年曹参治理济国的清明政治。这就是黄老治世之术的魅力，只要肯用，总能事半功倍。

汲黯治世之绩传到了长安，刘彻心中大悦。他一扫过去对汲黯的种种偏见，将他这个硬骨头老师调回长安，担任诸侯接待总监（主爵都尉）。

离京许久，汲黯仍然是那个硬脾气。合得来的则合，合不来的，连招呼都懒得跟你打一个，路遇如见陌生人。

那时，田蚡屁股已坐上丞相位。很多人见到矮子田蚡，海拔总要矮他三尺，行拜谒之礼。但是，汲黯每次见到田蚡，也没什么客气话。汲黯稍稍拱手作揖，算是给田蚡行礼了。

你傲，我更傲；你牛，我更牛。身体有病，可是灵魂强健，谁都惹不起。这就是真实的汲黯。

当然，田蚡不是不敢惹他，而是犯不着。一个常在地上走的人，跟一个常在床上躺的人斗气，何必呢。既然他不当我是领导，那就随他去吧。我走我的阳关道，他躺他的病人床，还是看谁活得更长吧。

可后来的结果证明，田蚡斗气还斗不过汲黯这个老病号。他自己都没料到，自己会在汲黯前面蹬腿升天。

今天，汲黯挺着病身上朝听取窦婴和田蚡辩论，那不是只带着耳朵来的。他是难得开一次会的，每次开会，他不给众人留下一个深刻的印象，当然是舍不得走的。这么多人只会竖起耳朵闭上嘴，该是汲黯表现的时候了。

当田蚡一看到汲黯站出来，他就急得暗叫一声，坏事了。

果然汲黯是坏他的事来的。他一上来，首先就叭啦叭啦地说一通。说什么不重要，重要的是他明确支持窦婴。

他认为窦婴有理，田蚡可耻，灌夫不可诛。

没有人不被汲黯的勇气折服。没什么奇怪的，如果汲黯今天不发飙，刘彻都会鄙视他三分。

汲黯说完，刘彻没有表态，他继续等着第三个人的意见。

第三个站出来发言的是内史郑庄。郑庄，字庄。其为人特点，任侠，谦虚，厚道，同时兼有政治立场不坚定之毛病。

汲黯这辈子，能跟他说得来话的，用两根手指数就可以了。其中一个是郑庄，另外一个则是宗正刘弃疾。

郑庄之所以能和汲黯合得来，首先是因为俩人志同道合，都是尊崇黄老之道；其次，郑庄这个人为人谦虚，好交名士，厚待朋友，犹如春天般的温暖。

长安人都知道，有困难，找郑庄，准是没错的。他帮了你之后，还会问你满不满意，如果不满意，最先愧疚的不是你，而是他本人。久而久之，郑庄就在圈内混得了一个响亮的号：名士。

不是所有的名士都是刚正不阿的，诸如郑庄。生活中，他不敢得罪朋友；工作上，他不敢得罪同事及领导。他的工作原则是，多一事不如少一事，少一事不如天下无事。如果实在要他出面，他顶多是一个和事佬。

但是我们也知道，和事佬也不是好当的。如果话说不圆，举止不当，说不定会惹来领导一顿臭骂。

话才说完，郑庄还真的挨了一顿臭骂。

轮到郑庄发言时，郑庄首先肯定了窦婴，说灌夫混到今天不容易，杀了可惜。然而，当他看到现场无人响应他，他又突然反口说，其实田丞相所说也无错。

郑庄支支吾吾摇摇摆摆了半天，还是没把话说清楚。刘彻强忍了，他要等待所有人把话说完了，他再来点评。

然而，等了半天，剩下的像哑巴似的全都不敢吭声了。

集体失语，这不是刘彻想看到的结果。但是，这也是必然结果。

首先，只论开会地点，就让人不敢说话。国家政事，都在未央宫讨论。刘彻为何将这场辩论挪到东宫来了，难不成皇帝是将它当家事来处理了？既然刘彻当俩外戚辩论是皇帝家事，清官都难断家务事，凭什么群臣要倒插一脚，论人是非？

其次，窦婴和田蚡在朝上之势力，谁强谁弱，一目了然。帮田蚡喊杀灌夫是过分的，力挺窦婴是愚蠢的。反正怎么说都是错，干吗还要动那该死的嘴皮呢？

刘彻又等了半天，仍然无人搭话。这下子，他真火了，只好将火全发到了郑庄的身上。

刘彻指着郑庄骂道："你平时不是挺爱对魏其侯和田丞相说长道短的吗？怎么关键时刻语无伦次，畏首畏尾的。我真想连你们一同斩了。"

刘彻一言既出，吓得那些不敢发言的人，都双脚哆嗦，不敢抬头。

刘彻骂完，大手一挥，罢朝。然后，他头也不回地走了。

此时，王太后正在后宫等着他一起进餐。不用刘彻汇报，王太后已对窦婴和田蚡辩论过程了如指掌。

很简单，她在朝会上安了几个耳目。那些狗腿子跑得比风还快，趁刘彻见到王太后之前，都向老人家吹去了。

王太后憋了一肚子气。刘彻请她进餐，她一动不动，干生闷气。

最后，她突然对着刘彻骂道："我还没死，就让个过气的家伙欺负你舅舅。是不是等我死了，任何人都能欺负王家的亲戚了？"

刘彻一愣，一时不知如何作答。

王太后又接着骂道："你难道是个石人吗，这种事都不会自作主张，干吗还要搞什么形式主义辩论？"

刘彻沉默良久，无奈地说道："太后你就理解我的良苦用心吧。田舅舅是外戚，魏其侯也是外戚，我一时不好下手啊，所以才搞了这么一个辩论会。如果魏其侯是个外人，还用得着我出面吗，我托一个狱吏就可搞定了。"

王太后在宫中忙活说话，田蚡在朝外也不偷懒。

刘彻罢朝后，田蚡向韩安国招手，说今天不用麻烦你的司机了，我送你回家。然后，田蚡命人将马车开来，俩人一起上车。

韩安国坐定，田蚡立即晴转多云，对着韩安国怒气冲冲地骂道："咱们俩联手对付窦婴那老不死的，绰绰有余。刚才你为什么首鼠两端，不敢替我多说几句话？"

韩安国沉默一阵，又摇头叹息。他对田蚡说道："丞相，你呀，就是心急。你心一急呀，事情就被你给办砸了。"

田蚡本来怒气腾腾，见韩安国嘴出此言，不由奇怪地望着他。

韩安国又接着说道："其实你不必跟窦婴吵。你想想，你们俩都是有官有位的人，两个大男人在皇帝面前吵架，互揭老底，这成何体统？"

田蚡一听，脸色惭愧，怒气稍降。

韩安国接着说道："如果我是你，我当场早将官帽摘下，直接对皇帝说，魏其侯说的是对的，我是错的。请允许我辞职。"

田蚡的小眼睛，一眨一眨地看着韩安国，仿佛被什么东西粘住了。

韩安国又接着说道："你知道我这样说的好处吗？我以为，皇帝当时一听，肯定觉得你谦虚，他不但宽恕你，反以你为美德。"

田蚡似乎就要被说动了。

最后，韩安国总结道："如果你当时真那样做的话，你猜魏其侯会有什么反应？我认为，按他那种性格，他肯定羞愧不已，回家咬舌自尽去了。"

如果非要用一句话来评价韩安国以上一番话，我觉得四个字比较合适：政治狐狸。

窦婴咬不咬舌，倒不一定。然而，如果田蚡真按他所说的当场辞职，肯定轰动长安。到时候，就算窦婴还活着，只要他一出门，肯定也要被官场的口水舆论淹死。

韩安国一言，让田蚡长了见识，他像受教无穷的样子，拱手对韩安国谢道："听君一席话，胜做十年官。佩服啊。都怪我自己心急，没想那么多。"

六、躲不过的死劫

辩论会结束后，刘彻怒气未消，就将郑庄贬为皇后管家（詹事）。他贬掉郑庄，心里的打算可能就是，让大臣多替窦婴说几句公道话。

怎么说呢，辩论会之前，他跟窦婴喝过酒，交过心，心里还稍向着他的。他以为，开辩论会，广开言路，以众臣之议来了断田蚡和窦婴恩怨，就算王太后追究此事，他也可以拿大臣挡话。

好了，好好设计的辩论会，竟然全被郑庄之流的墙头草搞砸了。更让他郁闷的是，王太后还因此绝食威胁。

看来，他本来想帮窦婴的，现在不得不反过来要替田蚡搞掉窦婴了。

刘彻只好将御史大夫韩安国召来，让他去核对窦婴在辩论会上揭田蚡的老底是不是真的。

韩安国心领神会，他一听，就知道下面的事怎么做了。

傻瓜都想得出来，皇帝为什么不叫韩安国去查田蚡。既然皇帝开口说查窦婴，只能说明一点，他帮不了窦婴了。

皇帝都妥协了，御史大夫还讲什么原则。于是，韩安国找了一帮人，下了一番苦功夫，找出窦婴揭田蚡的不实之处。

接着，他又组织人马弹劾窦婴。此事做得很顺当，刘彻批了八个字：欺君之罪，允许逮捕。

窦婴立即被双规，关进了特别监狱。

可以这么说，窦婴之所以落到今天，完全是他自找的。

正像他夫人曾经所劝，营救灌夫应该量力而行，不要救人不得，反而将自己搭了进去，果然是搭了进去。哎，真是个不长脑的衰人。不会游泳，或者是技术不过关，就不要下水救人嘛，何必自找苦吃呢。

窦婴被关进监狱后，没有一个官员替他说话。汲黯在东宫替他振臂呼喊的一声，仿佛被无底的黑洞吞没。

此情此景，只有两个字最能体现窦婴内心的情绪：悲哀。

他悲众官，亦悲自己。他悲众官集体失语，全变成冷漠的看客；他悲自己，权势衰落，形同被逐狗。

看来，要想走出这黑暗的监狱，只得靠自己使出绝招来了。

尽管都是坐监狱，但窦婴和灌夫享受的待遇不一样。灌夫没有探监权，高官不行，家人更不行。当然，田蚡正在热火朝天地整杀灌氏家族，灌夫族人跑路还来不及，哪还有心情探监。

窦婴不一样，他自己下狱，监狱还是允许家人探监的。

探就探吧。田蚡或许是这样认为的，反正这老头子活不长了，人在监狱中，谅他有翅膀也不敢飞出来。

如果田蚡真这样想的话，那就错了。

殊不知，窦婴没有白混了这么多年。在他看来，只要给我翅膀，我就想飞出去。现在，窦婴自以为，他找到了一双翅膀。

而这张翅膀，就藏在他的家里。

有一天，窦婴利用探监机会，叫侄子替他办一件事。这不是一件难事，只是叫他将家里一件礼物送给皇帝刘彻，让他亲眼过目核实。然后叫窦氏家族大可放心，在家等待他出狱的好消息。

窦婴家里这些礼物，就是遗诏。那是先帝刘启留给他的，只有八个字：事有不便，以便论上。

这八个字，翻译过来就是说，如果你碰上大事，将这遗诏交给他的接班人，可以被赦免。

这就是窦婴之前有恃无恐的根源。

他以为，有遗诏在手，可以放手一搏。就算救不了灌夫，自己留下小命，应该是绰绰有余的。

但是，让窦婴没想到的是，遗诏竟然出了一个大问题：遗诏送进宫里后，刘彻认为这遗诏是假的。

遗诏是一个重要文件，为防止别人做假，一般情况下，皇帝总要搞两份。一份正本，一个副本。正本给人，副本存档，以备核实。

问题就出现在核实关节上。刘彻派人去档案室取遗诏副本，发现宫中无存档。

这下问题就大了。

没有存档，不能证明窦婴家里封存的遗诏是真的。不是真的，那就是假的。造假，那可是又犯了一次欺君之罪。

这次窦婴想不死都难了。搞了半天，牛逼了N多天，竟然发现这是一张纸糊的翅膀，根本就不能用。

刘启到底有没有给窦婴留过遗诏，这玩意儿到底是真的还是假的？历史上众说纷纭，猜想奇多，却始终没有一个服人的结果。

在我看来，窦婴造假的可能性极小。纵观窦婴一生，他不是一个贪生怕死之徒，更不是一个欺诈之人。反而，正直和任侠，构成了他生命中的立世之本，更构成了他生命悲剧的全部。

窦婴之所以能出头，是因为有窦太后罩着。然而，窦婴不是那种吃人家嘴软的软蛋。从他一出道，就跟窦太后对着干。搞得窦太后都犯晕，真不知道窦婴他爸贵姓。所以，窦婴尽管身陷牢狱，让他狗急跳墙造假骗人，那也不符合他的性格。

那么，为什么刘彻偏偏找不到遗诏副本呢，难道是刘彻将他烧了不成？在我看来，这种可能性也极小。遗诏副本失踪只有一个可能，这是田蚡和王太后联手的杰作。

当然，如果真是田蚡和王太后烧了副本，那是一件要命的事。如果事情被查出，田蚡欺骗刘彻，那叫欺君；可是王太后欺骗刘彻，那叫什么？王太后和刘彻都可能这样认为，那不叫欺君，而叫欺负。

既然如此，王太后为何不敢烧了副本？

别忘了，王太后是怎么发家的？她是通过斗倒太子刘荣才会有今天的。她是怎么搞掉刘荣的？靠的就是心狠手辣。

为了光明前途，她都能弄掉刘荣；为了心中仇恨，她凭什么就不能整死窦婴？仇恨使人疯狂。所以遗诏副本找不见，最大的嫌疑犯，就是王太后。

窦婴这辈子最大的悲哀莫过于此。他想光明正大地走一回阳关道，没想到人家田蚡却陪他玩阴的。完了，王太后要将他往死里整，神仙都救不了他了。

果然不久，窦婴就被定罪为弃市论斩。

消息传来，窦婴痛不欲生。他又想到了一招，绝食。

到此，绝食是保住名节，制造利用舆论的最佳方法。田蚡闻听窦婴狱中绝食，心急如焚。想想如果窦老头子真死在狱中了，他肯定被满朝非议，真那样的话，就太不划算了。

那怎么办？

这时，田蚡当即想到了一个好办法。

不久，有好消息传回监狱，听说皇帝不杀窦婴了。只是听说，但也是一线希望。消息传出后，窦婴满心欢喜，竟然主动爬起来，吃饭喝水了。

嗯，能吃饭就好。田蚡笑了。想死在狱中，没门。

田蚡秘密行动了。

公元前131年，冬季，十二月三十日。窦婴蹲的监狱大门突然打开，狱卒将窦婴押往长安市上行斩。

这是一个始料不及的消息，窦婴还没搞清个中阴谋，鲜血已经溅射了长安大街。

田蚡奋斗了这么久，总算弄死了窦婴。然而，他的日子也到头了。

自从窦婴死后，他就像被恶鬼缠身，夜夜噩梦，从此神志不清。他一开口，总是含糊不清地说出认罪的话。

他认的什么罪？搞死窦婴之罪。

刘彻只好请巫师替田蚡驱鬼。巫师这样告诉他，说灌夫和窦婴阴魂不散，天天监守田蚡，想笞杀丞相。

之后，田蚡病情继续恶化，窦婴和灌夫这两只大恶鬼，怎么赶也赶不走。接着，只见他满嘴胡话，分不清事物。不久，他终于在一声尖厉的叫喊声中，离开了人间。

多行不义必自毙，果然真理啊！